名师名校名校长

凝聚名师共识
圆志名师关怀
打造名师品牌
培育名师群体

程晓远题

高中数学文化概论

沈西德 主编

辽宁大学出版社
Liaoning University Press

图书在版编目（CIP）数据

高中数学文化概论/沈西德主编． —沈阳：辽宁
大学出版社，2022.11
（名师名校名校长书系）
ISBN 978-7-5698-0899-5

Ⅰ.①高…　Ⅱ.①沈…　Ⅲ.①中学数学课－教学研究
－高中　Ⅳ.①G633.602

中国版本图书馆 CIP 数据核字（2022）第 147220 号

高中数学文化概论
GAOZHONG SHUXUE WENHUA GAILUN

出　版　者：辽宁大学出版社有限责任公司
　　　　　　　（地址：沈阳市皇姑区崇山中路 66 号　　邮政编码：110036）
印　刷　者：沈阳海世达印务有限公司
发　行　者：辽宁大学出版社有限责任公司
幅面尺寸：170mm×240mm
印　　张：16.75
字　　数：280 千字
出版时间：2022 年 11 月第 1 版
印刷时间：2022 年 11 月第 1 次印刷
责任编辑：李珊珊
封面设计：高梦琦
责任校对：郭　玲

书　　号：ISBN 978-7-5698-0899-5
定　　价：58.00 元

联系电话：024-86864613
邮购热线：024-86830665
网　　址：http://press.lnu.edu.cn
电子邮件：lnupress@vip.163.com

编委会

前言

　　文化，是一个内涵丰富、外延广泛、意义宏大的词语。在英文中，"文化"一词源于拉丁语，其本意为耕耘、培育等，后衍生为"耕耘智慧""精神耕耘""智力培育"，等等。在西方社会，当代人将"文化"宽泛地定义为包括人类创造的一切精神与物质财富；而在民众的通俗用语中，将简单的学习识字叫作学文化，将一般知识水准叫作文化水平。在中国古代，文化的本义是指"以文化人"，即使用非武力的方式来征服、教化民众。

　　远古人的"结绳""刻痕"的计数方式，表明在有文字记载之前，数学就已经与人类的活动联系在一起了。数学每前进一步，都伴随着人类文明的一次进步。我们从科学发展史也可以看出，一些划时代的科学成就的出现，无一不借助于数学的力量。而对数学的文化价值的认识也是与人类社会的发展相伴而随，把数学作为一种文化理想或作为人的素养之一，自古有之。在西方，古希腊的毕达哥拉斯、柏拉图、欧德姆斯等先哲都对数学推崇备至。据文献记载，欧德姆斯曾撰写过《算术史》《几何史》《天文史》让人研习。在中国，《礼记·内则》篇中记载："九年教之数日，十年出就外傅，居宿于外，学书计。"把数学作为西周贵族子弟必修的"六艺"之一的课程。春秋战国时期"百家争鸣"中的对于正名和一些命题的争论直接与数学有关，既促进了数学的发展，也促进了各种思想的产生，影响着人们的观念和行为。

　　在数学发展的历史长河中所积淀的数学知识、思想、方法、精神等不仅成为人类认识宇宙与自身的思想和方法，也成为人类在认识宇宙和认识自身时必备的客观态度标准。但在历史车轮进入 20 世纪后，数学的发展出现了脱离社会文化的孤立主义倾向，这不仅影响了数学的发展，也阻碍了数学教育。正如著名数学家柯朗在名著《数学是什么》（1941）的序言中指出："今天，数学教育的传统地位陷入严重的危机。数学教学有时竟变成一种空洞的解题训练。数学研究已出现一种过分专门化和过于强调抽象的趋势，而忽视了数学的应用以及与其他领域的联系。教师学生和一般受过教育的人都要求有一个建设性的改造，其目的是要真正理解数学是一个有机整体，是科学思考与行动的基础。"M·克莱因在他所著的《西方文化中的数学》（1953）一书的序言中进一步指出：许多世纪以来，人们一直遵循数学是文化的组成部分的传统，但在我们这教育普及的时代，这一传统却被抛弃了。《西方文化中的数学》系统地阐述了各个不同历史时期数学与文学、绘画、哲学、宗教、美学、音乐、人文科学、自然科学等文化领域的内在联系，详细而透彻地说明了数学对西方文化、理性精神、现代人类思想的发展所产生的深刻影响，有力地证明了数学是人类文化的重要组成部分和不可缺少的重要力量。

数学脱离社会文化的孤立主义倾向，对中国数学发展和数学教育的影响也很大。正如丁石孙所言："我们长期以来，不仅没有认识到数学的文化教育功能，甚至不了解数学是一种文化，这种状况在相当程度上影响了数学研究和数学教育。"这种影响在基础教育阶段的数学教育有一定的体现：一是把数学的智能化过程变成自动化、机械化过程。以学生学会解题为唯一目的，让学生模仿例题的解答形式进行大量的训练，以多求熟，熟能生巧，给学生造成了过重的课业负担。二是"精英式"的数学教育还占有一定的市场，把数学作为"筛子"，作为筛选人才的工具。数学素质是公民所必须具备的一种基本素质，它的大众性、基础性和发展性凸显不够。三是对数学形式化的追求远远胜于对数学科学价值和文化价值的追求。对数学与自然、数学与社会的关系以及对数学的科学价值、文化价值认识不足。这些影响导致了部分学生在努力学习数学的同时，却逐渐地厌烦、冷漠数学，一旦学生不再需要解题，数学教育的功能也就消失了，这不能不说是数学的悲哀！

针对这些现状，孙小礼、邓东皋、齐民友、郑毓信等一批数学（教育）家著书立说，力图把数学从单纯的逻辑演绎推理的圈子中解放出来，分析数学文明史，充分揭示数学的文化内涵，肯定数学作为文化存在的价值。齐民友把"数学作为一种文化"提到了前所未有的高度："历史已经证明，而且将继续证明：一个没有相当发达的数学的文化是注定要衰落的，一个不掌握数学作为一种文化的民族也是注定要衰落的。""没有现代的数学就不会有现代的文化，没有现代数学的文化是注定要衰落的。"正因为如此，数学文化进入了高中数学课程。2003年，《普通高中数学课程标准（实验）》将"体现数学的文化价值"作为十大课程基本理念之一。在高中数学教材中设置了"阅读与思考""探究与发现"和"实习作业"等环节，介绍一些数学史知识、某些知识的拓展以及与生产生活密切相关的实际应用案例，标志着数学文化走进课标，开始渗透到实际的数学课堂教学之中。

自 2003 年《普通高中数学课程标准（实验）》颁布实施以来，各级专家、学者和一线教师围绕数学文化的教学，开展了大量的实践与研究，取得了一系列的具有一定示范和指导意义的认识与实践操作成果。尽管如此，但大面积地实施数学文化教育的形势与成效仍不乐观。一方面是"以知识为中心"的"知识教育观"仍有市场，它与"以文化为中心"的"文化教育观"仍在激烈较量；另一方面是由于一线教师数学文化欠缺的问题、数学文化资源匮乏的问题等制约了教师数学文化的提升与课堂实施数学文化的教育。

2018 年 4 月，我入选教育部"国培计划"首届名师领航工程成员，在华东师范大学培养基地参加学习。课题"高中数学文化融入课堂的实践研究"（课题批准号 2018GP01—M11）于 2019 年 3 月在华东师范大学立项，在导师汪晓勤教授的指导下，该课题主要围绕两个方面展开研究：一是同步解析人民教育出版社《普通高中教科书·数学（A 版）》（以下简称"教材"）必修和选择性必修中的数学文化（基于核心概念的发展史、符号发展史、重要定理的发展历程等文化元素；基于教材中的数学名题的研究，主要涉及教材的例题、习题中有历史渊源的问题，与人类生活、科学技术、社会发展有关的典型问题，与高考试题联系紧密的问题等）。二是解读高中数学文化融入课堂教学的原则、方法与案例。

出版本书的目的，是希望为缺乏数学文化资源的一线教师提供一些帮助。为了较好地满足日常教学的需要，我们按照教材必修（第一册、第二册）和选择性必修（第一册、第二册、第三册）的顺序来编写，便于查阅。由于本书中的内容相对较为浅显，在教学中还需要教师们结合校情、班情的实际，进行加工使用。正是由于内容相对浅显，本书也可以作为学生课外读物。

参加本书素材收集、整编的人员有教育部名师名校长领航工程·沈西德名师工作室成员（成都市新津区实验高级中学甘平、四川省金堂中学伍玉松、四川省眉山中学谢维勇、雅安雨城二中庹庆明、四川省资阳中学刘丽）和成都市名师工作室·沈西德工作室成员（四川省都江堰中学卢涛、赵明、范雪莲，都江堰市外国语实验学校罗佳，都江堰市青城山高级中学刘云，成都市石室中学苏文玉、胡嘉苇，四川师范大学青台山附属中学邓冬华）以及成都市新津区实验高级中学沈晓红，雅安雨城二中李仕高、宋虹，四川省都江堰中学的曾小红、梁国良、何炳。

　　我在本书素材收集、整编过程中，查阅了众多的文献资料，得到了导师汪晓勤教授的悉心指导，也得到了汪老师所带博士和硕士团队的大力支持，在此表示衷心的感谢！

　　由于参与编写的人员所涉猎资料有限，自身水平也有限，书中难免有不妥之处，敬请读者批评指正。

沈西德
2022 年 4 月 16 日

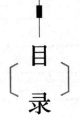

目录

上 篇 必修

下 篇　选择性必修

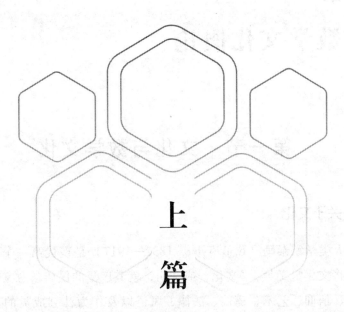

上 篇

必 修

第 一 章

高中数学文化概论

第一节 文化与数学文化

一、关于文化

英国人类学家泰勒（E. B. Tylor，1832—1917）是现代第一个界定文化的学者。他将文化定义为："文化，或文明，就其广泛的民族学意义来说，是全部的知识、信仰、艺术、道德、法律、风俗以及作为社会成员的人所掌握和接受的任何其他的才能和习惯的复合体"。[①] 截止到目前，有关文化的定义已有三百多种，其中比较有代表性的有：

《辞海》（1980 年版）[②] 对文化的解释是：文化从广义来说，指人类社会历史实践过程中所创造的物质财富和精神财富的总和；从狭义来说，指社会的意识形态，以及与之相适应的制度和组织机构。

泰勒 1992 年在《原始文化》[③] 一书中，给出了文化的经典性定义："文化，乃是包括知识、信仰、艺术、道德、习俗和人所获得的能力和习惯在内的复杂整体。"

郑毓信等 2000 年在《数学文化学》[④] 一书中，给出了文化的流行定义：这是指由某种因素（居住地域、民族性、职业等）联系起来的各个群体所特有的行为、观念和态度等，也即指各个群体所特有的"生活（行为）

---

① 泰勒. 原始文化 [M]. 连树声，译. 上海：上海文艺出版社，1992.

② 辞海编辑委员会. 辞海 [M]. 上海：上海辞书出版社，1980.

③ 泰勒. 原始文化 [M]. 连树声，译. 上海：上海文艺出版社，1992.

④ 郑毓信，王宪昌，蔡仲. 数学文化学 [M]. 成都：四川教育出版社，2000.

方式"。

张岱年与程宜山在《中国文化与文化论争》① 一书中，对文化的定义：文化是人类在处理人与人世界关系中所采取的精神活动与实践活动的方式及其所创造出来的物质和精神成果的总和，是生活方式与活动成果的辩证统一。

在众多的定义中，我们认为张岱年与程宜山的定义是科学的。因为它运用了马克思主义唯物辩证方法分析了文化的内容和它的本质特征，既强调人类活动的成果，又强调人类活动的方式。人类活动的方式本身就是文化，不仅是人类的活动成果。也就是说，文化既是静态的，也是动态的，是静态和动态的统一；人类的活动方式既包括实践活动，又包括精神活动两个方面，是外显活动与内在活动的统一；活动成果也是多方面的，既包含着物质成果，又包含着精神成果。

二、数学文化

2003 年，"数学文化"一词首次进入官方文件《普通高中数学课程标准（实验）》。不同专家、学者围绕数学文化的内涵提出了不同的定义方式。但由于文化内涵没有统一的认识，因而也导致了数学文化的内涵至今未形成统一认识，不同定义各有侧重，概括起来，主要包括以下 5 种观点。

1. 数学学科的角度

数学文化概念具有一种数学科学难以囊括的价值。数学，不仅包括数学的学科知识，即科学性的知识，还包括人文性的知识，即数学文化。

持这种观点的有黄秦安，他认为数学文化是超越（扩大并包含）数学科学范围的数学观念、意识、心理、历史事件，人物和数学传播的总和。②

王梓坤也从该角度给出了数学文化的定义。他认为数学文化具有比数学知识体系更为丰富和深邃的文化内涵，数学文化是对数学知识、能力和素质等概念的高度概括。③

---

① 张岱年，程宜山. 中国文化与文化论争 [M]. 北京：中国人民大学出版社，1990.
② 黄秦安. 数学课程中数学文化相关概念辨析 [J]. 数学教育学报，2009，18（4）：1-4.
③ 王梓坤. 今日数学及应用 [J]. 知识就是力量，1998（7）：46-47.

2. 文化的角度

文化，广义上即指人类在社会发展过程中所创造的物质财富和精神财富的总和，特指社会意识形态；狭义的文化指意识形态所创造的精神财富。

南开大学顾沛从这个角度给出了"数学文化"的内涵。他认为狭义的数学文化指数学思想、精神、方法、观点，以及它们的形成和发展；广义的定义还包含数学史、数学美、数学教育、数学与人文的交叉、数学与各种文化的关系等。①

李兴怀提出数学文化是社会群体在各种数学活动中所创造的物质财富和精神财富的总和。数学知识体系可看作是数学活动所创造的物质财富，而数学的思想、方法、观念等可看作数学活动所创造的精神财富。②

3. 数学共同体的角度

在现代人类文化的研究中，文化共同体的定义是：由某种因素（居住地域、民族性、职业等）联系起来的各个群体所特有的行为、观念和态度，也即各个群体所特有的"生活方式"。现代文明中数学家也构成了一个特殊群体（数学共同体），并具有相对稳定的数学传统。③

基于数学共同体的角度，郑毓信等认为：数学文化是一种由职业因素（在更为深的意义上，也可关系到居住地、民族等因素）联系起来的特殊群体（数学共同体）所特有的行为、观念和态度等，既指特定数学传统，也指数学家行为方式。

4. 数学活动的角度

郑毓信在《数学文化观念》中给出了数学活动的定义。他认为数学活动是一个多元的复合体，既包括客体成分——数学知识，也包括主体成分——数学传统。同时他认为，数学传统是指数学共同体在什么是数学和应当如何从事数学研究这样一些基本问题上的共同认识，也即是一种总的观念或信念。因此，数学文化可看作是数学知识与数学传统的综合，也就是说，数学文化可表述为

① 顾沛. 南开大学数学课程十年来的探索与实践 [J]. 中国高校研究，2011 (9)：92-93.

② 李兴怀. 试论数学文化与中学数学教育 [J]. 宝鸡文理学院学报（自然科学版），1997，17 (2)：71-73.

③ 郑毓信. 数学的文化观念 [J]. 自然辩证法研究，1991 (9)：23-32.

（数学）传统指导下的（数学）活动。

5. 系统的角度

怀尔德（R. wilder）把数学看作是一种文化，从人类文化的角度强调数学文化作为文化系统的一个子系统所具有的文化特征，即数学文化是以数学科学体系为核心，以数学的思想、精神、知识、方法、技术、理论等所辐射的相关文化领域为有机组成部分的一个具有强大精神与物质功能的动态系统。

邵婷婷从广义与狭义两个层面界定数学文化，广义的数学文化是由知识系统（数学知识）和观念系统（数学观念系统）组成的有机体；狭义的数学文化仅指生长于数学知识上的数学观念系统。[①]

杨豫晖、吴姣、宋乃庆认为："数学及与数学产生相互作用的各种文化对象，包括哲学、历史、政治、教育、艺术、经济、思维科学及各门自然科学，构成一个动态系统，这个动态系统即数学文化，其相互作用的方式是双向的和交叉的，一方面数学以其内在的力量推动文化的进步，另一方面数学从相关文化中汲取动力和养分。"简而言之，数学文化是指一群人（数学家），当他们从事数学活动时，遵守共同的数学规则，经过长期的、历史的沉淀，形成了许多关于数学知识、数学精神、思想方法、思维方式等的共同约定，这些共同约定的总和就是数学文化。[②]

数学不仅是运算和推理的工具、表达和交流的语言，而且它还是一种文化。数学与人类生活和社会发展紧密关联，已渗透到现代社会及人们日常生活的各个方面，直接为社会创造价值，推动社会生产力的发展。为了结束关于数学文化内涵的"公说公有理，婆说婆有理"这种局面，《普通高中数学课程标准（2017）》中，将数学文化宽泛地定义为："数学文化是指数学的思想、精神、语言、方法、观点，以及它们的形成和发展；还包括数学在人类生活、科学技

---

① 邵婷婷. 数学文化的阐释［J］. 曲阜师范大学学报（自然科学版），2012（2）：122 - 126.

② 杨豫晖，吴姣，宋乃庆. 中国数学文化研究评述［J］. 数学教育学报，2015（1）：87 - 90.

术、社会发展中的贡献和意义，以及与数学相关的人文活动。"①

根据这个定义，我们可以发现，高中数学教材中的数学文化有四条主线：一是以数学的知识、思想、方法、语言、观点为特点的科学价值主线；二是以生活中的数学、社会中的数学以及其他学科中的数学为特点的应用价值主线；三是以数学发展过程中所形成的数学精神、数学对人类社会发展的贡献以及与数学相关的人文活动为特点的人文价值主线；四是以数学的多样统一、简洁和谐、动态对称的数学之美为特点的审美价值主线。而这四条主线由明、暗两条主线交织而成，其中科学价值与应用价值是明线，在教材中以正文、例题、习题的方式呈现；而人文价值与审美价值则是暗线，它通过章头图与章首语、阅读与思考、探究与发现、实习作业、旁白与注释、数学名题等方式呈现。

第二节　数学文化融入课堂的原则与方法

齐民友教授精辟指出："没有现代的数学就不会有现代的文化，没有现代数学的文化是注定要衰落的。""历史已经证明，而且将继续证明：一个没有相当发达的数学的文化是注定要衰落的，一个不掌握数学作为一种文化的民族也是注定要衰落的。"因此，数学教育从"以知识为中心"转向"以文化为中心"，倡导"文化教育观"下数学教育，成为数学课程改革的必然选择。

我们必须清醒地认识到：数学教育从"知识教育观"向"文化教育观"并不是否定知识的重要性，而恰恰相反，它更重视知识的重要性。之所以批判"知识教育观"，是因为"知识教育观"将知识当作教育的唯一内容，把知识背后的文化排除在教育的范畴之外。之所以倡导"文化教育观"，是因为如果把知识背后的文化排除在教育的范畴之外，知识就成了无源之水、无本之木。活

---

① 中华人民共和国教育部. 普通高中数学课程标准（2017 年版）[M]. 北京：人民教育出版社，2017.

的知识变成了死的知识，使具有的人性、文化性和创造性的知识教育变成了知识的呈现、灌输，导致了教育的人性和文化缺失，也导致了教育的创造性缺失。因此，只有将数学文化融入课堂，提升教学品质，才能实现数学教育"以知识为中心"向"以文化为中心"无缝对接，实现文化育人的根本目的，才能落实"人人都能获得良好的数学教育，不同的人在数学上得到不同的发展"这一课程理念。

一、数学文化融入课堂的原则

1. 德育为先、立德树人的原则

立德树人是教育的基本原则，"培养什么样的人""为谁培养人"这是教育的核心问题。因此，深入挖掘数学的育人价值，坚持以德为先，将数学文化渗透在日常教学中，了解数学的发展历程，认识数学在人类生活、科学技术、社会发展中的作用。强化理想信念教育，引导学生树立正确的国家观、历史观、民族观、文化观，厚植爱党爱国爱人民的思想情怀，树立为中华民族伟大复兴而勤奋学习的远大志向；引导学生在德、智、体、美、劳等方面全面发展。

2. 匹配性与适恰性结合的原则

这个原则是基于"知识教育观"关注的是人所获得的知识，而不是获得知识的人。它不关注人的现实性以及人以何种方式、途径获得知识。匹配性要求在数学文化材料选择必须与课堂的教学内容、学生的已有认知基础（包括知识基础、能力基础）、学生已有的活动经验（包括生活经验、学习经验）相匹配。适恰性要求在文化素材加工、整合的基础上，选择在恰当的时机、恰当的环节，以恰当的方式融入，以保证知识学习的自然性，课堂教学流程的顺畅性，文化浸润与感悟的实效性。

3. 趣味性与思想性并重的原则

课堂教学总是存在着某种文化，不管我们是否意识到，学生都在进行着某种文化适应、传承与创造。数学的"文化教育观"强调数学教育凸显文化，充满文化，把知识习得的过程变成文化建构的过程。反映数学的文化要素有两个层次：一个层次是最初的、表面的数学史料所包含的数学对象的实际背景、数学对象的产生及其过程；另一个层次是依托数学对象的实际背景、数学对象的产生及其过程，发展思维的逻辑性、连续性、完整性和系统性，认识到数学知识、思想、方法和思维对于人类的作用等文化本质。提出趣味性与思想性并重的原则，一方面是基于学生好动、好玩、好奇的天性，在课堂教学中以趣味性的人物故事、数学事件、数学命题等史料创设知识情境，调动学生主动参与到浓浓的知识建构氛围之中，使自己化身为文化场景的一部分，即以人化文；另一方面，依托数学对象，抽象数学知识，提炼数学思想方法；挖掘隐掩数学知识、思想、方法背后的数学精神以及数学的科学价值、应用价值、审美价值、人文价值等思想性内容，将学生感悟的文化转化为自身文化行动，在不断浸润过程中，内化为品格，即以文化人。如果学生感受不到数学的思想性，那么在"以人化文"之后，就感受不到文化带来的好处，他要么重新回到原有的状态，要么沦为文化场景中的"看客"，当然就不可能有"以文化人"的结果，也不会有"以人化文"与"以文化人"相互交替、螺旋上升的文化成效了。

4. 阶段性与整体性兼顾的原则

由于教学进度、教材结构以及学生的知识储备、思维层次等因素同一个文化元素在不同的阶段呈现的方式是不同的，体现出的价值和功能也是不同的，即数学文化的融入具有阶段性。由于数学理论的演绎结构，使数学构成了一个具有严密层级的体系，因此，在数学文化的融入过程中要整体设计，即数学文化的融入具有整体性。比如，n 元集合的子集个数，在集合部分通过归纳猜想的方式得到其子集个数为 2^n；在学习了数列之后，则可以建立递推关系，用递推的方法求解；在学习了数学归纳法之后，还可以利用数学归纳法证明猜想的正确性；学习了计数原理之后，可以用分步计数原理来解题；学习二项式定理之后，还可以利用赋值法求解。因此，将数学文化有计划、有步骤与数学教育内容进行整合是深入而系统的工程，它需要与教学内容在整体上、技术上、形式上保持统一性和完整性。

二、高中数学文化融入课堂的方法

从课型的角度看，可以在各章引言课融入，可以在数学概念、公式、定理、法则、性质等新授课中融入，也可以在习题课、复习课中融入。从授课环节看，可以在新课引入、知识形成、例题讲解、巩固练习等环节融入，也可以在归纳小结中融入。只要采用恰当的方式，数学文化的融入适用于任何课型，适用于课堂的任意环节。数学文化融入课堂的方法归纳起来，主要有以下几种：

1. 叙事式融入

将数学史与教学内容整合，采用叙事的方式，让学生了解所学知识的产生、发展的过程，数学家的闲情轶事、重要的数学思想与方法等。叙事型融入方式多用于章头课、大概念教学的起始课，也常用于课堂的引入或需要进行知识背景介绍的任何环节。

2. 探究式融入

数学定理、公式、法则、性质等是在数学概念的基础总结提炼出来的，它们的推导与证明在数学发展的历史长河中，很多数学家提出了不同的证明方法。在教学定理、公式、法则、性质的时候，可以采用探究式融入。具体操作有两种方式：一是直接给出定理、公式、法则、性质，让学生自主探究、合作探讨它们的推导与证明；二是以引例的方式给出问题，让学生探究解决，在此基础上总结、提炼出定理、公式、法则、性质。这样，可以让学生经历数学家发现、提炼、推导定理、公式、法则、性质的过程，对学生数学核心素养的培养，以及"四基""四能"的提升大有裨益。

3. 评价式融入

对于数学定理、公式、法则、性质等的教学在采用探究式融入的过程中，如果学生用到历史上数学家推证的方法，我们要及时点出这是哪位数学家的证明；如果学生使用了不同于历史上数学家的方法，我们更要及时表扬和肯定，使学生明白数学家能做到的，我们能做到，数学家没有做到的，我们也可能做到，以此增强学生自信，树立学好数学的信心；如果学生的推证方法不能涵盖历史上数学家推证的方法，此时我们介绍历史上不同的推证方法，让学生欣赏数学家的智慧，评析证法的优劣；或作适当的铺垫，引导学生继续沿着数学家的思路走下去。

4. 辨析式融入

某些数学概念（如函数、平面、三角函数等）的形成往往经历了几百年甚至上千年才完善。比如函数概念经历了七次发展，从英国数学家格雷戈里的解析式定义（1667）到 20 世纪中叶的函数的现代定义为止，前后经历近 300 年的坎坷历程，其间很多数学家在这些概念的产生、发展的过程中提出过建设性的观点，甚至出现不同观点的激烈交锋，而高中阶段的函数定义是第五次扩张的结果。在教学中，整合、梳理函数前五次扩张的历程中典型的观点，组织学生讨论、辨析不同的观点存在的合理成分与局限，有利于概念的形成、理解。

5. 专题式融入

教材上的很多例题、习题都是千百年来积淀下来的名题，它不但有丰富的历史背景，而且有深厚的文化底蕴。这些问题具有很高的科学价值和思维训练价值及内涵丰富的思想方法，这类问题可采用专题式融入。比如，毕达哥拉斯学派的树形图，斐波那契数列，高斯函数、凸函数，杨辉三角形的性质等。当然，专题式融入也适用于一些大概念下的概念系的教学。

6. 点睛式融入

数学文化融入课堂，更多的不是长篇大论，而是画龙点睛，文字可能不多，却能够深刻地揭示知识中蕴涵的思想、精髓、本质。比如，笛卡尔的坐标法思想，重要的不是传说中的蜘蛛织网或者是梦的启示，这些只能作为笛卡尔的趣闻轶事来介绍，但其核心是因为笛卡尔对数学哲学思考：任何问题⇒数学问题⇒代数问题⇒方程求解。又如，教材上在函数概念的引例中，给出了恩格尔系数的概念，上课时利用表格展示我国改革开放以来历年恩格尔系数变化情况，画龙点睛式地融入全心全意为人民服务、为人民谋福祉的基本宗旨，厚植爱党爱国爱人民思想情怀。再如，欧几里得算法与我国的更相减损术都是求两个数的最大公约数的重要算法，但欧几里得算法的确比更相减损术更为优秀，引导学生比较两种算法的优劣，让学生明白在继承优秀传统文化的基础上，还要学习国外优秀的文化成果，做到既不夜郎自大，又不妄自菲薄。

当然，数学文化融入课堂的方式还有很多，只是上述方式用得较多而已。融入的方式是一种形式，要针对不同的内容采用不同的方式，以期达到更好的融入效果，这才是我们的追求。

第三节 文化视角下的教学设计

一、教学设计的含义

关于教学设计，不同的人理解不尽相同。加涅曾在《教学设计原理》中界定为："教学设计是一个系统化（systematic）规划教学系统的过程。"帕顿（Patten）在《什么是教学设计》中指出："教学设计是对学业业绩问题的解决措施进行策划的过程。"赖格卢特在《教学设计是什么及为什么如是说》中指出："教学设计是一门涉及理解与改进教学过程的学科。"肯普的定义是："教学设计是运用系统方法分析研究教学过程中相互联系的各部分的问题和需求。在连续模式中确立解决它们的方法与步骤，然后评价教学成果的系统计划过程。"……这些观点从一定程度上也反映了教学设计的本质。不过它们有一个共同特点，都是从知识的学习与掌握角度来看的，是典型的"知识教育观"统领下的教学设计。

数学是研究现实生活中数量关系和空间形式的学科。从文化的视角看，"数学的思想、精神、语言、方法、观点，以及它们的形成和发展；数学在人类生活、科学技术、社会发展中的贡献和意义，以及与数学相关的人文活动。"构成了数学文化的主体，并通过数学的科学价值、应用价值、人文价值和审美价值而表现出来。《普通高中数学课程标准（2017）》中指出："数学文化应融入数学教学活动。在教学活动中，教师应有意识地结合相应的教学内容，将数学文化渗透在日常教学中，引导学生了解数学的发展历程，认识数学在科学技术、社会发展中的作用，感悟数学的价值，提升学生的科学精神、应用意识和人文素养，将数学文化融入教学，还有利于激发学生的数学学习兴趣，有利于学生进一步理解数学，有利于开阔学生视野、提升数学学科核心素养。"①

因此，从文化的视角重新认识教学设计也是教育改革与发展的必然。我们认为，文化视角下的教学设计是为了实现数学课程目标，运用数学学习心理学，按照数学的特点结合数学知识发生发展的历史情境，以学生掌握数学的知识，体验数学思想、方法、观点，了解数学价值和意义为目的而制定的教学活动推演的方案。

二、教学设计的维度

文化视角下的数学教学设计，要求从"知识教育观"转向"文化教育观"。在这个转变的过程中，不但要把知识、技能的掌握作为重点，更要把知识背后的文化作为重中之重的教育任务，只有厘清了知识背后的文化，学生才能搞清知识从何而来、到何处去，也才能了解数学的价值和意义。否则，知识就成了无源之水、无本之木！活的知识变成了死的知识，使具有的人性、文化性和创造性的知识教育变成了知识的呈现、灌输，导致了教育的人性化和文化缺失，也导致了教育的创造性缺失。

课程、学生和教师是课堂教学的三要素。从静态的角度看，它们对应课堂教学的知识、认知和教学三种结构形态；从动态的角度看，教材是知识的载体，教材所呈现的知识以及知识之间的联系构成了知识的逻辑序列（简称知识序）；学生的已有认知基础（包括知识基础、能力基础）与学生已有的活动经验（包括生活经验、学习经验）构成的认知逻辑序列（简称认知序）；教师在研读教材、研究学生的基础上，达成课程目标，符合科学规律的理想的教学逻辑序列（简称教学序）。

我们应该看到，教材所呈现的知识更多的是前人所研究的结果，也可以说是"后知后觉"知识的演绎逻辑关系，掩隐了知识发生、发展文化背景与过程；学生知识学习的过程既是一个从未知通向已知的过程，又是一个富有生命、对话与交流的动态过程；而教学序是基于知识序和认知序的一种理想状态。教学设计的目的就是让教材呈现的知识序和学生已有的认知序"同频共振"，使

---

① 中华人民共和国教育部. 普通高中数学课程标准（2017 年版）［M］. 北京：人民教育出版社，2017.

实际的课堂教学所表现出来的、真情实景的教学过程与理想的教学序达到高度的吻合。通过教学设计来统整、协调知识、认知和教学三种结构形态，使知识序、认知序、教学序"三序合一"，达到更好的教育效果。因此，文化视角下的数学教学设计必须包括知识序、认知序、教学序这三个维度。

三、教学设计的程序

"教什么和学什么""如何教和如何学""教得怎样和学得怎样"是教学设计的三个核心问题，涉及教与学的目标、策略与评价。文化视角下的教学设计就是要对知识序进行重组、对认知序进行解构，在此基础上进行教学推演的案例。

1. 纵横联系，厘清知识序

教材所提供的知识序为教与学活动提供学习主题、基本线索和具体内容，但也有不足的地方。一是数学知识漫长的、鲜活的生成过程却无法体现出来，二是教材知识的呈现方式及编排顺序未必与教师所面对的学生实际情况相符合，也未必与数学知识产生发展的历史顺序相符合。比如，对数的概念，教材上是以指数来定义对数的，而历史上则是先有对数后才有指数。因此，教师在教材分析时，要从知识的上、下位关系，构建起按包摄性由大到小排列的层次性纵向知识结构，从并列与相关的知识间的横向联系，进行横向整合；要在充分研究教材和学生的前提下对教材进行加工与调整，尽可能地使所授知识更符合学生的认知结构和活动经验；要研究数学发展史，尽可能地再现数学发展的曲折、鲜活、火热的历史过程。换句话说，知识序不仅要关注同一主线内容的逻辑关系，关注不同主线内容之间的逻辑关系，而且要关注不同数学知识所蕴含的通性通法、数学思想，还要让学生了解数学的发展历程，认识数学在科学技术、社会发展中的作用，感悟数学的价值，提升学生的科学精神、应用意识和人文素养。

2. 分析学情，把握认知序

学生在学习某个知识之前，脑袋里不是"一片空白"，他们的大脑中"充斥"着大量的在日常生活与以往的学习中所形成的已有经验，其中有些与科学概念、原理基本一致，有些则与科学概念、原理不一致甚至相违背。并不是我们所想象的学生在学习某个知识时，"天然"地就应当具备学习的基础与能力。因此，教师要充分了解学生已有的认知状况，特别要注意研究原有认知结构中与新知识有密切关系的内容，这是选择、优化教学设计的依据。从教学角度看，学生认知结构中能与新知识内容建立联系的有关概念，容易与新知识内容产生混淆的概念，以及认知结构中起固定点作用的概念的牢固度、清晰度都是影响学习的重要因素。只有把新的学习内容中的要素与已有认知结构中特别相关的部分联系起来，才能有意义地学习新内容。同时，还要充分考虑到学生认知结构的差异性，为促进学生顺利地进行认知同化做好准备。在具体分析的过程中，要客观、公正，要实事求是，既要分析对教学有利的因素，也要分析对教学不利的因素。

3. 整合二序，推演教学序

学生学习数学知识的过程是从一个个未知通向已知的过程，是一个个富有生命、对话与交流的动态过程。教师在进行教学时是以教材呈现的知识和学生已有的学习规律、经验为基础的，其目的就是要尽可能地使教材的知识序与学生的认知序之间契合，这就需要进行教学的设计，利用教学设计来统整、协调课堂教学三要素。

相对来说，知识序是静态的，而认知序是动态的，所以教学设计的关键是要让静态的知识序在动态的生成过程中"活"起来，并与学生的认知序"同频"。对学生而言，学习是一个从未知到已知的过程；而学生学习具体数学知识的过程也是一个从未知到已知的过程，这两者在某种程度上具有相似性。很多实验表明，学生学习数学知识的过程与数学家发现数学知识之间也具有历史的相似性。因此，教学设计就是为学生创造出与数学家所面临的相似的问题情境，使学生身临数学家的境遇，调动一切知识储备来分析、思考、解决这些问题。使教学的过程与知识的生成过程，与学生的认知过程统一起来，从而使学生了解数学知识的生成过程，感受数学的"自然"，进而呈现出一种积极主动构建自己认知的过程，最终实现知识序、认知序、教学序的契合，实现学生的全面发展。

综上所述，从研究教材的知识序、分析学生的认知序出发，推演建构教学序，使知识序、认知序、教学序三者统一，彰显课堂教学的文化内涵，是文化视角下数学教学设计的根本目的，也是数学文化型课堂的基本特征。这不仅有利于激发学生的数学学习兴趣，进一步理解数学、感悟数学，也有利于开阔学生视野，夯实"四基"，提升"四能"，养成"用数学的眼光观察世界，用数学的思维分析世界，用数学的语言表达世界"的数学素养。

第二章
集合与常见的逻辑用语

第一节　集合发展简史

集合就是把一些具有某种性质的对象聚集起来所形成的总体。但这不是集合的定义，只是对集合的一种描述，因为这里的"总体"无非是"集合"的同义反复。集合论是在 19 世纪末由德国数学家康托尔（Georg Cantor，1845—1918）创立的。

一、集合论诞生背景

康托尔集合论的全部内容都是围绕无穷集合而展开的。在数理哲学中，有两种无穷方式历来为数学家和哲学家所关注：一种是潜无穷；一种是实无穷。古希腊哲学家亚里士多德最先提出要将它们加以区别。所谓潜无穷，是指无穷的过程。"一尺之棰，日取其半，万世不竭"就是潜无穷。所谓"实无穷"是指实实在在的无穷实体，如正整数有无穷多，直线上的点有无穷多。随着无穷集合的不断出现，"部分能够同整体构成一一对应"这个事实也就越来越明显地体现出来。意大利物理学家伽利略（G. Galileo，1564—1642）发现"正整数与它们的平方可以一一对应"，这说明无穷大有不同的"数量级"。

17 世纪，无穷小量进入数学，构成所谓"无穷小演算"，从而数学中出现了一门新的分支——微积分。这一崭新分支很快获得了飞速发展并结出了丰硕成果，但由于没有精确的定义无穷概念，微积分的基础并不牢固，因而其合法性也受到许多质疑，就连"数学王子"、德国数学家高斯（Gauss，1777—1855）都高调发声："我必须最最强烈地反对你把无穷作为一完成的东西来使用。"19 世纪初，法国数学家、物理学家、天文学家柯西（A. L. Cauchy，1789—1857）给出了极限概念的定义，并在此基础上建立起连续、导数、微分、积分以及无穷级数的理论，较为完美地解决了微积分所遇到的逻辑困难。不过，柯西的极限定义本质上是基于几何直观，并不是建立在严密的算术基础上的，在一些地方甚至会产生逻辑矛盾。为寻求微积分彻底严密的算术化，由此引发了一场重建数学基础的运动。正是在这场运动中，康托尔开启了他的集合论创建之旅。

二、集合论的建立

面对"无穷"的长期挑战，数学家们为解决"无穷"进行了不懈的努力。1854 年，德国数学家黎曼（B. Riemann，1826—1866）在论文《关于用三角级数表示函数的可能性》中首次提出了"唯一性问题"。康托尔就是通过对"唯一性问题"的研究，认识到无穷集合的重要性，并开始从事对无穷集合的一般理论研究。1870 年和 1871 年，康托尔两次在《数学杂志》上发表论文，证明了函数的三角级数表示的唯一性定理，而且证明了即使在有限个间断点处不收敛，定理仍然成立。1872 年他在《数学年鉴》上发表论文，把允许间断点推广到某种无穷集合的情形，从而将"唯一性问题"拓展为点集的研究，并为点集论奠定了理论基础。1873 年 12 月 7 日，康托尔在给戴德金的信中把导致集合论产生的问题明确提了出来："正整数的集合 N^* 与实数的集合 R 之间能否一一对应？"后来，人们把 1873 年 12 月 7 日这一天定为集合论诞生日。同年，他证明了实数的"集体"不能同正整数的"集体"一一对应。

1874 年，年仅 29 岁的康托尔在《克莱尔数学杂志》上发表的论文《关于全体实代数数的一个性质》中提出了"可数集"概念，并以一一对应为准则对无穷集合进行分类，证明了一些重要结果：①一切代数数是可数的；②任何有限线段上的实数是不可数的；③超越数是不可数的；④一切无穷集并非都是可数的，无穷集同有穷集一样也有数量上的区别。这是关于无穷集合论的第一篇革命性的论文，它标志着集合论的诞生。

康托尔把他在 1879—1883 年写的 6 篇论文，汇集成《关于无穷线性点集》，比较系统地讨论了集合论的一些数学成果，特别是涉及集合论在分析学中的一些应用，标志着点集论体系的建立。康托尔最后一部重要的数学著作是《对超穷集合论基础的贡献》，该书的发表标志集合论已从点集论过渡到抽象集合论。

三、集合论的完善

由于康托尔的无穷理论超越了人们的认知，看起来"玄而又玄""不可理喻"，遭到包括他老师克罗内克在内的一批有穷论者的粗暴攻击，他们嘲笑集合论是一种"疾病"，有人嘲讽超限数是"雾中之雾"，称"康托尔走进了超限数的地狱"。但因集合论在分析学中的作用日渐凸显，集合论的地位得到了认可。在 1897 年的第一届国际数学家大会上，德国数学家胡尔维茨（Hurwitz Adolf，1859—1919）在他的综合报告中，充分肯定了康托尔集合论对函数论的发展所起的巨大推动作用。由此，康托尔的集合论合法地位得以确认。

当康托尔的思想逐渐被人接受，并成功地把集合论应用到其他的数学领域中的"大好形势"时，一系列完全没有想到的逻辑矛盾，在集合论的边缘被发现。开始，人们并不直接称之为矛盾，而是把它们看成数学中的奇特现象。事实上，这些矛盾康托尔自己也很清楚，他在 1895 年的文章中遗留下两个悬而未决的问题：一个是连续统假说，另一个是所有超穷基数的可比较性。但不知何故，他并没有具体说明。

直到 1903 年，英国罗素（Russell，1872—1970）提出了一个悖论："一切不包含自身的集合所形成的集合是否包含自身？"如果说是，即包含自身，属于这个集合，那么它就不包含自身；如果说否，它不包含自身，那么它理应是这个集合的元素，即包含自身。罗素悖论的存在，直指康托尔集合论中的矛盾。因为集合论已经成为数学的基础，而集合论中的矛盾致使整个数学基础不牢固，数学大厦有坍塌的危险。

解决集合论中存在的矛盾是刻不容缓的事情。以布劳威尔（Brouwer，1881—1966，荷兰）为代表的直觉主义学派，直接采取了对集合论全盘否定的态度。而以德国数学家希尔伯特（D. Hilbert，1862—1943）为代表的形式主义数学学派则采用公理化的方法来刻画集合和集合的运算，并对康托尔集合论中的"概括原则"作了修正，以排除所知道矛盾的做法。首先进行这个工作的是策梅罗（Zermelo，1871—1953，德国），他于 1908 年提出七条公理，建立了一种不会产生悖论的集合论。又经弗兰克尔（Fraenkel，1891—1965，德国）的改进，形成了一个无矛盾的集合论公理系统（即所谓的 ZF 公理系统）。1928 年，冯·诺依曼（Neumann，1903—1957，美籍匈牙利）在 ZF 公理系统的基础上增加了一条选择公理（AC），形成了完备的 ZFC 公理系统，至此集合论的内在矛盾完全得到解决。

第二节 集合中的符号

一、集合符号 $\{x \mid p(x)\}$

若 $p(x)$ 是一个与 x 有关的条件，则所有符合条件 $p(x)$ 的 x 组成一个集合，用符号 "$\{x \mid p(x)\}$" 来表示。$\{x \mid p(x)\}$ 是谁最早使用，没有足够资料来确定。这个符号大约是在 19 世纪 70 年代才逐渐公开使用。

二、符号 "$\in$" "$\subset$" "$\subseteq$" "$\supset$" "$\supseteq$"

"$A \subseteq B$" 表示集合 A 包含于集合 B（或集合 A 是集合 B 的子集）。用符号 "$\subseteq$" 表示 "包含于"，用符号 "$\subset$" 表示 "真包含于"，用符号 "$\supset$" "$\supseteq$" 分别表示 "真包含" "包含"。这些符号都是意大利数学家皮亚诺（G. Peano，1858—1932）在《算术原理新方法》（1889）中提出的。用 N_0 表示自然数集，a_+ 表示全体正整数的集合也是皮亚诺首创的。至于 a 不是集合 A 的元素的记号 $a \notin A$ 或 $a \in A$ 是后来人创用的。

三、空集符号 "$\varnothing$"

不含任何元素的集合称为空集，用符号 "$\varnothing$" 表示。空集的符号是由布尔巴基学派创造的，首见于他们的著作《数学原本卷一：集合论》（1939）中，最初写法是 "Ø"，这个符号源自北欧语言的拉丁字母 "Ø"，但常被误会为希腊字母 "φ"。现行教材采用记法 "$\varnothing$"。早期的集合论书籍受列举法表示集合的影响，也有用 "$\{\,\}$" 表示空集的。

四、交集符号 "$\cap$" 和并集符号 "$\cup$"

交集符号 "$\cap$"、并集符号 "$\cup$"，最早是德国哲学家、数学家莱布尼茨

（G. W. Leibniz，1646—1716）给出的。他原用"∩"表示"乘积"，原用"∪"表示"和"，但被大家否定了。大约在 19 世纪，人们借用它们来表示集合中的"交""并"的运算，沿用至今。

五、集合的图形表示

瑞士数学家欧拉（L. Euler，1707—1783）创造性地用圆圈或封闭曲线的包含、相离和交叉来表示各个概念或类的外延之间的关系，这种用来表示各个概念或类的外延之间的关系的图叫作"欧拉图"。英国逻辑学家韦恩（J. Venn，1834—1923）用"欧拉图"来表示集合间的关系以及集合运算的关系，并在《符号逻辑》（1881）中使用，因此人们称之为"韦恩图"。

第三节　关于命题

概念形成判断，判断形成命题，命题用于推理。命题与推理是逻辑学研究的基本对象之一。一般地，我们把用语言、符号或式子表达的，可以判断真假的陈述句叫作命题。从判断的定义及特征可知，判断即为命题。判断为真的语句是真命题，判断为假的语句是假命题。真命题可以作为推理的依据。

一、简单命题

不包含其他命题的命题或者说在结构上不能再分解出其他命题的命题叫简单命题（斯多葛学派称之为原子命题）。简单命题一般分为两类：一类是性质命题，一类是关系命题。比如，"三角形有三条边"直截了当地反映了三角形的一条性质，"3＞2"则反映了数 3 与数 2 之间的关系。

二、复合命题

在逻辑学中，"或""且""非""如果……，那么……"叫作逻辑连结词。

用逻辑连结词将两个简单的命题连结起来，就构成了新的命题，这类命题称之为复合命题（斯多葛学派称之为分子命题）。复合命题有四种类型：联言命题、选言命题、负命题、假言命题（又称条件命题）。

用逻辑连结词"且"把命题 p 和命题 q 连结起来，得到一个新命题，这种命题为联言命题。记作 $p \wedge q$，读作 p 且 q。用逻辑联结词"或"把命题 p 和命题 q 联结起来，得到一个新命题，这种命题为选言命题。记作 $p \vee q$，读作 p 或 q。需要注意的是，逻辑学中的"p 或 q"是指"p，q 至少选一个"的意思，而生活中的"p 或 q"是表示"从 p，q 中选一个"。用逻辑联结词"非"连结命题 p，得到一个新命题，这种命题为负命题（或称非命题）。记作 $\neg p$，读作非 p。负命题实质上是对命题 p 的否定。

1847 年，英国逻辑学家布尔（G. Boole，1815—1864）在《逻辑的数学分析，论演绎推理的演算法》中提出了"且""或""非"三种复合命题的真假性，见表 1 - 2 - 1：

表 1 - 2 - 1

命题 p	命题 q	命题 $p \wedge q$	命题 $p \vee q$	命题 $\neg p$
真	真	真	真	假
真	假	假	真	假
假	真	假	真	真
假	假	假	假	真

上表可以归纳为：$p \wedge q$ 的真假性：全真为真，一假为假；$p \vee q$ 的真假性：全假为假，一真为真；命题 p 与 $\neg p$ 之间一真一假。

从集合的角度看，复合命题 $p \wedge q$、$p \vee q$、$\neg p$，分别对应于简单命题 p 和 q 的交集、并集和命题 p 补集。

对复合命题 $p \wedge q$、$p \vee q$ 的否定，英国数学家德·摩根（De Morgan，1806—1871）建立了如下法则：

$p \wedge q$ 的否定：$\neg (p \wedge q) = (\neg p) \vee (\neg q)$；

$p \vee q$ 的否定：$\neg (p \vee q) = (\neg p) \wedge (\neg q)$。

至于 $\neg p$ 的否定，由 $\neg p$ 的定义可知，$\neg (\neg p) = p$。

三、充分条件与必要条件

充分条件和必要条件是逻辑学在研究假言命题及假言推理时引出的。

客观事物总是相互联系的，事物之间的联系是错综复杂、多种多样的。其中有的是某一事物的发生与存在，会使另一事物发生与存在，有的是某一事物的不发生与不存在，会使另一事物不发生与不存在。人们认识了这种事物之间的条件联系，就形成了假言命题。假言命题也是一种复合命题，它是反映客观事物之间条件与结果关系的命题，它断定一类情况的存在是另一类情况存在的条件。因此，假言命题又叫条件命题。假言命题的基本形式："如果 p ，那么 q "或是"若 p ，则 q "。其中，p 叫作命题的条件，q 叫作命题的结论。

不同的条件联系构成不同性质的假言命题。就条件来说，有充分条件、必要条件和充分必要的条件、既不充分又不必要的条件。因此，作为反映这种不同的条件关系的假言命题，也有四种，即充分条件的假言命题、必要条件的假言命题和充分必要条件的假言命题、既不充分又不必要条件的假言命题。

"若 p ，则 q "是真命题，即由 p 可以推出 q ，记为" $p \Rightarrow q$ "，则称 p 是 q 的充分条件，q 是 p 的必要条件。p 是 q 的充分条件，说明有 p 必有 q ，或者说有 p 充分保证有 q 。q 是 p 的必要条件，说明无 q 必然无 p ，或者说有 p 必须有 q 。

"若 p ，则 q "是假命题，即由 p 不能推出 q ，记为" $p \nRightarrow q$ "，则称 p 不是 q 的充分条件，q 不是 p 的必要条件。

若 $p \Rightarrow q$ 且 $q \Rightarrow p$ ，则 p 是 q 的充分必要条件（简称充要条件），当然 q 也是 p 的充要条件。

在日常生活中，充分条件、必要条件和充要条件的假言命题的语言表达，多种多样。充分条件的假言命题的表达形式常用"如果……那么……""假如（只要）……就……""当……就……"等。必要条件的假言命题的表达形式常用"只有……才……""没有……没有……"等。充要条件的假言命题的表达形式常用"有且只有""当且仅当""必须且只须"等。

关于充分条件、必要条件和充要条件，墨子的"小故：有之不必然，无之必不然。体也，若有端。大故：有之必然，若见之成见也"十分经典！

第三章

一元二次函数、方程和不等式

第一节　方程

一、方程名称的由来

在中国，"方程"一词来源于《九章算术》第八章"方程"。当时的"方程"与现在"方程"的含义是不同的。刘徽在《九章算术》注释中说："程，课程也，群物总杂，各列有数，总言其实，今每行为率。二物者再程，三物者三程，皆如物数程之，并列为行，故谓之方程。"这不仅指出了"方程"一词的来源，还指出了解多元一次方程组的方法——"方程术"（筹码方阵法），相当于高等数学中的矩阵法。因此，《九章算术》中的"方程"的原意可以理解为"方程表达式"。16 世纪随着各种数学符号相继出现，特别是法国数学家韦达（Vieta Francois，1540—1603）创立了较系统的表示未知量和已知量的符号以后，"含有未知数的等式"这一专门概念出现了，当时拉丁语称它为"ae-quatio"，英文为"equation"。

1859 年，清代李善兰和伟烈亚力合译德·摩尔根的《代数初步》时，借用了古代的"方程"名称，将英文"equation"译作"方程"，此时"方程"的含义为"含有未知数的等式"。1873 年，清末华蘅芳（1833—1902）与英国传教士兰雅合译沃里斯的《代数学》，把"equation"译为"方程式"。他们认为，"方程"与"方程式"应该区别开来，方程仍指《九章算术》中的意思，而方程式是指"含有未知数的等式"。他们的主张在很长时间里被广泛采纳。1934 年，中国数学学会对名词进行统一审查，确定"方程"与"方程式"两者意义相通。

二、方程求解的历史

在中国，大约前 480 年，中国人已经使用配方法求得了二次方程的正根，但是并没有提出通用的求解方法。《九章算术》中的"方程章"是历史上最早系统研究方程的专著，其筹码方阵法也是世界上最早完美解决多元一次方程组的方法。

3 世纪，赵爽注《周髀算经》（成书于前 1 世纪），就有了求根公式的雏形，并在"勾股圆方图注"中给出了勾股定理的几何证法，还有关于二次方程解法的论述："其倍弦为广袤合，而令勾股见者自乘实，四实以减之开其余，所得为差，以差减合，半其余为广。"其中，"其倍弦为广袤合，而令勾股见者自乘为实"就是根与系数的关系，比韦达的论述大约早了 1300 年。

魏晋时期的刘徽（约 225—295）在《九章算术注》中提出了"直接法"（即相减消元法），比法国数学家别朱早近 1600 年。他还提出了"齐同术"和"正负术"，这些为后来方程的发展和应用奠定了坚实的基础。5 世纪，南北朝的《张丘建算经》中有二次方程问题，张丘建在原来刘徽线性方程的基础之上提出了不定方程，著名的"百鸡问题"也出自其中。7 世纪，王孝通的《缉古算经》首次提出求三次方程的正根的方法，比欧洲的斐波那契早 600 年左右。

宋代，贾宪在《黄帝九章算经细草》中（1050，已失传，其中内容因杨辉抄录流传于世）创造"增乘开方法"求高次幂的正根。北宋数学家刘益在《益古根源》（1080）之中，把贾宪的"增乘开方法"做进一步推广，使它成为求解高次方程的普遍解法。杨辉（生卒时间不详）在《田亩比类乘除捷法》（1275）中，详细记载了二次方程的多种解法，他发展了赵爽的方法，提出了解二次方程的"四圆积步"法。秦九韶（1208—1268）在《数书九章》（1247）中，创造了正负开方术（任意高次方程的数值解法），是当时世界数学的最高成就，领先英国数学家霍纳（Horner，1786—1837）570 年。他改进了刘徽的"直接法"（相减消元法），采用"互乘对减法"消元（即加减消元法），比法国数学家布丢（J. Buteo，约 1490—1570）早 300 多年，理论也比布丢的更完善。他还创造了"大衍求一术"用于求解一次同余式方程组问题，并提出了"天元术"（设未知数列方程的方法）。

元代，数学家、诗人李冶（1192—1279）在《测圆海镜》（1248）中，改变了传统的把实数（常数项）看作正数的观念。在《测圆海镜》中所列方程的常数可正可负，且不再受限于它的几何意义。在李冶的理论中，未知数已具有绝对意义。他在解高次方程时，还提出了"换元"的思想。朱世杰（1249—1314）全面地继承了秦九韶、李冶、杨辉的数学成就，并给予创造性的发展。把"天元术"拓展为"四元术"，在《四元玉鉴》（1303）中给出了 50 多道高次方程组的问题。他把李冶的一元高次方程推广到多元高次方程组并用"四元术"求出其解。朱世杰把我国古代数学推向了更高的境界，其代表作《算术启蒙》（1299）和《四元玉鉴》是中国古代数学著作中最重要的一部分，把中国古代筹算系统和方程理论发展到了顶峰，在世界数学史上写下了光辉的一页。

元代以后，由于封建统治的腐败，社会走向了衰落。明代八股取士，思想禁锢严重，学者们很少留心数学，中国数学急剧衰落，直到 20 世纪以后才开始追赶。

在国外，前 2000 年左右的古巴比伦人已经有了一次和二次方程的求解问题。从解方程的过程推测，他们可能掌握了配方法和求根公式。从《莱因德纸草书》中可以看出，在前 1650 年左右的古埃及人也已经掌握了一元一次方程的解法和形如 $ax^2 = b$ 简单的二次方程的解法。前 300 年左右，古希腊的欧几里得（Euclid，约前 330—前 275）创立了几何方法求解二次方程。

3 世纪的古希腊的丢番图（Diophantus，246—330）在其著作《算术》中，讨论了一次方程、二次方程和个别三次方程，还讨论了大量的不定方程。628 年，印度的婆罗摩笈多（Brahmagupta）（约 598—约 660）在其著作《婆罗摩修正体系》中，给出了一元二次方程 $x^2 + px - q = 0$ 的一个求根公式 $x = \dfrac{\sqrt{p^2 + 4q} - p}{2}$。820 年，阿拉伯的阿尔·花拉子米（Al - Khowarizmi，（780—850）在《代数学》中提出了"复原"与"对消"（即移项与合并同类项），第一次给出了一元二次方程的一般解法（在阿尔·花拉子米之前的西方数学家都不承认负根，只取正根）。他把方程的未知数叫作"根"（ridr），后被译成拉丁文 radix。

1202 年，意大利数学家斐波那契（Fibonacci，1175—1250）在介绍东方二次方程理论时，提出了二次方程可以有有理根的思想。1515 年，费罗用代数方法求解三次方程 $x^3 + mx = n$。1535 年，塔塔利亚发现了形如 $x^3 + mx^2 = n$ 三次方程的代数解法。1545 年，意大利的卡当、费拉利在《大术》中发表了三次方程、四次方程的求根公式。1559 年，法国数学家布丢提出解一次方程组的加减消元法。1591 年左右，法国的韦达在《分析方法引论》中系统阐述并改良了三次方程、四次方程的解法，指出了根与系数之间的关系。1707 年，英国数学家牛顿（I. Newton，1642—1727）建立了二次方程的体系，给出了一元二次方程的根与判别式的关系。1768 年，瑞士数学家欧拉的《代数学入门》一书中给出了现行课本中的一元二次方程的求根公式。

自卡当、费拉利在《大法》中发表了三次方程、四次方程的求根公式之后，很多数学家投入到了寻求五次方程以及五次以上的方程的求根公式，但是都以失败告终。直到 19 世纪，法国数学家、物理学家拉格朗日（J.–L. Lagrange，1736—1813）在《关于代数方程解的思考》一文中指出，次数不低于五次的方程不存在求根公式。他试图证明这个观点，最终未能如愿。

1824 年，挪威年轻数学家阿贝尔（N. H. Abel，1802—1829）成功地证明了五次以上的一般方程没有根式解。1828 年，法国天才数学家伽罗瓦（E. Galois，1811—1832）巧妙而简洁地证明了存在不能用开方运算求解的具体方程，同时还给出了一个代数方程能用根式求解的充要条件，他完全解决了高次方程的求解问题，并创立了对代数学发展影响深远的"伽罗瓦理论"。

第二节　不等式

不等式具有悠久的历史。关于两个量的不等关系的叙述最早见于欧几里得的《几何原本》，如"三角形两边之和大于第三边""大边对大角"等。

一、等号与不等号的历史

若 a 与 b 相等，则符号表示为 $a = b$。等号"="是由英国数学家雷科德

（Robert Recorde，约1510—1558）发明的。他在1557年出版的《砺智石》一书中，首次采用"＝"表示两个具有相等关系的量。另外，雷科德在《砺智石》中，还创造了正负号"＋""－"。

大于号"＞"、小于号"＜"由英国数学家哈利奥特（T. Harriot. 1560—1621）创造的。1631年，是哈利奥特去世10周年，人们为了纪念他，出版了他的遗著《实用分析术》，其中记载了关于"＞"和"＜"的使用规则："$a>b$"表示"a量大于b量"，"$a<b$"表示"a量小于b量"。"≤"（不大于）"≥"（不小于）由布格尔（P. Bougeur，1698—1758）于1734年首次使用。"≠"是近代才出现的。"≪"（远小于）、"≫"（远大于）分别由两位法国大数学家庞加莱（H. Poincare，1854—1912）和波莱尔（E. Borel，1871—1956）在1901年创造的。

二、平均数的历史

早在三千多年前，我国就有了平均数的思想。"谦，君子以裒（póu）多益寡，称物平施。"（《周易》"谦"卦）"多者用谦以为裒，少者用谦以为益；随物而与，施不失平也。"（魏晋，王弼《周易注》）由此可见："裒"指减少，"益"指增益。"裒多益寡"就是指对研究对象的各个单位的数量减有余而补不足；"称物平施"即是平均的思想。不过中国古代并没有给出平均数的定义。

前6世纪，毕达哥拉斯学派阿契塔（Archytas，前400—前365）在《论音乐》中给出了算术中项、几何中项以及调和中项的定义：对于两个正数a，b，称$\dfrac{a+b}{2}$为a，b的算术中项，称$\sqrt{ab}$为a，b的几何中项。而调和中项则定义为："如果在三项中，第一项超过第二项的量等于第一项的若干部分，第二项超过第三项的量等于第三项的同样部分，那么我们就得到调和中项。"后来，尼可麦丘（Nicomachus，1世纪）和帕普斯（Psppus，3世纪）定义了算术中项、几何中项、调和中项、反调和中项。设在a，b中插入中项x，定义见表1－3－1：

表 1-3-1

名称	定义	等价形式	简称
算术中项	$\dfrac{b-x}{x-a}=\dfrac{a}{a}=\dfrac{b}{b}$	$x=\dfrac{a+b}{2}$	A
几何中项	$\dfrac{b-x}{x-a}=\dfrac{x}{a}$（或 $\dfrac{b}{x}$）	$x=\sqrt{ab}$	G
调和中项	$\dfrac{b-x}{x-a}=\dfrac{b}{a}$	$x=\dfrac{2ab}{a+b}$	H
反调和中项	$\dfrac{b-x}{x-a}=\dfrac{a}{b}$	$x=\dfrac{a^2+b^2}{a+b}$	C

算术中项、几何中项、调和中项、反调和中项又分别被称为算术平均数、几何平均数、调和平均数、反调和平均数。古希腊数学家喜欢用几何的方式来研究问题，他们给出了求两个正数的算术中项、几何中项、调和中项的几何作图法。

前 3 世纪，欧几里得在《几何原本》卷六命题 13 中给出了两条已知线段之间的几何中项的作图法。如图 1-3-1 所示，以 AB 为直径作半圆 ADB，则 CD 即为 AC 和 CB 的几何中项。

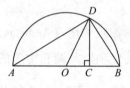

图 1-3-1

3 世纪末，古希腊几何学家帕普斯（Pappus）在《数学汇编》中给出了调和中项的作图法：如图 1-3-2 所示，设 $BC=b$，$AB=a$，过点 A 作 $l\perp AB$，在 l 上取点 D，E，使 $AD=AE$，过 C 作 $CF\perp AB$ 交 DB 于 F，连接 EF 交 AB 于 G，则 BG 为 a，b 的调和中项，即 $BG=\dfrac{2ab}{a+b}$。

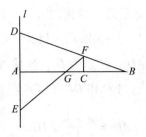

图 1 – 3 – 2

帕普斯在《数学汇编》第二卷命题 13 中创新了欧几里得的作法，同时作出了三个中项。如图 1 – 3 – 3 所示，以 AB 为直径作半圆 ADB，O 为 AB 的中点，连接 OD，过 C 作 $CE \perp OD$，设 $AC = a$，$BC = b$，则 $OD = \dfrac{a+b}{2}$，$CD = \sqrt{ab}$，$DE = \dfrac{2ab}{a+b}$ 分别为 a，b 的算术平均数、几何平均数、调和平均数。

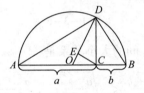

图 1 – 3 – 3

对于 a，b 还有另一类中项——方根平均数（简称均方根）。若 x^2 是 a^2 和 b^2 的算术中项，则称 x 为 a 和 b 的均方根：$x = \sqrt{\dfrac{a^2 + b^2}{2}}$，简记为 R。

2014 年，华东师范大学汪晓勤教授在帕普斯的基础上进一步完善：如图 1 – 3 – 4 所示，以 O 为圆心，OC 为半径作圆，过 O 作 OD 的垂线交圆于 F，连接 DF，过 F 作 DF 的垂线，交 DO 的延长线于 G，则 DE，CD，OD，DF，DG 依次为 a,b 的调和中项、几何中项、算术中项、方根中项、反调和中项。

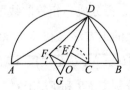

图 1 – 3 – 4

同时，汪晓勤教授还给出了另一种构图方式，同样可以实现在一个图形中作出五个中项的目的：如图 1 - 3 - 5 所示，设 $AC = a$ ，$AB = b$ ，以 BC 为直径作圆 O ，过 A 作圆 O 的切线 AD ，切点为 D ，连接 OD 。作 $DE \perp AB$ 于 E ，在 OB 上取点 F ，使 $OE = OF$ ，过 O 作 $OG \perp AB$ 交圆 O 于 G ，连接 AG, GF 。易证： $AE = \dfrac{2ab}{a + b}$ ，$AD = \sqrt{ab}$ ，$AO = \dfrac{a + b}{2}$ ，$AG = \sqrt{\dfrac{a^2 + b^2}{2}}$ ，$AF = \dfrac{a^2 + b^2}{a + b}$ 。所以 AE ，AD, AO ，AG ，AF 依次为 a ，b 的调和中项、几何中项、算术中项、方根中项、反调和中项。

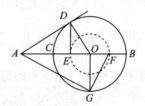

图 1 - 3 - 5

这几类中项连同 a ，b 之间的大小关系是：

$$b < \frac{2ab}{a + b} < \sqrt{ab} < \frac{a + b}{2} < \sqrt{\frac{a^2 + b^2}{2}} < \frac{a^2 + b^2}{a + b} < a$$

这个关系称为均值不等式。

三、基本不等式的历史

已知 a ，b 是正数，则不等式 $\dfrac{a + b}{2} \geqslant \sqrt{ab}$（当且仅当 $a = b$ 时等号成立）称为基本不等式。下面介绍基本不等式的一些背景资料。

1. 《几何原本》中的基本不等式

欧几里得《几何原本》卷二命题 5 实际上给出了算术中项与几何中项之间的关系："将一条线段二等分，再分成不相等的线段，则由两不相等的线段构成的矩形与两个分点之间一段上的正方形之和等于原线段一半上的正方形。"如图 1 - 3 - 6 所示，设 $BD = a$ ，$AD = b$ ，C 是线段 AB 的中点，以 BC 为边作正方形 $CBEF$ ，过 D 作 AB 的垂线，分别交 FB 和 FE 于 G ，H ，以 AD 和 DG 为边作矩形 $ADGI$ ，以 BD 和 DG 为边作矩形 $BDGK$ ，GI 与 FC 相交于 J 。

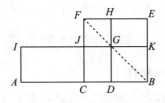

图 1 - 3 - 6

易知 $BDGK$ 是边长为 a 的正方形，由面积关系可知：

$$S_{矩形ADGI} = S_{矩形ACJI} + S_{矩形CDGJ} = S_{矩形CBKJ} + S_{矩形GKEH} ，$$

所以 $S_{矩形ADGI} + S_{正方形FHGJ} = S_{矩形CBKJ} + S_{矩形GKEH} + S_{正方形FHGJ} = S_{正方形CBEF}$ ，

即 $ab + \left(\dfrac{a - b}{2} \right)^2 = \left(\dfrac{a + b}{2} \right)^2$ ，所以 $ab \leqslant \left(\dfrac{a + b}{2} \right)^2$ ，

所以 $\sqrt{ab} \leqslant \dfrac{a + b}{2}$ ，当且仅当 $a = b$ 时，等号成立。

2. 赵爽"弦图"蕴含基本不等式

3 世纪，赵爽为《周髀算经》"勾股圆方图"作注时，构造了"弦图"，如图 1 - 3 - 7 所示，并注释道："以图考之，倍弦实，满外大方，而多黄实，黄实之多，即勾股差实。以差实减之，开其余，得外大方。大方之面，即勾股并也。"

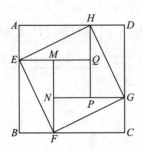

图 1 - 3 - 7

若设 $AH = a$ ，$AE = b$ ，$EH = c$ ，由 $S_{正方形ABCD} = S_{正方形EFGH} + 4S_{\triangle EAH}$ 得

$$(a + b)^2 = c^2 + 4 \times \dfrac{1}{2}ab \Rightarrow a^2 + b^2 = c^2 ，$$

由此证明勾股定理，这也是历史上证明勾股定理的最简单的方法。

由弦图中面积不等关系 $S_{\text{正方形}ABCD} \geqslant 4S_{\text{矩形}AEQH}$，即 $(a+b)^2 \geqslant 4ab$，

开方即得 $\dfrac{a+b}{2} \geqslant \sqrt{ab}$，当且仅当 $a = b$ 时，等号成立。

3. 基本不等式几种几何解释

欧几里得"构图"与赵爽"弦图"都是对基本不等式最直观的几何解释。这里再介绍两种基本不等式的几何解释。

（1）利用圆的切割线构图。如图 1 – 3 – 8 所示，设 $AB = a$，$AC = b$，以 BC 为直径作圆 O，AT 为圆 O 的切线，则 $AO = AB + \dfrac{BC}{2} = a + \dfrac{b-a}{2} = \dfrac{a+b}{2}$，

$AT = \sqrt{ab}$，由于 $AO \geqslant AT$，

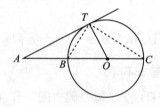

图 1 – 3 – 8

所以 $\dfrac{a+b}{2} \geqslant \sqrt{ab}$，当且仅当 $AO = AT$，即 $a = b$ 时，等号成立。

（2）利用正方形正交分割构图。如图 1 – 3 – 9 所示，已知点 O 是正方形 $ABCD$ 对角线 AC 上的任意一点，过点 O 作 $FH \parallel AD$，$EG \parallel AB$。

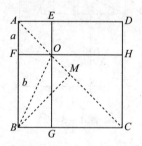

图 1 – 3 – 9

易知，$S_{\triangle ABC} \geqslant 2S_{\text{矩形}FOGB}$，即 $\dfrac{1}{2}(a+b)^2 \geqslant 2ab$，

所以 $\dfrac{a+b}{2} \geqslant \sqrt{ab}$，当且仅当 O 为 AC 的中点，即 $a = b$ 时，等号成立。

设 M 为 AC 的中点，连接 OB，则 $BO = \sqrt{a^2 + b^2}$，$BM = \dfrac{1}{\sqrt{2}}(a + b)$。

由 $OB \geqslant BM$，所以 $\sqrt{a^2 + b^2} \geqslant \dfrac{a+b}{\sqrt{2}} \Leftrightarrow \dfrac{a+b}{2} \leqslant \sqrt{\dfrac{a^2 + b^2}{2}}$，

当且仅当 O 为 AC 的中点，即 $a = b$ 时，等号成立。

第四章

函数概念和性质

第一节　函数概念发展史

函数是数学中的一个极为重要的概念，它的形成贯穿于整个近现代数学的发展过程，其定义大体可分为三种：变量说、对应说和关系说。

一、早期的函数观念

早在前 300 年左右，古巴比伦人就认识到两个量之间存在某种对应关系，他们利用这一认识制作了倒数表、平方根表、天文表等多种表格。古希腊托勒密根据弧长来确定弦长的原理，给出从 1/2 度到 180 度每 1/2 度角的正弦值。这些认识反映了函数思想的萌芽，但它们仅仅停留在静态的层面。直到 14 世纪，法国数学家奥雷姆（N. Oresme，1320—1382）在《论形态幅度》中借用了"经度""纬度"来表示一个可变的量依赖于另外一个可变的量。此后，人们才开始关注两个量之间的动态关系。德国天文学家、物理学家、数学家开普勒（J. Kepler，1571—1630）运用这种方法得到了行星运动的三大定律，伽利略在《关于两门新科学的对话》中采用了文字和比例来表达函数关系。

二、函数概念的萌芽

17 世纪，随着对运动研究的深入，许多问题摆在了人们的面前，如计算天体的位置、远距离航海中对经度和纬度的测量、炮弹的速度对于高度和射程的影响等。这些问题的解决都需要探究两个变量之间的关系，并根据这种关系对事物的变化规律做出判断。虽然此前数学家已经研究了不少具体的函数，比如对数函数、三角函数、双曲函数等，但也只是把这些函数作为曲线来研究的。开普勒和伽利略等人对运动研究的成果，又促使数学家们用运动来引进曲线，把曲线看作是点运动的轨迹，这就促成了数学家和运动学家从动态的角度去深刻揭示两个量之间的关系。

笛卡尔的变数是函数概念萌芽的标志。1637 年，法国数学家笛卡尔在《几何学》中明确提出了坐标和变量，注意到了一个变量依赖于另一个变量的变化而变化。这不仅标志着函数概念的萌芽，而且表明变数进入了数学，使数学在思想方法上发生了伟大的转折——由常量数学进入变量数学。正如恩格斯所言："数学中的转折点是笛卡尔的变数。有了变数，运动进入了数学，有了变数，辩证法进入了数学，有了变数，微分和积分也就立刻成为必要了。"

三、函数概念的形成

英国数学家格雷戈里（J. Gregory，1638—1675）是第一个给函数下定义的人。他在《论圆与双曲线的求积》（1667）中指出"函数是从其他的一些量经过一系列代数运算而得到的，或者经过其他可以想象的运算而得到的"。显然，该定义很不严密。

莱布尼茨在《切线的逆方法或函数方法》（1673）的手稿里用"function"表示"任何一个随着曲线上的点的变动而变动的量"，如切线、法线等的长度及纵坐标。他还引进了"常量""变量""参变量"等名称。莱布尼茨在《微积分的历史和起源》（1714）中，还创造了函数符号 $y = f(x)$。1697 年，莱布尼茨的学生约翰·贝努利（B. John，1667—1748，瑞）定义函数："由任一变量和常数的任一形式所构成的量。"

1746 年，法国物理学家、数学家、天文学家达朗贝尔（D′Alembere，1717—1783）在研究弦振动问题时，提出"用单独的解析表达式给出的曲线是函数"。欧拉发现有些曲线不一定是由单个解析式给出的，他将函数定义为："函数是 x , y 平面上随手画出来的曲线所表示的 y 与 x 间的关系"，即一条随意画出来的曲线就是函数。欧拉的观点没有被达朗贝尔接受，于是两人就函数的定义展开了激烈论战。

1748 年，欧拉在《无穷分析引论》中，先定义了常量与变量，称"固定的保持不变的量"为常量,"不确定的,可以取不同数值的量"为变量,在此基础上,又给出了他的函数第二个定义:"一个变量的函数是由该变量和一些数或常量以任何一种方式构成的解析表达式。"1755 年,欧拉在《微分基础》中,将他的函数定义修正为:"如果某变量以这样一种方式依赖于另一些变量,即当后面这些变量变化时,前面这些变量也随之而变化,则将前面的变量称为后面变量的函数。"欧拉这个定义朴素地反映了函数中的辩证因素,体现了从"自变"到"因变"过程。但欧拉的定义中强调"随之变化",这缩小了函数概念的外延。

1821 年,柯西给出了定义:"在某些变数间存在着一定的关系,当一经给定其中某一变数的值,其他变数的值可随之而确定时,则将最初的变数叫自变量,其他各变数叫作函数。"定义中,首先出现了"自变量"一词,同时指出对函数来说不一定要有解析表达式。虽然柯西的这个定义澄清了在此之前的函数定义采用的是解析式,但还是采用图象法的问题。

1822 年,法国数学家、物理学家,傅里叶(B. J. Fourier,1768—1830)在《热的解析理论》中把函数定义为:"通常函数表示相接的一组值或纵坐标,它们中的每一个都是任意的……我们不假定这些纵坐标服从一个共同的规律;它们以任何方式一个挨一个。"傅里叶的研究,说明了某些函数可以用曲线表示,也可以用一个式子表示,或用多个式子表示,从而结束了函数概念是否以唯一一个式子表示的争论,证明了在解析式和曲线之间并不存在不可逾越的鸿沟,级数把解析式和曲线沟通了,使人们对函数的认识推向了一个新层次。

1829 年,德国数学家狄利克雷(Dirichlet,1805—1859)给出了著名函数 $f(x) = \begin{cases} 0 & (x \text{ 是无理数}) \\ 1 & (x \text{ 是有理数}) \end{cases}$(史称"狄利克雷函数")。这个函数具有四个特点:没有公式,没有图形,不连续,没有实际背景。这个函数的出现,颠覆了此前人们对函数的认识,也直指已有函数定义的片面性。同时,也使数学家们对数学的理解发生了深刻的变化,"人造"的特征开始展现,这种思想标志着数学开始实现从研究"算"到研究"概念、性质、结构"的转变。

1834 年,俄国数学家罗巴切夫斯基(Lobachevsky,1792—1856)进一步提出了函数的定义:"x 的函数是这样一个数,它对于每一个 x 都有确定的值,并且随着 x 一起变化,函数值可以由解析式给出,也可以由一个条件给出。这个条件提供了一种寻求全部对应值的方法，函数的这种依赖关系可以存在，但仍然是未知的。"这个定义指出了对应关系，可以求出每一个 x 的对应值。

1837 年，德国数学家黎曼和狄利克雷给出了定义："在某一变化过程中，有两个变量 x，y，在某一法则的作用下，如果对于 x 的每一个值，y 都有唯一的值与其相对应，这时，就称 y 是 x 的函数。这时，x 是自变量，y 是因变量。"这个定义避免了函数定义中对依赖关系的描述，以清晰的表述方式被所有数学家接受，这就是人们常说的"变量说"。现行初中教材就是采用这一定义的。

四、函数概念的发展

随着数学的发展，函数的"变量说"不能满足生产实践和科学实验的进一步发展。康托尔集合论的创立，为数学家们重新认识函数提供了理论支持。

1874 年，美国数学家维布伦（Veblen，1880—1960）用"集合"和"对应"的概念给出了近代函数定义："给定两个非空实数集合 A 和 B，如果按照某种确定的对应关系，对 A 的每一个元素，在 B 中都有唯一的元素与之对应，则这种对应关系称为从 A 集合到集合 B 的函数，其中 A 为函数的定义域。这就是所谓的"对应说"，高中教材就是采用这一定义的。

到了 20 世纪初，人们给出了函数的近代定义，它把函数定义为：满足条件"若 $(x_1, y_1) \in f$，$(x_1, y_2) \in f$，则 $y_1 = y_2$"的二元关系。这是函数概念"关系说"的雏形。

到了 20 世纪中叶，出现了更广泛的函数概念：设集合 X，Y，我们定义 X 与 Y 的积集 $X \times Y = \{(x, y) \mid x \in X, y \in Y\}$。积集 $X \times Y$ 中的一子集 R 称为 X 与 Y 的一个关系，若 $(x, y) \in R$，则称为 x 与 y 有关系，记为 xRy；若 $(x, y) \notin R$，则称为 x 与 y 无关系，记为 $x\bar{R}y$。现设 f 是 X 与 Y 的关系，即 $f: X \times Y$，如果 $(x, y) \in f$，$(x, z) \in f$，必有 $y = z$，则称 f 为 X 到 Y 的函数。这就是函数概念的"关系说"。

综上所述，函数概念及记号，前后历经 300 年不断丰富、发展、完善的坎坷历程。函数是由研究静止现象到研究运动、变化现象的结果，是人类活动不断深化的结果。它不仅是数学史上一座高耸的里程碑，而且也是人类思维发展史上的一座金光灿烂的纪念碑。从函数概念的发展过程来看，函数的三种表示方法：解析法、图像法、列表法孕育其中。1859 年，清代数学家李善兰与英国传教士伟烈亚力合译《代数学》与《代微积拾级》数学书时，首次将"function"译为中文的"函数"。由此函数概念与记号逐渐传入中国。

第二节　奇函数与偶函数

奇函数、偶函数的概念最早是由欧拉提出来的。1727 年，欧拉在解决"反弹道问题"的一篇论文中，首次提出了奇函数、偶函数的概念。

欧拉在文中指出，一些函数用 $-x$ 代替 x，函数保持不变；还有一些函数用 $-x$ 代替 x，函数保持变号。于是，他把"用 $-x$ 代替 x，函数保持不变的函数称为偶函数；用 $-x$ 代替 x，函数保持变号的函数称为奇函数"。

他在文中，列举了三类偶函数和三类奇函数：

（1）$f(x) = x^{2n}(n = 1, 2, 3, \cdots)$ 是偶函数，$f(x) = x^{2n-1}(n = 1, 2, 3, \cdots)$ 是奇函数。

（2）$f(x) = x^{\frac{m}{n}}$，当 m 为偶数，n 为大于 1 的奇数时，$f(x)$ 是偶函数；当 m，n 均为奇数且 $n > 1$ 时，$f(x)$ 是奇函数。

（3）上面两类幂函数经过加、减、乘、除、乘方运算所得到的偶（或奇）函数及其任意次幂所构成的函数都是偶（奇）函数。

显然，欧拉最早的奇函数、偶函数概念都是针对幂函数以及相关复合函数而言的，而且欧拉提出的"奇函数""偶函数"之名显然源于幂函数的指数或指数分子的奇偶性。欧拉在文中还讨论了奇函数、偶函数的性质：

（1）两个奇函数的乘积为偶函数；

（2）一个奇函数与一个偶函数的乘积为奇函数。

随着函数概念的发展，欧拉在他的数学名著《无穷分析引论》（1748）中，将奇函数和偶函数进行了扩充：

（1）将 $f(x) = x^{2n}$，$f(x) = x^{2n-1}$ 中的 n 扩充到了负整数；

（2）将形如 $f(x) = x^{\frac{m}{n}}$ 的偶（或奇）函数"经过加、减、乘、除、乘方运算所得到的函数及其任意次幂"扩充为"偶（或奇）以任何方式组成的函数都是偶（或奇）函数"；

（3）增加了由方程确定的偶函数（并未给出隐函数的名称），如由方程 $y^2 = ax^4y + bx^2$ 确定的函数 $y = f(x)$；

（4）将 z 的偶（或奇）函数另外定义为 y 的函数 $Z = f(y)$ 和 $y = z^2$ 的复合函数。

同时，欧拉增加了奇函数的两条性质：

（1）如果 y 是 z 的奇函数，那么 z 也是 y 的奇函数。用我们今天的语言来表达就是：一个奇函数的反函数仍为奇函数（但欧拉并未考虑到反函数的存在性问题）。

（2）在一个关于 y 和 z 的二元方程中，如果各项中 y 和 z 的指数之和同为奇数或同为偶数，则 y 为 z 的奇函数。如由方程 $y^2 = ayz + bz^2 + c$ 所确定的函数 $y = f(z)$。

显然，在今天看来，这两条性质是不成立的。

第三节　函数的凹凸性

1648 年，莱布尼茨在他发表的论文《不受分数和无理数影响的求极大值、极小值和切线的新方法及一类引人注目的微积分》中首次提出了函数凹凸性和拐点的定义。文中指出："如果曲线的纵坐标 v 增大时，它的增量或微分 dv 也增大（即当 dv 为正时，微分的微分 d^2v 亦为正；当 dv 为负时，d^2v 亦为负），那么曲线凸向轴；否则曲线凹向轴。当增量取得极大值或极小值，或者增量由递减变为递增或由递增变为递减时，就有一个拐点。在该点曲线由凹变凸或由凸变凹，只要纵坐标不由递增变为递减或由递减变为递增（因为那样的话曲线的凹凸性将保持不变）。然而，纵坐标由递增变递减或由递减变递增时，增量是不可能继续保持递增或递减的。因此，当 d^2v 和 dv 都不为 0 时，就出现了一个拐点"。遗憾的是这个定义存在很严重的问题。

此后，虽然牛顿、雅格·贝努利、约翰·贝努利、洛必达、泰勒、欧拉、拉格朗日、拉普拉斯、勒让德、高斯等人都对莱布尼茨的定义作过修正，但都没有给出函数凹凸性严格的定义。到了 18 世纪末，法国数学家拉克洛瓦（S. F. Lacroix，1765—1843）在他的著作《微积分》中，利用泰勒级数并借助于几何图形来说明曲线的凹凸性，并给出了利用二阶微分的符号来判别函数凹凸性的变化。用现在的语言表述为：对于函数 $y = f(x)$，用 $f''(x)$ 表示 $f(x)$ 的导数 $f'(x)$ 的导数（即 $f(x)$ 的二阶导数），如果对 $x \in M$，都有 $f''(x) > 0$，则函数 $f(x)$ 在 M 上是凹函数；如果对 $x \in M$，都有 $f''(x) < 0$，则函数 $f(x)$ 在 M 上是凸函数。

直到 1905 年，丹麦数学家琴森（Johan Jensen，1859—1925）第一个用不等式定义了凸函数：

如果函数 $f(x)$ 对 $\forall x_1$，$x_2 \in M$ 都有 $f\left(\dfrac{x_1 + x_2}{2}\right) \leq \dfrac{1}{2}[f(x_1) + f(x_2)]$ 成立，则称 $f(x)$ 是凸函数，当且仅当 $x_1 = x_2$ 时等号成立。

如果函数 $f(x)$ 对 $\forall x_1$，$x_2 \in M$ 都有 $f\left(\dfrac{x_1 + x_2}{2}\right) \geq \dfrac{1}{2}[f(x_1) + f(x_2)]$ 成立，则称 $f(x)$ 是凹函数，当且仅当 $x_1 = x_2$ 时等号成立。

在琴森对函数的凹凸性定义之后，还有很多关于凹凸性的等价定义，这里不再赘述。

第四节　周期函数

一、周期现象的感知

人们对周期现象的认识由来已久。昼夜交替，阴晴圆缺，潮涨潮落，春去秋来……这些循环往复的自然现象伴随着人类社会的产生与发展。古巴比伦人编制了能够协调月相盈缺和太阳升落的阴阳历，又将七个星宿和七个神灵对应，创立了七天一循环的星期制度。在中国，古代先人仰观天宇，通过圭表测日等制定二十四节气；俯察大地，研究动植物生长乃得七十二候。《汉书·礼乐志》

中对周期现象就有明确的记载："精健日月，星辰度理，阴阳五行，周而复始。""周而复始"，这或许是对周期现象最早、最简要的概述。"周期"一词，最早出现在元代的数学家、诗人李冶的著作《敬斋古今黈》中："阴阳相配之物，而老少又必相当。乾之策，二百一十有六，老阳也；坤之策，百四十有四，老阴也。老阴老阳相得为三百六十，则周期之日也。"

二、三角函数的周期性

在三角学从天文学中独立出来之前，周期只是作为一种天文现象来被人们认识。1464 年，德国数学家、天文学家雷格蒙塔努斯（CJ. Regiomontanus，1436—1476）在《论各种三角形》中，系统地阐述了三角学知识，将三角学从天文学中独立出来，使之成为数学的一个分支。之后，三角学得到了极大的发展。

法国数学家拉尼（T. – F. de Lagny，1660—1734）和英国数学家柯特斯（R. Cotes，1682—1716）发现可以用三角函数来描述自然界中普遍存在的周期现象。

1748 年，欧拉在《无穷分析引论》中，创立弧度制，得到了系列诱导公式。尽管欧拉没有明确提出周期性概念，但他已经知道 2π 以及 $2n\pi$（$n \in \mathbf{Z}$，$n \neq 0$）是正弦函数和余弦函数的周期了。欧拉的工作使得针对三角函数周期性的研究开始系统化。此后，一些数学家通过列举诱导公式来表述正弦函数和余弦函数的周期性变化特征，并补充了正切函数等其他三角函数的周期性。

19 世纪中后期，"周期函数"一词面世。1877 年，英国数学家惠勒（Wheeler）指出：任意一个角 φ，对任意非零的整数 k，$\varphi + 2k\pi$ 与 φ 对应的所有三角函数值相等。这使得三角函数又被称为周期函数，周期为 2π。他还注意到正切函数和余切函数有着更小的周期 π。1883 年，美国数学家奥利弗（Oliver）在《三角学》"函数的周期性"一节中给出了更详细的解释：若 k 取正整数，则 $+2\pi$，$+4\pi$，…，$+2k\pi$ 表示角 xOP 的终边 OP 逆时针转过 1，2，…，k 圈；若 k 取负整数，则 -2π，-4π，…，$-2k\pi$ 表示终边 OP 顺时针转过 1，2，…，k 圈。因此，角度 φ 和 $\varphi \pm 2k\pi$ 对应的终边均为 OP，则它们对应的三角函数值相同，所以称三角函数为"角的周期函数"。

1921 年，美国数学家德累斯顿（Dresden）通过图像得出了形如 $y = \sin(a\theta + b)$ 和 $y = \cos(a\theta + b)$（其中 $a \in Q$）的周期为 $\dfrac{2\pi}{|a|}$。

41

三、周期函数的描述

三角函数的周期性明了之后，一些数学家考虑如何给周期函数下定义。1899年，穆雷（Murray）在《三角学》一书中首次用函数的符号语言给出了周期函数的定义：若函数 $f(x)$ 具有性质 $f(x) = f(x + k)$，其中 x 可取任意值，k 为常数，则称 $f(x)$ 为周期函数，而满足该等式的最小（正）数 k 称为该函数的周期。这个定义具有现行教材中周期函数定义的雏形。但这个定义没有明确周期函数的定义域，或者说默认其定义域为实数集。同时，他认为周期函数的周期一定存在而且只有一个正周期。正因为如此，一些数学家倾向于用自然语言来描述周期函数。比如，1900 年，杜尔斐（Durfee）给出了历史上周期函数的第一个定义：当自变量或幅角增加时重复自身的函数称为周期函数，周期是使函数值发生重复的自变量的改变量。1914 年，帕尔默（Palmer）给出了他的定义：周期函数是指当自变量增加一个常量时值不变的函数，该常量的最小正值称为周期。容易发现，这两个定义，都未摆脱三角函数的影响，都是描述性的定义，抽象程度较低。而他们的观点也不一致：杜尔斐的定义，周期有无数个；而帕尔默却只取最小正值。

1915 年，莫里兹（Moritz）从函数图像的角度给出了周期函数的描述性定义：每隔一个确定区间重复自身的曲线称为周期曲线（periodic curve），发生重复的区间称为周期，这种曲线所表示的函数即为周期函数。20 年之后，盖伊（Gay）认为：若一个函数的图像由一系列形状完全相同的弧所构成，则称该函数为周期函数，x 轴上使曲线纵坐标取遍所有可能值的区间长度称为曲线的周期。但莫里兹和盖伊的定义是错误的。我们可以找到很多反例。

四、周期函数的定义

尽管 Murray 对周期函数的定义还不完善，数学家们也还没有找到比穆雷的定义更好的定义，但这并不影响他们对周期函数讨论的热情，各抒己见，逐步完善。

1904 年，博汉南（Bohannan）在《平面三角形》中给出了如下定义：对于函数 $f(x)$，若对 x 的任意一个值，都有 $f(x) = f(x + nh)$，其中 n 为任意非零整数，则称这样的函数为周期函数，h 称为周期。1909 年，戴维森（Daeison）将周期函数定义为：若 θ 的函数 $f(\theta)$ 满足 $f(\theta) = f(\theta + a)$ 对 θ 的所有值都成立，其中 a 为常数，则称 $f(\theta)$ 为 θ 的周期函数。1911 年，霍布森（Hobson）的定义：若变量的函数 $f(x)$ 具有这样的性质，对于 x 的任意一个值，都有 $f(x) = f(x + k)$，其中 k 为常数，则称 $f(x)$ 为周期函数。若 k 为使函数满足该性质的最小常数，则称 k 为周期函数的周期。1921 年，德累斯顿（Dresden）的定义：一个函数称为周期函数，如果存在一个常数 a，使得无论 θ 取何值，函数在 $\theta + a$ 处的值与在 θ 处的值总相等，则 a 称为函数的周期。1937 年，罗森巴赫（Rosenbach）、惠特曼（Whitman）和莫斯科维茨（Moskovitz）给出定义：$f(x)$ 是变量 x 的函数，若存在一个数 p，使得 $f(x) = f(x + p)$ 对于 x 的所有值都成立，则称函数 $f(x)$ 为以 p 为周期的周期函数。一个函数的周期的任意（整数）倍也是周期，但函数的周期指的是使 $f(x) = f(x + p)$ 成立的 p 的最小值。

容易发现，上述这些定义都没有涉及函数的定义域，也没有明确规定常数 k，h，a，θ，p 的正负以及是否为 0，也没有指出最小周期是否存在。

1940 年，德累斯顿（Dresden）在《微积分导论》中重新给出周期函数的定义时，开始考虑函数的定义域的因素了：设函数 $f(x)$ 的定义域为 R（Range，表示取值范围），若对任意的 x，x 和 $x + p$ 都属于 R，且满足 $f(x) = f(x + p)$，则称 $f(x)$ 是周期为 p 的周期函数。1952 年，斯梅尔（Smail）定义：使 $f(x) = f(x + p)$ 的绝对值最小的常数 p 为原始周期（又称基本周期）。1955 年，怀利（Wylie）在《平面三角学》中首次明确了周期的非零性。

至此，周期函数的内涵逐渐明晰，但仍然还有一些问题没有解决：基本周期一定存在吗？周期的取值范围到底是什么？

1958 年，夏普（Sharp）集前人之大成，给出了较完善的周期函数定义：设函数 $f(x)$ 的定义域为 D，k 为非零实数，当 $x \in D$ 时，$x + k \in D$，若对于 D 中 x 的每一个值，均有 $f(x) = f(x + k)$，则称 $f(x)$ 为周期函数，数 k 称为 $f(x)$ 的一个周期。夏普只取最小的正数为基本周期，又称最小正周期。夏普还利用常值函数指出了周期函数的最小正周期不一定存在。同时，夏普还提出并证明了周期函数的若干性质：

（1）若周期函数 $f(x)$ 的周期为 k，则 k 的任意非零整数倍也是 $f(x)$ 的周期；

（2）若函数 $f(x)$ 是周期为 k 的周期函数，则对任意的非零数 c，函数

$f(cx)$ 是周期为 $\dfrac{k}{c}$ 的周期函数；

（3）若函数 $f(x)$ 和 $g(x)$ 均为周期为 k 的周期函数，则函数 $h_1(x) = f(x) + g(x)$，$h_2(x) = f(x) - g(x)$，$h_3(x) = f(x)g(x)$，$h_4(x) = \dfrac{f(x)}{g(x)}(g(x) \neq 0)$ 仍为周期为 k 的周期函数。

同时，他还不加证明地提出了如下性质：

（4）若周期函数 $f(x)$ 和 $g(x)$ 的最小正周期的比为（非零）有理数，则它们存在一个共同的周期，且上述函数 $h_i(x)(i = 1, 2, 3, 4)$ 仍为周期函数。

夏普还特别强调，（3）的周期不可与最小正周期一概而论，即 $h_i(x)(i = 1, 2, 3, 4)$ 的最小正周期不一定是 k，比如 $f(x) = \sin x$ 和 $g(x) = \cos x$ 的最小正周期都是 2π，但 $h_3(x) = \dfrac{1}{2}\sin 2x$ 和 $h_4(x) = \tan x$ 的最小正周期是 π。

指数函数与对数函数

第一节　根号的演变

第一个根号符号"『"出现在《莱因德纸草书》之中。从根号第一个符号"『"到"$\sqrt{}$"表示经历了 3300 多年曲折的历程。其间，根号的样貌层出不穷，但最具代表性且影响较为深远的当属 R，l，$\sqrt{}$ 这三种符号。

一、用 R 表示方根的历史

在拉丁语版本的《几何原本》（1142）第十卷的注释里，采用了拉丁语"radix"表示平方根。1202 年，斐波那契在编著《算盘书》《实用几何》等书时，取 radix 的首字母加一点的形式，组成符号"R"，用来表示未知量 x 的平方根，这个符号盛极一时，流传了好几个世纪。

二、用 l 表示平方根的历史

2 世纪，罗马人尼普萨斯用拉丁词语 latus（意即"正方形的边"）的首字母"l"来表示平方根，这种表示方法对后世的影响很大。到了 1624 年，英国人布里格斯还在用"l""$l3$""ll"表示平方根、立方根及四次方根。

三、用√表示平方根的历史

奥地利鲁多尔夫（Rudolff）在《未知数》（1525）中，创作符号"$\sqrt{}$"表示平方根。因符号"$\sqrt{}$"有着巨大的优越性，16、17 世纪期间的数学家很快接受了。1629 年，荷兰吉拉德（1595—1632）在其著作中，将指数放在"$\sqrt{}$"左上方，用以表示开几次方根，如三次方根写为"3√"。但对于开四次方根，他使用了"√√"。

1637 年，法国数学家笛卡尔将"√'与扩线"——"结合起来，便形成如今所使用的根式符号"$\sqrt{}$"，并在其《几何学》一书中，第一个使用根号"$\sqrt{}$"。笛卡尔后来在一本书中写道："如果想求 n 的平方根，就写作 $\pm\sqrt{n}$，如果想求 n 的立方根，则写作 $\sqrt[3]{n}$。"

在中国，清代数学家李善兰在翻译外国著作时引进根号"$\sqrt{}$"，美国传教士狄考文翻译出版的《代数备旨》中也使用"$\sqrt{}$"作为开方符号。

第二节　幂及其符号

幂的发展经历了从正整指数幂到整数指数幂，从整数指数幂推广到有理指数幂，从有理指数幂推广到实数指数幂，从实数指数幂推广到复指数幂与变数指数幂几个阶段。

一、有理指数幂的发展

我国是最早认识和应用正整数指数幂与负整数指数幂的国家之一。在《管子·地员篇》（前 475—前 221）中有："凡将起五音凡首，先主一而三之，四开以合九九，以是生黄钟小素之首，以成宫。"意思是：凡是要起奏五音风调，先确立一弦而三等分之，经过四次三等分的推演以合九九八十一之数，由此产生黄钟小素的音调，便成为宫声。这不仅表明当时已经有了清晰的指数概念和指数文字表示法，同时还出现了同底数幂乘法法则，即 $3^4 = 3^2 \times 3^2 = 9 \times 9 = 81$。

《淮南子·天文训》（约前 200—前 122 年）中，"律之数六，分为雌雄，故曰十二钟，以副十二月。十二各以三成，故置一而十一，三之，为积分十七万六千一百四十七，黄钟大数立焉。"意思是：音律之数是六，分成阴阳雌雄两类，所以一共为十二律，用十二律配十二月。十二律的积数各自都可用三相乘而得之，所以设定一个首律，其余十一律逐一用三来乘，得积数为十七万六千一百四十七，这样，黄钟十二律管的积数就确定了。这段话给我们这些信息：①11 个 3 相乘（即 3 的 11 次幂）等于 176147；②如果设首律为 a，则余下的十一律依次为 $3a$、3^2a、3^3a、…、$3^{11}a$，显然十二律构成了一个等比数列。

263 年，刘徽在作注《九章算术》之《方田》章时，求矩形面积法则："此积谓田幂，凡广从相乘谓之幂。"至此，"幂"字第一次在数学文献上出现。到了 656 年，李淳风在重注《九章算术》之《勾股》章时指出"幂是边自乘的结果，或正方形面积"。"幂"字表示指数的意义，一直沿用到现在。

5 世纪，我国《夏侯阳算经》的"明乘除法"部分说："十乘加一等，百乘加二等，千乘加三等，万乘加四等。"可解释为 $10 = 10^1$，$100 = 10^2$，$1000 = 10^3$，$10000 = 10^4$；又说："十除退一等，百除退二等，千除退三等，万除退四等。"可解释为 $\dfrac{1}{10} = 10^{-1}$，$\dfrac{1}{100} = 10^{-2}$，$\dfrac{1}{1000} = 10^{-3}$，$\dfrac{1}{10000} = 10^{-4}$。这里的"等"表示幂次。由此可见，我国是最早提出负指数概念的国家。

考古学家从古巴比伦泥板上发现了 1^2 和 60^2 的平方数和 1^3 和 32^3 的立方数的记载。这说明古巴比伦人至少在前 1900 年就已经知道平方数和立方数了。

古希腊哲学家、数学家、物理学家阿基米德（Archimedes，前 287—前 212）在《论数沙》（前 225）中，创立了以 10 为底的高次幂，而且给出了同底数幂的乘法法则："已知等比数列 A_1，A_2，…，A_n，…，A_{m+n-1} …，其中 $A_1 = 1$，$A_2 = 10$。若取任意两项 A_m 和 A_n 相乘，则乘积 A_mA_n 仍为该数列中的一项，它距离 A_n 的项数等于 A_m 距离 A_1 的项数；它距离 A_1 的项数比 A_m 和 A_n 距离 A_1 的项数之和小 1。"即 $A_mA_n = A_{m+n-1}$，用今天的记号表示为 $10^{m-1} \times 10^{n-1} = 10^{m+n-2}$。

11 世纪阿拉伯的凯拉吉（Karaji）是第一个认识到幂次可以是无限的人。他在著作《发赫里》阐述了一种对各次幂 x^n 和它们的倒数 $\dfrac{1}{x^n}$ 的命名方法，每个幂可以由 x 乘前一次的幂递推定义，而得到无限序列：$1 : x = x : x^2 = x^2 : x^3 = \cdots$，及相似的倒数序列：$\dfrac{1}{x} : \dfrac{1}{x^2} = \dfrac{1}{x^2} : \dfrac{1}{x^3} = \dfrac{1}{x^3} : \dfrac{1}{x^4} = \cdots$。

14 世纪，法国奥雷姆已经知道了方根与分数指数幂之间的关系。他在《比例算法》（1360）中，分别用 $\boxed{\begin{array}{c|c} 1 & P \\ \hline 2 & 2 \end{array}}$ 和 $\boxed{\begin{array}{c|c|c} 1 & P & 1 \\ \hline 4 & 2 & 2 \end{array}}$ 来表示 $\sqrt{2}$ 和 $\sqrt[4]{2\dfrac{1}{2}}$。用我们今

天的记号来表达，就是 $2^{\frac{1}{2}} = \sqrt{2}$ ，$\left(2\frac{1}{2}\right)^{\frac{1}{4}} = \sqrt[4]{2\frac{1}{2}}$ 。

到了 16 世纪，斯蒂菲尔（M. Stifel，1487—1567，德国）在《整数算术》（1544 年）中，讨论了 2^n 的有关运算，建立了如表 1 - 5 - 1 所示的指数和幂之间的对应关系：

表 1 - 5 - 1

指数	…	- 3	- 2	- 1	0	1	2	8	…
幂	…	$\frac{1}{8}$	$\frac{1}{4}$	$\frac{1}{2}$	1	2	4	8	…

用今天的符号表示即为 $2^{-n} = \dfrac{1}{2^n}$ ，与《夏侯阳算经》的"加（减）几等"的隐晦含义相比，其意义更简单明了。这也是很多资料认为负整指数幂是斯蒂菲尔最早使用的原因。另外，斯蒂菲尔在《整数算术》中，指出了等差数列和等比数列之间的四种对应关系：等差数列中的加法对应于等比数列中的乘法，减法对应于除法，简单乘法对应于乘方，除法对应于开方。在首项为 1、公比为 2 的等比数列情形，用今天的语言表述，斯蒂菲尔的四种对应关系等价于以下运算律：

（1）$2^m \times 2^n = 2^{m+n}(m \in \mathbf{Z}, n \in \mathbf{Z})$ ；

（2）$2^m \div 2^n = 2^{m-n}(m \in \mathbf{Z}, n \in \mathbf{Z})$ ；

（3）$(2^n) = 2^{mn}(m \in \mathbf{N}^*, n \in \mathbf{Z})$ ；

（4）$\sqrt[m]{2^n} = 2^{\frac{n}{m}}(m \geq 2, m \in \mathbf{N}^*, n \in \mathbf{Z})$ 。

可见，斯蒂菲尔建立了同底数整数指数幂的运算法则（1）（2）（3），而且还建立了根式与分数指数幂之间的关系（4）。

沃利斯（J. Wallis，1616—1703，英国）不仅指出了负整数指数幂，还给出了负分数指数幂。在其《无穷算术》（1653）中记载：平方数倒数的数列 $\dfrac{1}{1}$ ，$\dfrac{1}{4}$ ，$\dfrac{1}{9}$ ，…的指数是 - 2，立方数倒数的数列 $\dfrac{1}{1}$ ，$\dfrac{1}{8}$ ，$\dfrac{1}{27}$ ，…的指数是 - 3，两者通项相乘，就得到"五次幂倒数"的数列 $\dfrac{1}{1}$ ，$\dfrac{1}{32}$ ，$\dfrac{1}{243}$ ，…它的指数显然就

是 -5（$-5 = -2 - 3$）。……同样"平方根倒数"的数列 $\dfrac{1}{\sqrt{1}}$，$\dfrac{1}{\sqrt{2}}$，$\dfrac{1}{\sqrt{3}}$，…的指数是 $-\dfrac{1}{2}$。他在《无穷算术》中还将斯蒂菲尔的整数指数幂的运算律推广到了任意有理数指数幂。

1679 年，莱布尼茨与荷兰物理学家、数学家惠更斯（C. Huygens，1629—1695）通信，讨论方程 $x^x - x = 24$，$x^x + z^x = b$，$x^x + z^z = c$ 时，首先引入了变数指数。

1719 年，意大利法尼亚诺（G. C. Fagnano，1682—1766）发现了关系式 $\pi = 4 \,|\, n\left(\dfrac{1-i}{1+i}\right)^{\frac{i}{2}}$，把有理数指数扩充到了虚数指数。

1748 年，欧拉在《无穷分析引论》中将有理指数幂推广到了实数指数幂。

二、有理指数幂的符号

指数的符号表达始于 3 世纪的古希腊数学家丢番图（Diophantus）。他采用字母"ζ"来表示未知数，用 Δ^Y 表示平方，用 K^Y 表示立方，用 $\Delta^Y\Delta$ 表示四次方（平方乘以平方），用 ΔK^Y 表示五次方（平方乘以立方），用 $K^Y K$ 表示六次方（立方乘以立方）。虽然丢番图的未知数 ζ 与他表示平方、立方的符号毫无关系，但它却开启了指数的符号表达之旅。

法国休凯（N. Chuquet，1445—1500）在著作《三部曲》（1484）中，创造了一种新的指数符号。用 12^3，10^5，120^8 分别表示 $12x^3$，$10x^5$，$120x^8$。他还引进了零指数和负指数符号，如用 12^0 表示 $12x^0$，用 7^{1m} 表示 $7x^{-1}$（m 是借用减号作负号）。在著作中用符号表示幂的乘法运算，如 8^3，7^{1m} equals 56^2，相当于 $8x^3 \cdot 7x^{-1} = 56x^2$。可惜休凯的这种创举并没有被欧洲数学家所接受。

法国数学家韦达在《分析方法入门》（1591）一书中，采用大写元音字母来表示未知数，大写辅音字母表示已知数，从而发明了符号代数，借用拉丁语 potestas（程度）和 gradus（等级）表示同次幂 x^m 和 x^n。他用 Aq，Acu，Aqq，$Aqcu$，$Acucu$，…表示 A^2，A^3，A^4，A^5，A^6，…韦达与丢番图等人一样，采用了同底数幂乘法法则来命名高于三次的幂。但与丢番图等人不同的是，韦达统一了幂的底数 A，为笛卡尔的新记号打下了基础。

哈里奥特（T. Harriot，1560—1621，英国）在遗著《实用分析术》（1631）一书中，改进了韦达的乘幂的记号，用 aa 表示 a 的平方，用 aaa 表示 a 的三次方，用 $aaaa$ 表示 a 的四次方。显然次数高了，这种书写不适用。1634 年，艾里冈（P. Herigone，1580—1643，法国）用 $a3$ 表示 a 的三次幂，$a4$ 表示 a 的四次幂，但指数与系数同处一行，容易混淆。苏格兰的詹姆斯·休谟（J. Hume）在《韦达的新法代数》（1636）中引入新记号，指数用罗马数字表示，且置于右上方，如 $A^{\text{Ⅲ}}$ 表示 A 的立方。

笛卡尔在其《方法论》（1637）附录《几何学》中创用了幂的新记号，用 a^3 表示 aaa，a^4 表示 $aaaa$。……笛卡尔创立的正整数指数幂的符号沿用至今。关于负指数和分数指数的符号创建，要归功于英国数学家牛顿。1676 年 6 月 13 日，牛顿在写给莱布尼茨的信中说道："因为代数学家将 aa，aaa，$aaaa$ 等写成 a^2，a^3，a^4 等，所以我将 $\sqrt{a}$，$\sqrt{a^3}$，$\sqrt[3]{a^5}$ 写成 $a^{\frac{1}{2}}$，$a^{\frac{3}{2}}$，$a^{\frac{5}{3}}$，又将 $\frac{1}{a}$，$\frac{1}{aa}$，$\frac{1}{aaa}$ 写成 a^{-1}，a^{-2}，a^{-3}，将 $\dfrac{aa}{\sqrt[3]{a^3+bbx}}$ 写成 $a^2 \times (a^3+b^2x)^{-\frac{1}{3}}$，…"牛顿站在巨人肩上，创立了科学的负指数、分数指数符号，把有理数指数表示得十分完美。

第三节　对数及其符号

16 世纪和 17 世纪算术的最大改进是对数的发明。尽管对数的发明是 17 世纪初的事，但实际上在纳皮尔发明对数之前，对数的探索就早已开始了。

一、早期的对数思想

古巴比伦泥板上就有给定数的乘方表，类似于我们今天的反对数表。约前 1700 年的古巴比伦泥板上，就有类似于求解指数方程 $1.2^x = 2$ 的复利问题。在 15 世纪法国数学家休凯的《算术三部》（1484）中就有相当于解指数方程 $\left(\dfrac{9}{10}\right)^x = \dfrac{1}{2}$ 的问题。

我们知道，阿基米德在《数沙者》中，给出了双级数之间的对应关系，见表 1 – 5 – 2：

表 1 – 5 – 2

1	10	10^2	10^3	10^4	10^5	10^6	10^7	10^8	…
1	2	3	4	5	6	7	8	9	…

由上表可知，$10^3 \cdot 10^4 = 10^7$，$10^9 \div 10^4 = 10^5$，$(10^3)^2 = 10^6$，$(10^6)^{\frac{1}{2}} = 10^3$。这些都对应了对数的基本运算法则。

从历史的角度看，法国的休凯（1484）、德国的斯蒂菲尔（1544）、英国的沃利斯（1653）在研究指数的过程中，都已经不同程度地发现了由特殊数字组成的等差数列和等比数列之间的关系，并且对指数的运算法则也有所认识。

二、对数的发明

16 世纪，在诸如天文学、航海学、贸易、工程和军事的许多领域里，对计算速度和准确性的要求与日俱增。在那个时代，哥白尼的"太阳中心说"刚刚开始流行，这使得天文学成为当时的热门学科，特别是以精确测量为基础的天文学的兴起，使得天文学家们不得不去计算那些繁杂的"天文数字"，这些复杂的计算耗费了他们很大的精力，甚至花费了他们毕生的时间。简化运算，就成为当时迫切需要解决的问题。

1590 年，英国数学家纳皮尔（J. Napier，1550—1617）开始研究这个问题。他受了几何数列的项和算术数列的相应项之间这种对应关系和的启发，首先发明了一种计算特殊多位数之间乘积的方法，见表 1 – 5 – 3：

表 1 – 5 – 3

0	1	2	3	4	5	6	7
0	2	4	8	16	32	64	128
8	9	10	11	12	13	14	…
256	512	1024	2048	4096	8192	16384	…

这两行数字之间的关系是极为明确的：第一行表示 2 的指数，第二行表示 2 的对应幂，如果我们要计算第二行中两个数的乘积，就可以通过第一行对应数字

的加或减来实现。比如，计算 64×256 的值，可以先查询第一行的对应数字：64 对应 6，256 对应 8，然后，再把第一行中的对应数字加起来：$6 + 8 = 14$，第一行中的 14 对应第二行中的 16384，所以有 $64 \times 256 = 16384$。纳皮尔的这种计算方法，虽然只是特殊的情形，但实际上已经完全是现代数学中"对数运算"的思想了。

由于纳皮尔时代还没有完整的指数概念和指数运算法则，对数概念不可能像现在这样去定义。他采用的方法是：如图 $1-5-1$ 所示，假定两点 P，Q 以相同的初速度运动，点 Q 沿直线 CD 做匀速运动，$CQ = x$；点 P 沿线段 AB（长度为 10^7 单位）运动，它在任何一点的速度值等于它尚未经过的距离（$PB = y$），令 P 与 Q 同时分别从 A，C 出发，那么，定义 x 为 y 的对数。

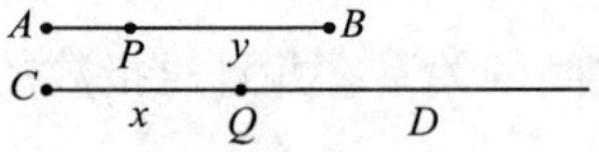

图 $1-5-1$

用现在的表达形式来说，在纳皮尔的对数中，x 与 y 的对应关系就是 $y = 10^7 \left(\dfrac{1}{e}\right)^{\frac{x}{10^7}}$（其中，$e$ 为自然对数的底）。纳皮尔对对数所做的工作都集中体现在他的专著《奇妙的对数表》（1614）和遗著《造对数（表）之奇迹》（1619）之中。值得一提的是，杰斯特·比尔吉（Burgi，Joost，1552—1632，瑞士）也独立地发明了对数，他花了 8 年的时间完成了他的著作《等差数列和等比数列表》（1620），但他的这一著作直到 1620 年才出版，比纳皮尔发表《奇妙的对数原理的说明书》晚了 6 年，当时纳皮尔的对数已经闻名全欧洲了。纳皮尔与比尔吉发明对数所用的方法是不同的，纳皮尔用的是几何的方法，比尔吉用的是代数的方法。

纳皮尔对数与后来的比尔吉对数都没有"底数"的观念。虽然纳皮尔利用他的对数制作了 $0° \sim 90°$ 每隔 $1'$ 的八位三角函数表，但方法不够方便和简捷。把纳皮尔对数加以改造并使之广泛流传的是纳皮尔的朋友布里格斯（H. Briggs，1561—1631，英国）。1614 年，布里格斯阅读了纳皮尔的《奇妙的对数表》，虽然他被纳皮尔的对数深深吸引，但他感觉到纳皮尔的对数使用起来并不方便，于是他开始考虑对纳皮尔的对数进行改进，他写信给纳皮尔，建议以 10 作为对数的底数，并希望与他会面。1615 年夏天，布里格斯与纳皮尔会面。他们一起研究、讨论，最后达成一致意见：使 1 的对数为 0，10 的对数为 1，这样就得到了现在所用的以 10 为底的常用对数。由于我们的数系是十进制，因此它在数值计算上具有优越性。1624 年，布里格斯出版了《对数算术》，公布了以 10 为底包含从 1～20000 以及从 90000～100000 的 14 位常用对数表。1628 年，弗拉克（A. Vlacg，1600—1666）补充了从 20000 到 90000 的对数，出版了完整的常用对数表，并使用"首数"一词。1619 年，英国伦敦一位数学教师斯佩德（J. Speidell）的《新对数表》问世，它是以 e 为底数的对数表，包括 1～1000 的自然对数。

纳皮尔的对数既不是以 e 为底的自然对数，也不是以 10 为底的常用对数，而是以 $\frac{1}{e}$ 为底的一种对数（即 $\log_{\frac{1}{e}} x$），后人记作 $Nap \cdot \log x$。

伽利略曾说："给我时间、空间和对数，我可以创造出一个宇宙。"拉普拉斯（J. H. Laplace，1749—1827，法国）也高度赞扬对数发明："一个人的寿命如果不拿他活在世界上的时间长短来计算，而拿他一生中所做工作的多少来衡量，那么可以说，对数的发现不仅避免了冗长的计算与可能的误差，而且实际上倍延了天文学家的寿命。"恩格斯把对数的发明和解析几何的创始、微积分的建立称为 17 世纪数学的三大成就。

三、对数的名称与符号

"对数"（logarithm）一词也是纳皮尔创造的，源自希腊文 $\lambda\sigma\gamma o\zeta$（比，拉丁文 logos），意为"表示思想的文字式符号"，也可理解为"计算"或"比率"。它和另一个希腊词 $\alpha'\rho\tau\theta\mu o\zeta$（数，拉丁文 arithm）结合而成。1624 年，开普勒把对数一词记为"log"。1632 年，卡瓦列里第一个使用"log"。1821 年，柯西用"I"表示自然对数，而用"L"表示任意底大于 1 的对数，但没有人引用。1893 年，皮亚诺用"$\log x$"表示以 10 为底的对数。至于取"logarithm"（对数）的第一个字母"l"和"nature"（自然）的第一个字母"n"，合并在一起构成"ln"来表示自然对数，应该是 20 世纪的数学家们共同创造的。1902 年，施图尔茨（O. Stolz，1842—1905，德国）等人用"$a\log b$"表示以 a 为底 b 的对数，后来逐渐演变为"$\log_a b$"的现代形式。

1742 年 J. 威廉（1675—749）在给 G. 威廉的《对数表》所写的前言中指出："指数可定义对数"，但他没有给出对数的指数定义。1748 年，欧拉在他的著作《无穷分析引论》中明确提出"对数函数是指数函数的逆函数"，他是这样定义对数的："设 a 是一个固定的数（$a > 1$），如果 $a^z = y$，则称指数 z 是 y 的对数，记作 $z = \log y$。"这个定义除了底数的取值范围外，与今天的定义相同。从欧拉的定义可以看出，对数不过是一个幂的指数。

17 世纪中叶，对数传入中国。有趣的是，"logarithm"一词没有被直译为"对数"，而被译为"假数"。例如，穆尼阁（J. N. Smogolenski，1611—1656，波兰）和薛凤祚合编的《比例对数表》（1653），是最早传入中国的对数著作。当时在 lg2 = 0.3010 中 2 叫"真数"（沿用至今），0.3010 叫"假数"。真数与假数列成表，叫对数表。后来改"假数"为"对数"。但在薛凤祚的《历学会通》中有"比例数表"，他把真数叫"原数"，对数叫"比例数"。

第四节　自然对数的底 e

1661 年，荷兰惠更斯在研究双曲线 $y = \dfrac{1}{x}$ 的下方的某种曲边梯形的面积时，发现其面积与对数函数有关。1667 年，英国格雷戈里（J. Grego ry，1638—675）通过计算双曲线和渐近线所围成的图形面积来计算对数。惠更斯和格雷戈里实际上都是给出了自然对数的一个几何模型。丹麦麦卡托（N，Mercator，1620—1687）在 1668 年出版的《对数技术》中将这种双曲线 $y = \dfrac{1}{x}$ 与渐近线所围成的图形面积来表达的对数命名为"自然对数或双曲对数"。

e 首次被发现不是来自对数符号，而是源于对一个复利问题的研究。1683 年，瑞士雅各布·贝努利（Jacob Bernoulli，1654—1705）在研究复利时，证明了当 n 趋于无穷时，数列 $\left\{\left(1 + \dfrac{1}{n}\right)^n\right\}$ 有极限，并且证明了这个极限介于 2 与 3 之间，这个极限就是后来人们称为 e 的数，这是首次对 e 的近似估计。当然，雅各布·贝努利当时并没有认识到这个数与对数的关系，也没有把它们联系在一起。

1690 年，莱布尼兹给惠更斯的信中，用字母 b 来表示自然对数的底，并把

b 作为一个常数来看待。而把这个常数记作 e 并对它做全面深入研究的是欧拉。

1727 年，欧拉用 "e" 表示 $\lim\limits_{n\to\infty}\left(1+\dfrac{1}{n}\right)^n$ ，即 $\lim\limits_{n\to\infty}\left(1+\dfrac{1}{n}\right)^n = e$。符号 e 首次公

开出现是在 1731 年欧拉写给哥德巴赫（C . Goldbach，1690—1764，德国）的

一封信中。在这之前，欧拉已经证明了"每一个有理数都能表示成一个有限的

连分数"。1737 年，欧拉给出了关于 $e-1$ 的无限连分数：

$$\frac{e-1}{2}=\cfrac{1}{1+\cfrac{1}{6+\cfrac{1}{10+\cfrac{1}{\ddots}}}} \quad \text{或} \quad e-1=1+\cfrac{1}{2+\cfrac{1}{1+\cfrac{1}{1+\cfrac{1}{4+\cfrac{1}{1+\cfrac{1}{\ddots}}}}}}$$

同年，欧拉将 $e-1$ 的无限连分数进行了简化，给出了 e 的两个无限连分数：

$$e=2+\cfrac{1}{1+\cfrac{1}{2+\cfrac{1}{1+\cfrac{1}{4+\cfrac{1}{\ddots}}}}} , \quad e=2+\cfrac{1}{1+\cfrac{1}{2+\cfrac{2}{1+\cfrac{3}{4+\cfrac{4}{\ddots}}}}} ,$$

由此证明了 e 是一个无理数。这可以看作是证明 e 不是有理数的第一次尝

试，因此欧拉被认为是历史上第一个指出 e 是无理数的人。

欧拉在 1748 年出版的《无穷分析引论》中，给出了 e 的级数表达：

$$e = 1 + \frac{1}{1!} + \frac{1}{2!} + \frac{1}{3!} + \frac{1}{4!} + \cdots \quad (\text{注}: n! = 1 \times 2 \times \cdots \times n)$$

他取上述公式的 20 项进行计算，给出了数 e 的前 18 位小数值：

$$e = 2.718281828459045235$$

他定义以 e 为底的指数函数和对数函数（即自然对数）。自欧拉之后，e^x 和

$\ln x$ 便成为基本初等函数，在分析学以及其他应用领域中扮演着重要的角色。欧

拉还借助 e，证明了复数的指数形式：$e^{ix} = \cos x + i\sin x$ （欧拉公式）。特别地，

$e^{\pi i} = -1$，即 $e^{i\pi} + 1 = 0$，这就是著名的欧拉恒等式。

1844 年，刘维尔（J. Liouville，1809—1882，法国）证明了 e 不可能是有理

系数的二次方程的根。1873 年，埃尔米特（C. Hermite，1822—1901，法国）证

明了 e 是一个超越数。

第五节　幂函数、指数函数与对数函数

　　指数和幂既有联系又有区别，但在很长一段时间内，人们对指数和幂并没有严格区分，甚至把它们混为一谈。直到 1748 年，欧拉才在《无穷分析引论》中，区分了形如 a^b 的式子的两种情形：一是当底数 a 是常数，而指数 b 变化的情形；二是当指数 b 是常数，而底数 a 变化的情形。

　　欧拉将指数 b 是常数，而底数 a 变化的函数，即形如 $y = x^\alpha$（其中，x 是自变量，α 是常数）叫作幂函数（当时欧拉并没有明确使用"幂函数"这个名称）。他在《无穷分析引论》（上）中针对 α 为有理数的情形，讨论了幂函数的值域问题。

　　欧拉将底数 a 是常数，而指数 b 变化的函数，即形如 $y = a^x$（其中，x 是自变量，a 是常数）的函数叫作指数函数。欧拉在《无穷分析引论》（上）中，系统地讨论了指数函数的底数 a 的不同取值对函数的影响：

　　如果 $a = 1$，那么，无论 x 取何值我们总能得到 $a^x = 1$。

　　如果 $a > 1$，那么，a^x 的取值随 x 取值的增大而增大，且 x 取无穷大的数（$x = \infty$）时，a^x 也趋向无穷大；如果 $x = 0$，那么，$a^x = 1$；如果 $x < 0$，那么，$0 < a^x < 1$，且 $x = -\infty$ 时，$a^x = 0$。

　　如果 $0 < a < 1$，那么，对于大于零的 x，a^x 的取值随 x 取值的增大而减小；对于小于零的 x，a^x 的取值随 x 取值的增大而增大。由于，当 $0 < a < 1$ 时，则 $\dfrac{1}{a} > 1$，并且，若记 $\dfrac{1}{a} = b$，则 $a^x = b^{-x}$，因而 $a < 1$ 的情形可由 $a > 1$ 的情形推出。

　　如果 $a = 0$，则 a^x 的值是跳跃式的：x 为正数，即 $x > 0$ 时恒有 $a^x = 0$；$x = 0$ 时 $a^0 = 1$；$x < 0$ 时，a^x 为无穷大，例如 $x = -3$，则 $a^x = 0^{-3} = \dfrac{1}{0^3} = \dfrac{1}{0}$，是无穷大。也即 $a = 0$，则 a^x 的值从 0 跳到 1，再从 1 跳到无穷大。

如果 a 取负值，则 a^x 的跳跃更频。例如 a 取值 -2：x 依次取整数时，a^x 的值正负交替。此时 a^{-4}，a^{-3}，a^{-2}，a^{-1}，a^{0}，a^{1}，a^{2}，a^{3}，a^{4}，$\cdots$ 的值为 $+\dfrac{1}{16}$，$-\dfrac{1}{8}$，$+\dfrac{1}{4}$，$-\dfrac{1}{2}$，1，-2，$+4$，-8，$+16$，$\cdots$；

x 取分数值时，$a^x = (-2)^x$ 时实时虚，如 $a^{\frac{1}{2}} = \sqrt{-2}$ 是虚数，而 $a^{\frac{1}{3}} = \sqrt[3]{-2} = -\sqrt[3]{2}$ 是实数；如果指数 x 取无理数，则 a^x 可能为实数也可能为虚数，何时为实何时为虚，事先不能确定。

从上述讨论中我们可以看出：

（1）当 $a \leqslant 0$ 时，函数 $y = a^x$ 在实数范围内可能无意义；当 $a = 1$ 时，$y = a^x$ 是常值函数，非常简单。这就是现行的指数函数的定义为什么要限制函数 $y = a^x$ 的底数为"$a > 0$ 且 $a \neq 1$"的原因。

（2）欧拉在讨论的过程中，完整地研究了指数函数的图像和性质。

我们知道，纳皮尔（J. Napier）发明对数之时，指数的概念还未明确，符号系统也不完善。尽管杰斯特·比尔吉（Burgi, Joost）曾建议纳皮尔用幂指数来表示对数，J. 威廉也曾指出"指数可定义对数"，但他们并未给出对数的指数定义。但在欧拉看来，对数不过是一个幂的指数。

欧拉在《无穷分析引论》（上）中，系统推导了对数的运算法则、换底公式，其推导的方法与教材上的推导方法大同小异。同时，他仿照指数函数研究了对数函数的性质，这里不再赘述。

第六节　反函数

反函数是数学分析中十分重要的一个概念，它也是欧拉提出来的。欧拉在《无穷分析引论》（上）中指出：

"如果 y 是 z 的函数，那么 z 就也是 y 的函数。y 是 z 的函数，不管单值的还是多值的，那就有一个方程。通过这个方程，y 由 z 和常量决定。通过这同一个方程，z 也可以由 y 和常量决定。这样 z 就可以等于由 y 和常量构成的表达式。这就是说 z 是 y 的函数，并且我们也可以得出从一个 y 确定几个 z 值。可以有这样的情形，y 是 z 的单值函数，但 z 是 y 的多值函数，如 y，z 通过方程 $y^3 = ayz - bz^2$ 相联系时，y 是 z 的三值函数，而 z 是 y 的二值函数。"

"如果 y 和 x 都是 z 的函数，那么 y 和 x 就也互为对方的函数。y 是 z 的函数，从而 z 也是 y 的函数；类似地，z 也是 x 的函数，这两个函数 z 相等，由此得到一个关于 x，y 的方程。通过这个方程，y 和 x 可互由对方表出，也即互为对方的函数，由于代数技巧的不足，两个函数 z 往往都不是显式的，但这并不影响它们相等这一性质。再者，给定两个方程，一个含 y 和 z，一个含 x 和 z，那么用传统的方法消去 z，我们就可以得到一个表示 x 和 y 之间关系的方程。"

欧拉的论述不仅给出了反函数的定义，而且还给出了求反函数的方法。同时也可以看出欧拉的函数与方程的数学思想。但是欧拉没有对互为反函数的两个函数之间关系做深入研究。事实上，互为反函数的两个函数具有如下性质：

（1）互为反函数的两个函数定义域与值域互换；

（2）若函数 $y = f(x)$ 的反函数为 $y = f^{-1}(x)$，则 $f(a) = b \Leftrightarrow f^{-1}(b) = a$；

（3）互为反函数的两个函数，它们的图像关于直线 $y = x$ 对称；

（4）互为反函数的两个函数，在各自的定义域上具有相同的单调性；

（5）如果一个奇函数存在反函数，那么它的反函数也是奇函数；偶函数一般不存在反函数。

第六章

三角函数

第一节　三角学简介

三角学的原意是三角形的测量，是以研究平面三角形和球面三角形的边和角的关系为基础，达到测量目的的一门学科。"三角学"一词的英文是 trigonometry，它是由德国数学家皮蒂斯楚斯（B. Pitiscus，1561—1613）创造的，是将三角形（tuiangulum）和测量（metuicus）两词凑合而成的，并在 1595 年出版的《三角学：解三角形的简明处理》中被首次使用。

一、三角学的萌芽

三角学的起源很早，考古学家从两河流域出土的距今 4000 多年的古巴比伦泥板中发现大量的勾股数组和有关角度的记载。古埃及的《莱因德纸草书》（前 1650）中的第 56~60 题涉及三角学问题。古希腊约 1500 年前已经发现三角形边与边、边与角之间的某种联系。前 600 年左右，被尊为"数学之父"的古希腊学者泰勒斯（Thales，约前 624—前 546）利用相似三角形原理，测量出金字塔的高度，成为西方利用三角学进行测量的先驱。

据《史记·夏本纪》记载，早在前两千多年，大禹已经利用直角三角形的关系对山川地势进行测量。前一千年左右的西周数学家商高利用相似关系进行测量，他还发现了勾股定理的一个特例：勾三、股四、弦五。前 600 多年，《周髀算经》记载陈子测日的方法："若求邪至日者，以日下为勾，日高为股，勾股各自乘，并开方而除之，得邪至日者。"商高不仅解决了测日的计算问题，而且还成为最早表述勾股定理的人。

二、三角学的兴起

三角学的兴起，古希腊功不可没。三角学兴起的标志性人物是古希腊天文学家、数学家希帕霍斯（Hipparchus，约前180—前125）。由于天文学研究的需要，他制作了首张"弦表"，其过程就蕴含了 $\sin^2\alpha + \cos^2\alpha = 1$，$\sin^2\dfrac{\alpha}{2} = \dfrac{1 - \cos\alpha}{2}$，$\sin(\alpha \pm \beta) = \sin\alpha\cos\beta \pm \cos\alpha\sin\beta$ 等关系。

古希腊数学家海伦（Heron，62年前后）在三角形度量方面做了很多工作，计算三角形面积的海伦公式使他名垂青史。古希腊梅涅劳斯（Menelaus，100年左右）在《球面学》中，提出了三角学的基础问题和基本概念，著名的梅涅劳斯定理就在其中。古希腊数学家、天文学家托勒密（Ptolemy，约100—170）在《天文学大成》中发展了三角学，他制作了从0.5°到180°之间每隔0.5°角的"弦表"，并应用"弦表"解三角形，他还发现了互补的两个角的正弦值之间的关系。

这一阶段的三角函数主要围绕圆内的弦来展开。古希腊人寻求三角形各元素之间的相互关系，知道如何通过三角形已知的三个元素（至少有一个是线段）来确定其他元素，也能够用圆内接正多边形的边长与半径的关系来确定已知角的正弦。

三、三角学的改进

1世纪左右，希腊天文学知识传入了印度。印度人在学习希腊人成果的同时，还对三角学进行了改进和深入的研究。与希腊人不同的是，他们不再计算圆心角对应的全弦的长，而是使用半弦（类似于正弦线）。印度5世纪的《毗坛摩诃悉昙多》中给出了一张"半弦"表。印度天文学家阿耶波多（Aryabhata，476—550）丰富发展了"半弦表"，他在《阿耶波多历数书》中，给出了0°到90°之间每隔3°45′的24个正弦值。印度数学家婆什迦罗（Bhaskara，1114—约1185）已经能熟练运用三角公式，他给出了 $\sin18° = \dfrac{\sqrt{5} - 1}{4}$ 的精确结果。

在8世纪后期，《阿耶波多历数书》《天文学大成》相继传入阿拉伯地区，阿拉伯人在吸收希腊、印度等国三角学成果的基础上，建立了平面三角和球面三角的较完整的体系。

9 世纪，阿拉伯天文学家阿尔·巴塔尼（al – Battani，约858—929）通过长达40余年的天文观测数据与分析，完成《天文论著》，其中给出了正弦、正切、余切等三角术语。他还善于利用代数方法和已有的三角学成果推导出新的结论。

10 世纪，阿拉伯天文学家艾布·瓦法（Abul Wefa，940—998）对三角学的推进做出重大贡献。他的三角函数计算已经具有了现代意义。他首次把正切数作为一个独立的函数，而不是把它作为正弦与余弦的商提出来。他发明了一种可以编制高度精密的正弦函数表的方法，他编制了历史上的第一张正切表，给出了正割和余割的定义（只是未给出具体的名称而已）。

13 世纪，阿拉伯天文学家、数学家纳西尔·丁（Nasiral – Eddin，1201—1274）的《横截线原理书》系统地阐述了平面三角学，明确给出了正弦定理，并系统地应用它解平面三角形。他对球面三角形进行分类，指出球面直角三角形的 6 种边角关系式，成为平面三角与球面三角加以区分的重要标志。

14 世纪，阿拉伯数学家阿尔·卡西（Cassie）给出的求 $\sin 1°$ 的精确值的方法是，先求出 $\sin 72°$、$\sin 60°$ 足够精确的值，由此得 $\sin 12° = \sin(72° - 60°)$，再用半角公式算出 $\sin 3°$，根据三倍角公式有 $\sin 3° = 3\sin 1° - 4\sin^3 1°$，从而求出 $\sin 1°$ 的值。

这一阶段，三角函数得以改进和发展，主要体现在"正弦"由以前的"全弦"的定义变为"半弦"定义，孕育了余弦、正切、余切、正割、余割、正矢、余矢的雏形。三角学的知识逐步丰富与发展，三角学体系日趋完善。

四、三角学的发展

早期的三角学只是天文学的一部分，它依附于天文学的需要而发展。尽管纳西尔·丁的成果使人们认识到三角学非天文学的附庸，应该具有自身的独立体系，但直到1464 年，德国雷格蒙塔努斯在《论各种三角形》中，对三角知识作了较系统的阐述，这才使三角学真正地独立于天文学之外。

16 世纪中期，奥地利雷蒂克斯（G. J. Rheticus，1514—1574）改变过去用弧与弦来讨论的做法，把直角三角形 $\triangle OAB$ 从圆中抽离出来，如图 1 – 6 – 1 所示，使用直角三角形斜边与对边的比来定义，给出了正弦、余弦、正切、余切、正割、余割 6 种三角函数的定义。制首次编制出全部 6 种三角函数的数表，包括第一张详尽的正切表和第一张印刷的正割表。

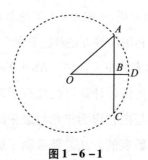

图 1 – 6 – 1

1579 年，法国韦达在《应用于三角形的数学定理》中，首先使用了六个三角函数，比较系统论述平面三角学和球面三角学。给出了球面直角三角形计算的完整公式及其记忆法则。同时，还补充了新的公式，如正切定律 $\dfrac{a-b}{a+b}=\dfrac{\tan\dfrac{A-B}{2}}{\tan\dfrac{A+B}{2}}$、和差化积公式 $\sin A - \sin B = 2\cos\dfrac{A+B}{2}\sin\dfrac{A-B}{2}$，等等。1591 年，韦达又得到多倍角关系式，还提出了涉及球面钝角三角形角的余弦定理 $\cos A = -\cos B\cos C + \sin B\sin C\cos A$。

这一阶段，三角学从天文学中独立出来，其研究也走出了依赖于圆的"弦"这个"篱笆"，依托直角三角形定义六种三角函数，开创了三角学的新时代。

五、三角学的完善

17 世纪初，对数发明后大大简化了三角函数的计算，制作三角函数表已不再是很难的事，人们的注意力转向了三角学的理论研究。三角函数变得越来越系统化，牛顿和莱布尼茨给出了三角函数的级数展开式。约翰·伯努利（Johann Bernoulli，1667—1748）等人在和差公式的基础上推导了解析三角的一般恒等式。

1748 年，欧拉在他的《无穷分析引论》中，明确给出了三角函数的坐标定义，使全部的三角公式能从三角函数的定义中逻辑地得到，从而使三角函数与几何脱钩。他引入了弧度制，使三角公式和计算大为简化。欧拉把三角函数和指数函数联系起来，使三角学从纯粹、静态地研究三角形解法走向了用三角函数描述现实世界中一切能用三角函数反映的运动或变化。由于三角级数是周期函数，而天文现象大都具有周期性，18 世纪的数学家广泛研究了三角级数，从而极大推动了天文学的发展。

1807 年，法国数学家傅立叶在研究热传导问题时，提出把函数看作三角函数的无穷级数之和，三角函数就成为调和分析的基础，使三角学成为分析学的一部分，从而使三角学成为一门具有现代特征的分析学分支。

如今，三角学随着现代数学的综合性趋势加强，其中的一些内容已分属于数学的其他学科，如三角函数可归于分析学，三角函数式的恒等变形可归于代数学，三角测量可归于几何学。如果说平面几何是定性地处理三角形的边角关系，那么三角学则是定量地表示三角形边角之间的定量关系。这样，三角学便成为几何方法与代数方法相互沟通的重要桥梁。

六、三角学在中国

中国对三角学的探索和应用非常早。除前所述外，成书 1 世纪时的《九章算术》中有专门研究测量问题的篇章。3 世纪时刘徽注释《海岛算经》过程中，记载有很多通过多次观察来解决不可达高度与距离问题的测量问题。但由于中国古代缺乏角的正确概念，三角学没有在中国系统产生。

1631 年，徐光启（1562—1633）与德国传教士邓玉函、汤若望合译邓玉函的《大测》《割圆八线表》和罗雅谷的《测量全义》，收入《崇祯历书》之中，这是三角学第一次传入中国。清代初年，薛凤祚（1600—1680）与波兰传教士穆尼阁（Smogolenski，1611—1656）在《天学会通》之数学第一卷《三角算法》更为系统地介绍了三角学知识。1873 年，华蘅芳（1833—1902）与英国傅兰雅（John Fryer，1839—1928）合译英国海麻士（John Hymers，1803—1877）的《代数术》，内容包括：代数，对数、指数的幂级展开式，三角关系式，反三角幂级数展开式，几何问题的代数解法，棣模弗公式等。这是三角学第二次系统传中国。1877 年，傅兰雅又与华蘅芳合译了《三角数理》，这是比较系统、完整的三角学著作。三角函数及三角函数幂级数展开传入之后，中国数学家们为了理解和证明，将传统数学中的成果与这一西方的数学方法结合起来，取得了一定的研究成果。

第二节　角概念及其度量

一、角的概念

人们对角的认识，或许来自人们对自己身体构造的观察。人在跑动过程中，大腿和小腿之间，上臂和下臂之间都会形成一个角度，这种形象在人的头脑里重复出现了无数次，就逐渐产生了角的概念。勾股定理的名称可以作为一个例证，在古代，勾、股作为小腿和大腿的同时，也表示直角三角形中较短和较长的直角边。据考证，在很多语言里，角的边常用"臂"或者"股"来代替。从汉字"角"字的本义及形体演变可见一斑。东汉许慎的《说文解字》中释义为"角，兽角也"。华东师大董莲池教授在《说文部首形义通释》中对角的释义更为直接："角之甲骨文所见 ![甲骨文角字形] 、![甲骨文角字形] 诸形，为兽角之象形。'![甲骨文角字形]'象角上之纹理。凡是从角的字，本义与角或长角之兽、或与角所作之器物有关。"在中国，角概念的起源，可能也来自对自然的认识。

二、角的定义

古巴比伦人的"任何圆周对应的角都是相等的"（即圆的周长和直径的比值是一个常数）观念，应该是最早从"量"属性来认识角的。

古希腊人对角的认识是最系统的。他们是从关系、质和量三方面之一来认识角的。欧德谟（Eudemus，约前 4 世纪）认为，"角是相对一直线的偏差"（关系）。欧几里得继承并发展了欧德谟的观点，在《几何原本》卷一中，将角定义为"在一平面内但不在一条直线上的两条相交线相互的倾斜度"（关系），并定义了直角、锐角、钝角（量）。帕普斯（Pappus，300—350）将角定义为"包含它的两线或两面之间的距离"（量）。而普罗克拉斯（Proclus，410—485）则认为"必须同时从大小（量）、存在的形状和特征（质）、两条直线之间的关系三方面来定义角"。但无论从哪一种定义来说，古希腊人都没有完善地刻画角的概念。不过，欧几里得的定义对后世影响最大。

"角"就这样按欧几里得的定义"稀里糊涂"延续了两千余年。直到 1899 年，德国数学家希尔伯特才在他的名著《几何基础》（1899）中，较为科学地给出了角的明确定义：设 α 是一个平面，h 和 k 是两条从 O 点出发的不在同一直线上的射线，射线对 h、k 称为一个角，记作 $\angle(h，k)$ 或 $\angle(k，h)$。射线 h 和 k 叫作角的边，点 O 叫作角的顶点，如图 1-6-2 所示。他还定义了角的内部和角的外部，给出了等角定理。不过，希尔伯特不无遗憾地指出，"根据这个定义，平角和凸角（大于平角的角）都不在考虑之中"。显然，他没有摆脱传统的"静态"束缚而转入"动态"的方式来定义角，当然也就无法解决历史上数学家在理解 0°、180° 和 360° 三种特殊角时所遇到的困难。

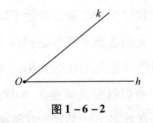

图 1-6-2

把角看成是平面内一条射线绕着它的端点旋转所形成的图形。射线开始旋转时的（射线）位置叫作角的始边，射线终止时的（射线）位置叫作角的终边，射线的端点叫作角的顶点。射线按逆时针方向旋转形成的角叫作正角，按顺时针方向旋转形成的角叫作负角，如果一条射线没有做任何旋转，则称它形成了一个零角。是何人最先使用这种"动态"的方式定义角，我们目前掌握的资料有限，无从考证。但我们推测：这种定义方式应该不会早于对数的发明，也不会迟于 1748 年。因为欧拉在《无穷分析引论》（1748）中，推导系列诱导公式，就已经有旋转的角的动态思想了。

如果角的始边和终边恰好在一条直线上，这个角就是平角。如果一条射线绕它的端点恰好旋转一周，这个角就是周角。这种定义方式，不仅很好地解决了在理解 0°、180° 和 360° 三种特殊角时所遇到的困难，弥补了希尔伯特定义中不包含平角和凸角的缺陷，而且还将角从周内角（0°～360°）推广到了任意角。至此，角的定义就完善了！

三、角的符号

角的符号表示，最早出现在 1634 年西班牙籍的法国数学家厄里岗（P. Herigone，17 世纪）的《数学教程》著作里。他用"＜"表示角，用"⌐"表示直角。但当时英国哈里奥特创用的小于符号"＜"已在数学界普及，为了避免混淆，1657 年英国数学家奥特雷德（W. Oughtred，1574—1660）在《三角学》中创用"∠"表示角，这得到了数学界广泛承认与应用，并沿用至今。

四、角的度量——角度制

角的度量首先来自古巴比伦。规定了角的基本度量单位——度。他们定义周角为 360 度，平角为 180 度。把周角分成 360 份，其中一份，就是 1 度。

至于他们为什么把周角定义为 360 度，有如下两种说法：一种说法是古巴比伦人在天文观测中发现，太阳从地平线东端到西端会运行成一个半圆形的轨道，而填满这个半圆形轨道恰巧需要 180 个太阳。用 360 个太阳一个挨着一个紧紧排列，恰好就是一圈，所以就定义周角是 360°。角度的符号"°"代表太阳。另一种说法是采用 360 这数字，是因为它容易被整除。360 除了 1 和自己，还有 22 个真因子（2、3、4、5、6、8、9、10、12、15、18、20、24、30、36、40、45、60、72、90、120、180），包括了 7 以外从 2 到 10 的数字，所以很多特殊的角的角度都是整数。

而"分"和"秒"两个单位则是由托勒密发明的。他把圆周分成 360 等份，直径分成 120 等份，而在圆周和直径的每一等份中细分为 60 个小份，每一个小份再细分为 60 份更小的等份，分别叫作第一小份和第二小份，分别用"分"和"秒"来表达。他还创用符号"μo"表示度，用一个重音′表示分，用两个重音″表示秒。之后，很多数学家都采用了不同的符号来表示"度""分""秒"，但都未获得认同与流传。直到 1551 年，德国天文学家莱因霍尔德（E. Reigold，1511—1553）在其著作中，创用"度"的符号"°"，并借用托勒密的分、秒的记法，流传至今。

用度、分、秒来度量角的大小的制度叫作角度制。

需要注意的是，按照托勒密的做法，应该还可以有第三小份、第四小份……显然，角度制只是近似地度量角的大小。

五、角的度量——弧度制

用弧长与半径之比度量对应圆心角大小的制度，叫作弧度制。古巴比伦人的"任何圆周对应的角都是相等的"就含有弧度制的观念。6 世纪，印度阿耶波多（Aryabhata I，约 476—550）在制作正弦表时，他选择的定圆的周长为 21600 份，定圆的半径为 3438 份（相对于圆周率 π 取 3.142），即用同一单位度量半径和圆周，孕育着弧度制的思想，但他没有提出弧度制这个概念。

到了 17 世纪，微积分的出现，使三角学的重点从强调计算变成强调函数方法。由于人们已经习惯使用 10 进制来度量长度，并在使用的过程中看到了 10 进制的便捷性，但三角函数中的角是 60 进制，弦长是 10 进制。古巴比伦遗留的"进位制不统一"的问题，摆在了人们的面前。于是人们考虑使用新的进位制来度量角。1714 年罗杰·柯特斯（Roger Cotes，1682—1716，英国）提出使用弧度制，他已经认识到这种度量角度的方式的自然性以及采用它所带来的好处，但他也没有建立弧度制的概念。

明确提出弧度制思想的数学家是欧拉。1748 年，欧拉在《无穷分析引论》中，将三角函数当成是半弧与半弦的对应关系，他选择的定圆的半径是 1，那么半圆的弧长就是 π，此时 π 的正弦值为 0。同理，$\frac{1}{4}$ 圆周的弧长为 $\frac{\pi}{2}$，此时 $\frac{\pi}{2}$ 的正弦为 1，从而确立了用 π、$\frac{\pi}{2}$ 分别表示半圆及 $\frac{1}{4}$ 圆弧所对的中心角。这一思想将线段与弧的度量统一起来，克服了角度制只能近似度量角的弊端，使实数集与角的集合之间构成了一一对应的关系，使三角学可以脱离三角形，成为反映现实世界运动的一种变化过程，大大简化了三角函数的公式及计算，使数学更加简洁。

欧拉给出了明确的弧度制思想，但他并没有给出名称。弧度的名称"radian"是由詹姆斯·汤姆森（James Thomson，1822—1892，英国）教授发明的。1873 年

6月5日，詹姆斯·汤姆森在北爱尔兰首府贝尔法斯特（Belfast）女王学院的数学考试题目中创造性地使用了"弧度"一词。他将"半径"（radius）的前四个字母与"角"（angle）的前两个字母合在一起，构成了"radian"（即弧度），并被人们广泛接受和引用。我国学者曾把"radian"译成"弪"（由"弧"与"径"两字的一部分拼成）。新中国成立后，中学数学教科书把"radian"译成"弧度"。

第三节　三角函数的定义及其符号

图 1 - 6 - 3 中直观给出了历史上曾出现过的锐角 α 的十个三角函数：

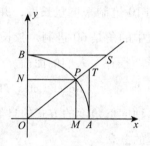

图 1 - 6 - 3

（1）正弦 $\sin\alpha = MP$ ；

（2）余弦 $\cos\alpha = OM$ ；

（3）正切 $\tan\alpha = AT$ ；

（4）余切 $\cot\alpha = BS$ ；

（5）正割 $\sec\alpha = OT$ ；

（6）余割 $\csc\alpha = OS$ ；

（7）正矢 $\text{vers}\alpha = MA$ ；

（8）余矢 $\text{cowers}\alpha = NB$ ；

（9）外割 $\text{exsec}\alpha = PT$ ；

（10）半正矢 $\text{hava} = \dfrac{1}{2}\text{versa}$ 。

其中，前 8 个在历史上最为有名，后两种早已湮没在历史的长河之中。在欧拉三角函数的定义出现之前，三角函数通常都是用线段来代表的，因此三角学中又有"八线"之称。由于正矢与余矢只是正弦和余弦在半径上的余量，加之它们又不是三角形的边，对解决问题的帮助不大，后来也废弃了。

或许为了减轻教学负担，加之根据正弦、余弦、正切的定义可以推导出余切、正割、余割的缘故，现行教材只讲正弦、余弦、正切三种三角函数。过去的教材，把正弦、余弦、正切、余切、正割、余割统称为三角函数，所以这里系统介绍这六种三角函数定义、名称与符号的演变。

一、正弦

希帕霍斯最早给出正弦的名称。他把一个圆周角 α 所对的弦长称之为角 α 的正弦，这一定义统治了三角学 700 多年。直到 6 世纪，印度阿耶波多把一个圆周角 α 所对的弦长的一半称为角 α 的"正弦"，取名"jwa"（意为猎人弓弦）。后来印度书籍译成阿拉伯文，把 jwa 误写成拼写相似的 jaib（其意变为胸膛或海湾）。1150 年左右，杰拉德（Gerard，约 1114—1187，意大利）将 jaib 译为拉丁文"sinus"（意为弯曲，穴）。"正弦"的符号"sinus"并没有被广泛采用。1624 年，英国数学家冈特（E. Gunter，1581—1626）在手画的图上用"sin"表示正弦。之后，尽管不少数学家对正弦符号还有多种表示，但到了 18 世纪中叶之后，人们逐渐选择了用"sin"表示正弦，沿用至今。

1631 年，徐光启与邓玉函译《大测》等著作时，将"sinus"译为"正半弦"或"前半弦"，简称"正弦"，这是汉语"正弦"一词的由来。

二、余弦

阿耶波多把角 α 余角的正弦称为"Kotijyā"，并通过手工计算，将 0°到 45° 的正弦值与余角的正弦值制成表格。1120 年，意大利普拉托（Plato）称它为"剩余的弦"。1463 年，雷格蒙塔努斯称它为"余角的正弦"。1558 年，意大利毛罗利科斯创用"Sinus 2marcus"（即第 2 正弦）表示余弦。与此同时，丹麦数学家芬克（T. Fineke，1561—1656）用"sin. com"表示余弦。1620 年左右，冈特记余弦为"co. sinus"。1658 年，牛顿（Newton，1622—1678，英国）首次把余弦改为"cosinus"。至此，余弦的名称才确定下来。

余弦的符号，实质上是"余弦"（cosinus）的缩写。余弦的符号"cos"是英国数学家奥特雷德在其著《三角形》（1657）一书中首先使用的，但当时并没有被认同，直到1748年经欧拉采用后才开始通行。

三、正切与余切

8世纪，阿拉伯阿尔·哈巴尼（Al-Xaballi）把长度为1的杆竖立在地上，杆在地面上形成的阴影称为"直阴影"（即余切）；把杆投射到竖直的墙上形成的阴影叫作"反阴影"（即正切）。若太阳光线与地面所成的叫为 α ，则杆的"反阴影"为 $\tan\alpha$ ，"直阴影"为 $\cot\alpha$ 。他利用这个关系编制了正切表和余切表。

正切、余切的名称和符号都出现得很晚。丹麦数学家芬克（T. Finch，1561—1656），其在著作《圆的几何》（1583）中创用"tangent"（正切）一词表示"反阴影"，并将其缩写为"tan."，他还用"tan. com"表示余切。荷兰吉拉尔（Grard，1595—1632）在《三角学》（1626）中用"tan"表示正切。1658年，牛顿用缩写号ctg表示余切。1674年英国穆尔（J. Moore，1617—1679）用缩写cot.表示余切。至今为止，正切、余切的符号还没有统一。现代英美多用tan和cot，而欧洲大陆多用tg和ctg。我国大陆在1949年以前，采用英美记号，1949年以后改用欧洲大陆记号，近年来恢复用英美记号至今。

四、正割与余割

约860年，阿拉伯数学家海拜什·哈西卜（Habash al-Hasib，约764—约864）首先提出正割、余割的概念。980年，阿拉伯数学家阿布·瓦法（AbQlwafa，940—约997）给出了正割与余割的定义（未给出名称），但未引起人们的注意。波斯数学家比鲁尼（Biruni，973—1048）在他的《测影通论》中对正切、余切和正割、余割函数进行了讨论，证明了六种三角函数之间的关系。1551年，德国数学家雷提克斯（G. J. Rhaeticus，1514—1576）创用"secan"（正割）、"cosencanc"（余割）的名称。正割函数的符号"sec"先后由丹麦人芬克（1583以后）、德国数学家雷格蒙塔努斯和荷兰数学家吉拉尔（1626年）正式使用；而"余割"（cosencanc）的缩写至今没有统一，有csc，cosec等写法。我国目前采用"csc"。

现代意义下的三角函数的定义是欧拉给出的。1748 年，欧拉在《无穷分析引论》中，改变传统的以线段的长作为三角函数的定义，采用对应的函数线（即坐标）与圆半径的比值定义三角函数，即比值定义法：角 α 的顶点在原点，它的终边与以原点为圆心，半径为 r 圆相交于点 $P(x，y)$，则 $\sin\alpha = \dfrac{y}{r}$，$\cos\alpha = \dfrac{x}{r}$，$\tan\alpha = \dfrac{y}{x}$，$\cot\alpha = \dfrac{x}{y}$，$\sec\alpha = \dfrac{r}{x}$，$\csc\alpha = \dfrac{r}{y}$。为了简化运算，欧拉令 $r = 1$，就得到了三角函数的单位圆定义法：角 α 的顶点在原点，它的终边与单位圆相交于点 $P(x,y)$，则 $\sin\alpha = y$，$\cos\alpha = x$，$\tan\alpha = \dfrac{y}{x}$，$\cot\alpha = \dfrac{x}{y}$，$\sec\alpha = \dfrac{1}{x}$，$\csc\alpha = \dfrac{1}{y}$。

欧拉的这个定义，彻底解决了三角函数在四个象限中的符号问题，把三角公式推广到一般情况。同时，欧拉引入弧度制，把度量直线段和圆弧的单位统一起来，大大简化了三角函数的公式及其计算。

第四节　同角三角函数的基本关系

历史上出现过 10 种三角函数，其中正弦、余弦、正切、余切、正割、余割最为重要，它们之间具有如下关系：

（1）平方关系：$\sin^2\alpha + \cos^2\alpha = 1$，$1 + \tan^2\alpha = \sec^2\alpha$，$1 + \cot^2\alpha = \csc^2\alpha$；

（2）商数关系：$\tan\alpha = \dfrac{\sin\alpha}{\cos\alpha}$；$\cot\alpha = \dfrac{\cos\alpha}{\sin\alpha}$；

（3）倒数关系：$\tan\alpha\cot\alpha = 1$，$\sin\alpha\csc\alpha = 1$，$\cos\alpha\sec\alpha = 1$。

从历史的角度看，古希腊数学家希帕霍斯在制作"弦表"时，最先得到正弦与余弦的关系 $\sin^2\alpha + \cos^2\alpha = 1$。在阿尔·哈巴尼时代，还没有正切的符号，他记 $\dfrac{\sin\alpha}{\cos\alpha} = D$，得到 $\sin\alpha = \dfrac{D}{\sqrt{1 + D^2}}$，这说明阿尔·哈巴尼已经知道了商数关系。

而比鲁尼系统讨论了正弦、余弦、正切、余切、正割、余割之间的关系，并得到 $\sin\alpha\csc\alpha = 1$、$\cos\alpha\sec\alpha = 1$、$1 + \tan^2\alpha = \sec^2\alpha$、$1 + \cot^2\alpha = \csc^2\alpha$ 这几种关系。

上述三类关系在欧拉的三角函数定义出现之前，都是在直角三角形中得到的，因而角 α 都是限制在锐角。欧拉的三角函数定义出现之后，上述关系对任意角都适用了。

1947 年 4 月，在中华书局出版的张鹏飞编的《初中三角法》（出版于 1936 年，出版时书名为《初中三角》，1940 年改名为《初中三角法》）中，对同角三角函数的八个基本关系记忆，采用了六角形记忆法，如图 1 - 6 - 4 所示。

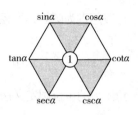

图 1 - 6 - 4

如图 1 - 6 - 4 所示的含义如下：

① 左右两侧，当 $x \in \left(0, \dfrac{\pi}{2}\right)$ 时，自上而下其值依次增大，即 $\sin\alpha < \tan\alpha < \sec\alpha$ 及 $\cos\alpha < \cot\alpha < \csc\alpha$；

② 对角线的两端两个函数之积为 1；

③ 边界上的任一三角函数等于其相邻两函数的乘积（乘积关系）；

④ 阴影三角形中，两个上顶角的平方和都等于下顶角的平方（平方关系）。

第五节　诱导公式

在三角函数求值运算中，经常通过一些起媒介作用的公式，把复杂的、不易于计算的问题实施转化，进而完成计算。这些公式在计算过程中具有诱发计算思路、指导运算方向的作用，被称为"诱导公式"。

教材上总共给出了九类诱导公式：$2k\pi + \alpha\,(k \in Z)$ 型、$\pi + \alpha$ 型、$-\alpha$ 型、$\pi - \alpha$ 型、$\dfrac{\pi}{2} - \alpha$ 型、$\dfrac{\pi}{2} + \alpha$ 型、$\dfrac{3\pi}{2} + \alpha$ 型、$\dfrac{3\pi}{2} - \alpha$ 型、$2\pi \pm \alpha$ 型。

$\dfrac{\pi}{2} - \alpha$ 型诱导公式出现是最早的。6 世纪，印度的阿耶波多在制作 0° 到 45° 的正弦值与余角的正弦值表时，就已经具有 $\dfrac{\pi}{2} - \alpha$ 型诱导公式的雏形了。8 世纪，阿拉伯数学家阿尔·哈巴尼在作《天文论著》时，制作了 $0°$ 到 $90°$ 相隔 $1°$ 的正弦表与余弦表、正切表与余切表。从制作的表中，得出了 $\dfrac{\pi}{2} - \alpha$ 型诱导公式。

系列诱导公式的推证，要归功于欧拉。他在著作《无穷分析引论》（1748）中系统推导了诱导公式。他的做法是：

第一，给出了弧度的概念，利用他的三角函数的单位圆定义，得到 0、$\dfrac{\pi}{2}$、π、$\dfrac{3\pi}{2}$、2π 这些特殊角的正弦值和余弦值：$\sin 0 = 0$，$\cos 0 = 1$；$\sin\dfrac{\pi}{2} = 1$，$\cos\dfrac{\pi}{2} = 0$；$\sin\pi = 0$，$\cos\pi = -1$；$\sin\dfrac{3\pi}{2} = -1$，$\cos\dfrac{3\pi}{2} = 0$；$\sin 2\pi = 0$，$\cos 2\pi = 1$。

第二，利用已有的两角和与差的正弦和余弦公式：

$$\sin(y + z) = \sin y\cos z + \cos y\sin z \qquad \cos(y + z) = \cos y\cos z - \sin y\sin z$$
$$\sin(y - z) = \sin y\cos z - \cos y\sin z \qquad \cos(y - z) = \cos y\cos z + \sin y\sin z$$

将这四个公式中的 y 依次换成 $\dfrac{\pi}{2}$、π、$\dfrac{3\pi}{2}$、2π，可得表 $1-6-1$：

表 $1-6-1$

$\sin\left(\dfrac{\pi}{2} + z\right) = \cos z$, $\cos\left(\dfrac{\pi}{2} + z\right) = -\sin z$	$\sin\left(\dfrac{\pi}{2} - z\right) = \cos z$, $\cos\left(\dfrac{\pi}{2} - z\right) = \sin z$
$\sin(\pi + z) = -\sin z$, $\cos(\pi + z) = -\cos z$	$\sin(\pi - z) = \sin z$, $\cos(\pi - z) = -\cos z$
$\sin\left(\dfrac{3\pi}{2} + z\right) = -\cos z$, $\cos\left(\dfrac{3\pi}{2} + z\right) = \sin z$	$\sin\left(\dfrac{3\pi}{2} - z\right) = -\cos z$, $\cos\left(\dfrac{3\pi}{2} - z\right) = -\sin z$
$\sin(2\pi + z) = \sin z$, $\cos(2\pi + z) = \cos z$	$\sin(2\pi - z) = -\sin z$, $\cos(2\pi - z) = \cos z$

他进一步指出，如果 n 表示某个整数（见表 $1-6-2$），则这些公式对正整数 n 和负整数 n 都成立。事实上，这个就是 $2k\pi + \alpha(k \in \mathbf{Z})$ 型的正弦与余弦的诱导公式。

表 1 - 6 - 2

$\sin\left(\dfrac{4n+1}{2}\pi+z\right)=\cos z,$ $\cos\left(\dfrac{4n+1}{2}\pi+z\right)=-\sin z$	$\sin\left(\dfrac{4n+1}{2}\pi-z\right)=\cos z,$ $\cos\left(\dfrac{4n+1}{2}\pi-z\right)=\sin z$
$\sin\left(\dfrac{4n+2}{2}\pi+z\right)=-\sin z,$ $\cos\left(\dfrac{4n+2}{2}\pi+z\right)=-\cos z$	$\sin\left(\dfrac{4n+2}{2}\pi-z\right)=\sin z,$ $\cos\left(\dfrac{4n+2}{2}\pi-z\right)=-\cos z$
$\sin\left(\dfrac{4n+3}{2}\pi+z\right)=-\cos z,$ $\cos\left(\dfrac{4n+3}{2}\pi+z\right)=\sin z$	$\sin\left(\dfrac{4n+3}{2}\pi-z\right)=-\cos z,$ $\cos\left(\dfrac{4n+3}{2}\pi-z\right)=-\sin z$
$\sin\left(\dfrac{4n+4}{2}\pi+z\right)=\sin z,$ $\cos\left(\dfrac{4n+4}{2}\pi+z\right)=\cos z$	$\sin\left(\dfrac{4n+4}{2}\pi-z\right)=-\sin z,$ $\cos\left(\dfrac{4n+4}{2}\pi-z\right)=\cos z$

从上面的过程看，欧拉没有推导 $-\alpha$ 型的正弦与余弦的诱导公式。事实上，只需令 $y=0$ ，就可以得到：$\sin(-z)=-\sin z$ ，$\cos(-z)=\cos z$ 。

第三，他利用商数关系和倒数关系，在正切、余切、正割、余割有意义的前提下，得到了相应类型的角的正切与余切、正割与余割的诱导公式。

这样，系列的诱导公式就推导出来了。这种推导方式与教材上的有所不同，教材上的推导是紧扣三角函数的定义来进行的。只需要将欧拉推导的诱导公式中的 z 换为 α ，就可以得到教材上的诱导公式一至诱导公式六，同时推广到九组诱导公式。

对于诱导公式的记忆，以前的教材给出了口诀："奇变偶不变，符号看象限"。其中的"奇"和"偶"，从欧拉的推导过程来看，是针对和角公式中的角 y 是 $\dfrac{\pi}{2}$ 的奇数倍还是偶数倍而言的；"变"与"不变"是针对函数的名称而言的，"变"是指函数名称变为它的余名函数，"不变"是指函数名称不改变，即同名函数。"符号看象限"是指将诱导公式中的 α 视为锐角，看公式左边的角 $(y\pm\alpha)$ 所在的象限。

需要指出的是，"奇变偶不变，符号看象限"这个口诀，并不是欧拉总结出来的。从我们掌握的资料看，这个口诀最早出现在周桐孙先生和王延馨女士合著的《中等专业学校教学参考书·工科专业通用：三角（第三版）》（1964年7月，人民教育出版社）第104页："为了便于记忆，上述法则还可以概括成下面的口诀：

正负看象限，奇变偶不变。

利用上面的法则，便可以迅速地写出三角函数的简化公式。"

无论以前教材的"奇变偶不变，符号看象限"，还是周先生与王女士的"正负看象限，奇变偶不变"，对初学者而言，都是困难的。其难点在于对"奇"和"偶"的理解，看 y 是 $\dfrac{\pi}{2}$ 的奇数倍还是偶数倍，感觉有点别扭。我们通过对上述诱导公式中角的类型特点的观察，可以发现：角 $(y \pm \alpha)$ 中的角 y 的终边要么落在 x 轴（横轴）上，要么落在 y 轴（纵轴）上。当角 y 的终边落在 x 轴（横轴）上，角 $(y \pm \alpha)$ 的三角函数的名称不改变，如 $2k\pi + \alpha(k \in \mathbf{Z})$、$\pi \pm \alpha$、$-\alpha$、$2\pi - \alpha$；当角 y 的终边落在 y 轴（纵轴）上，角 $(y \pm \alpha)$ 的三角函数的名称要改变，如 $\dfrac{\pi}{2} \pm \alpha$、$\dfrac{3\pi}{2} \pm \alpha$。由此，可将诱导公式的记忆口诀改为："纵变横不变，符号看象限"，这样似乎更易于理解和记忆。1999年3月，四川省都江堰中学沈西德老师在都江堰市数学教师教材教法培训会上首次提出这个观点。

第六节　两角和与差的正弦或余弦公式的推导

任意两角的和与差的正弦、余弦具有公式如下：

$$\sin(\alpha + \beta) = \sin\alpha\cos\beta + \cos\alpha\sin\beta \quad \cdots\cdots\cdots ①$$

$$\sin(\alpha - \beta) = \sin\alpha\cos\beta - \cos\alpha\sin\beta \quad \cdots\cdots\cdots ②$$

$$\cos(\alpha + \beta) = \cos\alpha\cos\beta - \sin\alpha\sin\beta \quad \cdots\cdots\cdots ③$$

$$\cos(\alpha - \beta) = \cos\alpha\cos\beta + \sin\alpha\sin\beta \quad \cdots\cdots\cdots ④$$

在公式①~④中，只要推导出了其中任意一个，就可以利用诱导公式推导出另外三个。同时，利用诱导公式，总可以将任意角的三角函数划归为锐角的三角函数。因此，以下推导我们只考虑 α，β 为锐角的情况，如有特殊情况，再单独说明。

【方法1】帕普斯法直接推证公式①~④

3 世纪末，亚历山大的数学家帕普斯（Pappus）在其《数学汇编》第 5 卷第 4 部分给出了如下命题：如图 1-6-5 所示，设 H 是以 AB 为直径的半圆上的一点，CE 是半圆在点 H 处的切线，$CH = HE$。CD 和 EF 为 AB 的垂线，D，F 为垂足，则 $(CD + EF) \cdot CE = AB \cdot DF$。

设 $\angle HOB = \alpha$，$\angle HOC = \angle HOE = \beta$，$OC = OE = 1$，则 $\angle COD = \pi - (\alpha + \beta)$，$\angle EOF = \alpha - \beta$。于是 $OH = \cos\beta$，$GH = \sin\alpha\cos\beta$，$OG = \cos\alpha\cos\beta$，$HE = \sin\beta$。

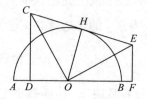

图 1-6-5

过 H 分别作 $GH \perp AB$，$HL \perp CD$，垂足分别为 G，L；过 E 作 $EI \perp CD$ 交 GH 于 J，垂足为 I，如图 1-6-6 所示，则 $HJ = CL = \cos\alpha\sin\beta$，$JE = \sin\alpha\sin\beta$。

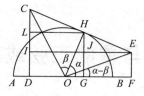

图 1-6-6

由 $CD = LD + CL = GH + HJ$，$EF = GH - HJ$，$OF = OG + JE$，$OD = DG - OG = JE - OG$，故

$$\sin(\alpha + \beta) = \sin\alpha\cos\beta + \cos\alpha\sin\beta \qquad \cdots\cdots\cdots ①$$

$$\sin(\alpha - \beta) = \sin\alpha\cos\beta - \cos\alpha\sin\beta \qquad \cdots\cdots\cdots ②$$

$$\cos(\alpha + \beta) = \cos\alpha\cos\beta - \sin\alpha\sin\beta \quad \cdots\cdots\cdots ③$$

$$\cos(\alpha - \beta) = \cos\alpha\cos\beta + \sin\alpha\sin\beta \quad \cdots\cdots\cdots ④$$

【方法2】托勒密定理推导公式①、③

2 世纪，托勒密提出了著名的定理：圆内接四边形两组对边乘积之和等于两对角线乘积。这个定理被后人称为托勒密定理。

如图 1-6-7 所示，$ABCD$ 是圆 O 的内接四边形，在 BD 上取点 E，使得 $\angle BAE = \angle CAD$，则 $\triangle ADC \backsim \triangle AEB$，$\triangle ADE \backsim \triangle ACB$，所以有

$$\frac{AC}{CD} = \frac{AB}{BE} \Rightarrow AB \cdot CD = AC \cdot BE \quad \cdots\cdots\cdots (1)$$

$$\frac{AD}{DE} = \frac{AC}{BC} \Rightarrow AD \cdot BC = AC \cdot DE \quad \cdots\cdots\cdots (2)$$

（1）+（2）得，$AB \cdot CD + AD \cdot BC = AC \cdot BD$，这即为托勒密定理的证明。

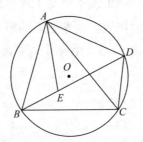

图 1-6-7

对角线 AC，BD 是圆 O 的直径，记 $\angle ACB = \alpha$，在弧 AD 上任取一点 E，记 $\angle ACE = \beta$，如图 1-6-8 所示。

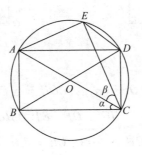

图 1-6-8

在四边形 $ABCE$ 和 $ACDE$ 中，由托勒密定理可知：

$$AC \cdot BE = AB \cdot CE + BC \cdot AE \quad \cdots\cdots\cdots (3)$$

$$AC \cdot DE = AD \cdot CE - AE \cdot CD \quad \cdots\cdots\cdots (4)$$

由于 $AB = AC\sin\alpha$，$BC = AC\cos\alpha$，$AE = AC\sin\beta$，$CE = AC\cos\beta$，

又 $\angle BCE = \angle BDE = \alpha + \beta$，

∴ $BE = BD\sin(\alpha + \beta) = AC\sin(\alpha + \beta)$，

∴ （3）式化为 $AC^2\sin(\alpha + \beta) = AC^2\sin\alpha\cos\beta + AC^2\cos\alpha\sin\beta$，

即 $\sin(\alpha + \beta) = \sin\alpha\cos\beta + \cos\alpha\sin\beta$。

同理由（4）可得：$\cos(\alpha + \beta) = \cos\alpha\cos\beta - \sin\alpha\sin\beta$。

【说明】利用托勒密定理也可以证明公式②和公式④。

【方法3】托勒密弦表法推导公式④

托勒密利用两角和、差的三角关系绘制了现存最早的三角函数弦表，在天文学和测量计算中有很重要的作用。制作弦表的原理如图1-6-9所示，此原理与人教A版上的方法，如图1-6-10所示有异曲同工之妙，此处只说明托勒密制作弦表的原理的正确性。

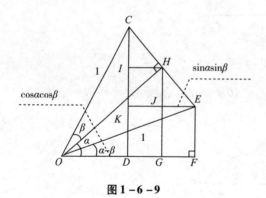

图1-6-9　　　　　　　　图1-6-10

如图1-6-9所示，$\angle FOH = \alpha$，$\angle COH = \angle EOH = \beta$，$OC = OE = 1$，$OH \perp EC$，$EF \perp OF$，$CD \perp OF$，$HG \perp OF$，$EJ \perp HG$，$\angle FOE = \alpha - \beta$。

则 $OF = \cos(\alpha - \beta)$，$OH = \cos\beta$，$CH = EH = \sin\beta$，

所以，$OG = OH\cos\alpha = \cos\alpha\cos\beta$，$GF = EJ = HE\sin\alpha = \sin\alpha\sin\beta$，

又 $OF = OG + GF$，∴ $\cos(\alpha - \beta) = \cos\alpha\cos\beta + \sin\alpha\sin\beta$。

【说明】这种方法仅限于 α，β 都是锐角的情形。

【方法4】萨吕斯法推导公式④

19世纪，法国数学家萨吕斯（P. F. Sarrus，1798—1866）在《纯粹与应用数学年刊》上发表论文，他根据两点之间的距离公式来推导公式④。

如图1-6-11所示，在单位圆中构造 $\angle AOB = \alpha$，$\angle AOC = \beta$，则 $\angle BOC = \alpha - \beta$。

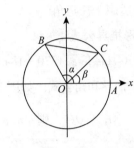

图1-6-11

由三角函数的定义，$B(\cos\alpha，\sin\alpha)$，$C(\cos\beta，\sin\beta)$，所以

$|BC|^2 = (\cos\alpha - \cos\beta)^2 + (\sin\alpha + \sin\beta)^2$，

即 $|BC|^2 = 2 - 2(\cos\alpha\cos\beta + \sin\alpha\sin\beta)$ ……（5）

令 $\beta = 0$，$|BC|^2 = 2 - 2\cos\alpha$，

用 $\alpha - \beta$ 代替 α，所以 $|BC|^2 = 2 - 2\cos(\alpha - \beta)$ ……（6）

比较（5）、（6），得 $\cos(\alpha - \beta) = \cos\alpha\cos\beta + \sin\alpha\sin\beta$。

【方法5】麦克肖恩法推导公式④

1941年，美国数学家麦克肖恩（E. J. Mcshane，1904—1989）在《美国数学月刊》上发表论文，避开弦长公式，重新对公式④进行推导。

如图1-6-12所示，在单位圆中构造 $\angle AOB = \alpha$，$\angle AOC = \beta$，则 $\angle BOC = \alpha - \beta$。

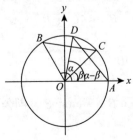

图1-6-12

将 $\triangle BOC$ 绕点 O 旋转，使得 OC 与 OA 重合，则 $\angle AOD = \alpha - \beta$，$BC = AD$。

则 $B(\cos\alpha，\sin\alpha)$，$C(\cos\beta，\sin\beta)$，$D(\cos(\alpha-\beta)，\sin(\alpha-\beta))$，而 $A(1，0)$，由 $BC = AD$，所以 $(\cos\alpha - \cos\beta)^2 + (\sin\alpha + \sin\beta)^2 = [\cos(\alpha-\beta) - 1]^2 + \sin^2(\alpha+\beta)$，

化简整理得 $\cos(\alpha-\beta) = \cos\alpha\cos\beta + \sin\alpha\sin\beta$。

【说明】麦克肖恩的方法适用于任意角。

【方法6】构造相似三角形推导公式①~④

美国数学家哈斯勒（F. R. Hassler，1770—1843）在其《解析平面与球面三角学》中利用相似三角形来推导和角公式。如图 1-6-13 所示，构造 $\angle AOB = \alpha$，$\angle COB = \beta$，$AC \perp OB$，$AE \perp OC$，则 $\sin(\alpha \pm \beta) = \dfrac{AE}{OA}$，$\cos(\alpha \pm \beta) = \dfrac{OE}{OA}$，$\sin\alpha = \dfrac{AB}{OA}$，$\cos\alpha = \dfrac{OB}{OA}$，$\sin\beta = \dfrac{BC}{OC}$，$\cos\beta = \dfrac{OB}{OC}$。

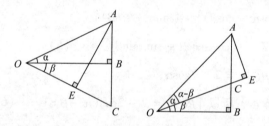

图 1-6-13

因为 $\triangle AEC$ 与 $\triangle OBC$ 相似，所以 $\dfrac{AE}{AC} = \dfrac{OB}{OC}$，即 $AE = \dfrac{OB \cdot AC}{OC}$，于是

$$\frac{AE}{OA} = \frac{OB \cdot AC}{OA \cdot OC} = \frac{OB \cdot AB \pm OB \cdot BC}{OA \cdot OC} = \frac{AB}{OA} \cdot \frac{OB}{OC} \pm \frac{OB}{OA} \cdot \frac{BC}{OC},$$

所以 $\sin(\alpha \pm \beta) = \sin\alpha\cos\beta \pm \cos\alpha\sin\beta$，即公式①与②；

又 $\dfrac{EC}{AC} = \dfrac{BC}{OC}$，所以 $EC = \dfrac{BC \cdot AC}{OC} = \dfrac{BC \cdot AB \pm BC \cdot BC}{OC}$。

于是 $\dfrac{OE}{OA} = \dfrac{OC \pm EC}{OA} = \dfrac{OB^2 \pm AB \cdot BC}{OA \cdot OC} = \dfrac{OB}{OA} \cdot \dfrac{OB}{OC} \pm \dfrac{AB}{OA} \cdot \dfrac{BC}{OC},$

所以 $\cos(\alpha \pm \beta) = \cos\alpha\cos\beta \pm \sin\alpha\sin\beta$，即公式③与④。

【方法7】阿基米德定理推导公式②

阿基米德提出了一个定理：点 M 是弧 ABC 的中点，由 M 作长弧 BC 所对的弦 BC 的垂线，垂足为 F ，则 F 是 $AB + BC$ 的中点，即 $AB + BF = FC$ ，如图 1 – 6 – 14 所示。

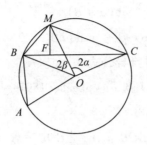

图 1 – 6 – 14

设圆 O 的半径为 1 ， $\angle MOC = \angle MOA = 2\alpha$ ， $\angle MOB = 2\beta$ ，则 $\angle AOB = 2(\alpha - \beta)$ 。

∴ $MC = 2\sin\alpha$ ， $MB = 2\sin\beta$ ， $AB = 2\sin(\alpha - \beta)$ 。

在 Rt△MFC 中， $FC = MC\cos\beta = 2\sin\alpha\cos\beta$ 。

在 Rt△MFB 中， $FB = MB\cos\alpha = 2\cos\alpha\sin\beta$ 。

由阿基米德定理， $AB = FC - BF$ 。

所以 $2\sin(\alpha - \beta) = 2\sin\alpha\cos\beta - 2\cos\alpha\sin\beta$ ，

即 $\sin(\alpha - \beta) = \sin\alpha\cos\beta - \cos\alpha\sin\beta$ 。

【说明】 该推导方法巧妙利用阿基米德定理，简单明了。

【方法8】利用正弦定理推导公式①

意大利数学家卡诺里（A. Cagnoli, 1743—1816）在其《平面与球面三角学》中利用正弦定理来推导公式①。如图 1 – 6 – 15 所示，在 △ABC 中， CD 为 BC 边上的高，令 $\angle A = \alpha$ ， $\angle B = \beta$ ，由射影定理知，

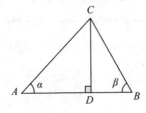

图 1 – 6 – 15

$$AB = AC\cos\alpha + BC\cos\beta，\therefore \frac{AC}{AB}\cos\alpha + \frac{BC}{AB}\cos\beta = 1。$$

由正弦定理知，$\frac{AC}{AB} = \frac{\sin\beta}{\sin(\alpha+\beta)}$，$\frac{BC}{AB} = \frac{\sin\alpha}{\sin(\alpha+\beta)}$，

所以 $\frac{\sin\beta}{\sin(\alpha+\beta)} \cdot \cos\alpha + \frac{\sin\alpha}{\sin(\alpha+\beta)} \cdot \sin\beta = 1$，

从而 $\sin(\alpha+\beta) = \sin\alpha\cos\beta + \cos\alpha\sin\beta$。

【方法9】利用余弦定理推导公式③

美国数学家罗森巴赫（J. B. Rosenbach，1897—1951）在其《平面三角学》中，利用余弦定理证明公式③。

如图 1 - 6 - 16 所示，$\angle AOB = \alpha$，$\angle COB = \beta$，$AC \perp OB$，$OA = a$，$OB = b$，$OC = c$，$AB = m$，$BC = n$。

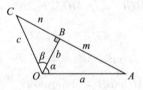

图 1 - 6 - 16

由余弦定理

$$\cos(\alpha+\beta) = \frac{a^2 + c^2 - (m+n)^2}{2ac} = \frac{(a^2 - m^2) + (c^2 - n^2) - 2mn}{2ac}$$

$$= \frac{2b^2 - 2mn}{2ac} = \frac{b}{a} \cdot \frac{b}{c} - \frac{m}{a} \cdot \frac{n}{c} = \cos\alpha\cos\beta - \sin\alpha\sin\beta，$$

即 $\cos(\alpha+\beta) = \cos\alpha\cos\beta - \sin\alpha\sin\beta$。

【方法10】应用三角形全等、两点间的距离公式推导公式③

20 世纪八九十年代，高中教材将公式③作为母公式，推导如下：

如图 1 - 6 - 17 所示，在直角坐标系内作单位圆交 x 正半轴为 P_1 (1, 0)，作 $\angle P_1OP_2 = \alpha$，$\angle P_2OP_3 = \beta$，$\angle P_1OP_4 = -\beta$，它们的终边分别交单位圆于 P_2，P_3，P_4，则 $P_2(\cos\alpha，\sin\alpha)$，$P_3(\cos(\alpha+\beta)，\sin(\alpha+\beta))$，$P_4(\cos\beta，-\sin\beta)$。

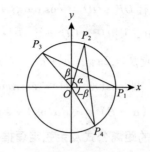

图 1 - 6 - 17

$\because \angle P_1OP_3 = \angle P_2OP_4 = \alpha + \beta$，且 $|OP_1| = |OP_2| = |OP_3| = |OP_4| = 1$，

$\therefore \triangle P_1OP_3 \cong \triangle P_2OP_4$，$\therefore |P_1P_3| = |P_2P_4|$，即

$$\sqrt{[\cos(\alpha + \beta) - 1]^2 + \sin^2(\alpha + \beta)} = \sqrt{(\cos\alpha - \cos\beta)^2 + (\sin\alpha + \sin\beta)^2},$$

$\therefore 2 - 2\cos(\alpha + \beta) = 2 - 2\cos\alpha\cos\beta + 2\sin\alpha\sin\beta$，

$\therefore \cos(\alpha + \beta) = \cos\alpha\cos\beta - \sin\alpha\sin\beta$。

【说明】该方法的难点在于用两种方法构造 $\alpha + \beta$，一种是直接拼接法，另一种是负向。同时该方法中，对于 P_1，O，P_3，三点在一条直线和 P_2，O，P_4 三点在一条直线上时的特殊情况，还需要加以解释、说明。

【方法 11】 应用数量积推导余弦的差角公式④

人民教育出版社高中数学 A 版教材（2007 年第 2 版）中，将向量的数量积的定义和坐标运算两种形式结合，给出了如下证法：

在平面直角坐标系 xOy 内，作单位圆 O，以 Ox 为始边作角 α，β，它们的终边与单位圆的交点分别为 P，Q，如图 1 - 6 - 18 所示，则 $\overrightarrow{OP} = (\cos\alpha$，$\sin\alpha)$，$\overrightarrow{OQ} = (\cos\beta$，$\sin\beta)$。

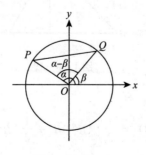

图 1 - 6 - 18

由向量数量积的概念，有 $\overrightarrow{OP} \cdot \overrightarrow{OQ} = \cos\alpha\cos\beta + \sin\alpha\sin\beta$ 。

设 $\overrightarrow{OP}$ 与 $\overrightarrow{OQ}$ 的夹角为 θ ，则 $\overrightarrow{OP} \cdot \overrightarrow{OQ} = |\overrightarrow{OP}| \cdot |\overrightarrow{OQ}|\cos\theta$ 。

由于 $\alpha = 2k\pi + \beta + \theta$ 或 $\beta = 2k\pi + \alpha + \theta$ ，即 $\alpha - \beta = 2k\pi \pm \theta(k \in \mathbf{Z})$ ，

$\therefore \cos(\alpha - \beta) = \cos\theta$ ，即 $\cos(\alpha - \beta) = \cos\alpha\cos\beta + \sin\alpha\sin\beta$ ，

$\therefore$ 对任意角 α , β 有 $\cos(\alpha - \beta) = \cos\alpha\cos\beta + \sin\alpha\sin\beta$ 。

【方法 12】应用两点间的距离公式及余弦定理推导差角公式④

沈西德老师在执教高 2008 届 17 班时使用两点间的距离公式与余弦定理结合的方法证明④。如图 1 - 6 - 18 所示，设 $\angle POx = \alpha$, $\angle QOx = \beta$ ，则 $\angle POQ = \alpha - \beta$ ，

$P(\cos\alpha , \sin\alpha)$, $Q(\cos\beta , \sin\beta)$ ，

$\therefore |PQ|^2 = (\cos\alpha - \cos\beta)^2 + (\sin\alpha + \sin\beta)^2 = 2 - 2(\cos\alpha\cos\beta + \sin\alpha\sin\beta)$ 。

在 $\triangle OPQ$ 中，由余弦定理得 $|PQ|^2 = |OP|^2 + |OQ|^2 - 2|OP||OQ|\cos\angle POQ$ ，

即 $|PQ|^2 = 1 + 1 - 2\cos(\alpha - \beta) = 2 - 2\cos(\alpha - \beta)$ ，

$\therefore \cos(\alpha - \beta) = \cos\alpha\cos\beta + \sin\alpha\sin\beta$ 。

【方法 13】面积法推导公式①

沈西德老师在执教高 2011 届 27 班时使用构造法并结合面积法证明①。如图 1 - 6 - 19，设 α , β 是两个任意锐角，把 α , β 两个角的一条边拼在一起，顶点为 O ，过 B 点作 OB 的垂线，交 α 另一边于 A ，交 β 另一边于 C ，则有 $S_{\triangle AOC} = S_{\triangle AOB} + S_{\triangle BOC}$ 。

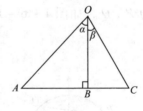

图 1 - 6 - 19

根据三角形面积公式，有

$\dfrac{1}{2}|OA||OC|\sin(\alpha + \beta) = \dfrac{1}{2}|AB||OB| + \dfrac{1}{2}|BC||OB|$ ，

$\therefore |OA||OC|\sin(\alpha + \beta) = |AB||OB| + |BC||OB|$ 。

$\because |OB| = |OA|\cos\alpha = |OC|\cos\beta$, $|AB| = |OA|\sin\alpha$, $|BC| = |OC|\sin\beta$ ，

$\therefore \ |OA\|OC|\sin(\alpha + \beta) = |OA|\sin\alpha \cdot |OC|\cos\beta + |OC|\sin\beta \cdot |OA|\cos\alpha$。

$\therefore \ |OA\|OC| \neq 0$,

$\therefore \ \sin(\alpha + \beta) = \sin\alpha\cos\beta + \cos\alpha\sin\beta$。

根据此式和诱导公式，可继续证出其他和角公式及差角公式。

第七节　多倍角公式

我们知道，古希腊希帕霍斯在制作"弦表"的过程中就已经得到了

$$\sin(\alpha + \beta) = \sin\alpha\cos\beta + \cos\alpha\sin\beta$$

$$\cos(\alpha + \beta) = \cos\alpha\cos\beta - \sin\alpha\sin\beta$$

在这两个公式中，令 $\alpha = \beta$，就可以得到二倍角公式：

$$\sin2\alpha = 2\sin\alpha\cos\beta,\ \cos2\alpha = \cos^2\alpha - \sin^2\alpha$$

1591 年，法国数学家韦达得到了三倍角公式：

$$\sin3\alpha = 3\cos^2\alpha\sin\alpha - \sin^3\alpha$$

$$\cos3\alpha = \cos^3\alpha - 3\sin^2\alpha\cos\alpha$$

后来，韦达对 n 倍角的正弦、余弦一般公式展开研究，虽然未能完全如愿，但也是收获巨大：

（1）他将 $\cos2\alpha$，$\cos3\alpha$，$\cdots$，$\cos10\alpha$ 表达成了 $2\cos\alpha$ 的函数：

$$2\cos2\alpha = (2\cos\alpha)^2 - 2;$$

$$2\cos3\alpha = (2\cos\alpha)^3 - 3(2\cos\alpha);$$

$$2\cos4\alpha = (2\cos\alpha)^4 - 4(2\cos\alpha)^2 + 2;$$

$$2\cos5\alpha = (2\cos\alpha)^5 - 5(2\cos\alpha)^3 + 5(2\cos\alpha);$$

$$2\cos6\alpha = (2\cos\alpha)^6 - 6(2\cos\alpha)^4 + 9(2\cos\alpha)^2 - 2;$$

$$2\cos7\alpha = (2\cos\alpha)^7 - 7(2\cos\alpha)^5 + 14(2\cos\alpha)^3 - 7(2\cos\alpha);$$

$$2\cos8\alpha = (2\cos\alpha)^8 - 8(2\cos\alpha)^6 + 20(2\cos\alpha)^3 - 16(2\cos\alpha)^2 + 2;$$

$$2\cos9\alpha = (2\cos\alpha)^9 - 9(2\cos\alpha)^7 + 27(2\cos\alpha)^5 - 30(2\cos\alpha)^3 + 9(2\cos\alpha);$$

$2\cos10\alpha = (2\cos\alpha)^{10} - 10(2\cos\alpha)^8 + 35(2\cos\alpha)^6 - 50(2\cos\alpha)^4 + 25(2\cos\alpha)^2 - 2_\circ$

（2）他将 $\sin^{n-2}\alpha\sin n\alpha$ 表示为 $2\sin\alpha$ 和 $2\sin2\alpha$ 的函数：

$$2^n\sin^{n-2}\alpha\sin n\alpha = n(2\sin2\alpha)^{n-1} - \frac{n(n-1)(n-2)}{1\cdot2\cdot3} \times (2\sin\alpha)^4(2\sin2\alpha)^{n-3}$$

$$+ \frac{n(n-1)(n-2)(n-3)(n-4)}{1\cdot2\cdot3\cdot4\cdot5} \times (2\sin\alpha)^8(2\sin2\alpha)^{n-5} - \cdots$$

韦达之后，对 n 倍角的正弦、余弦一般公式的研究几乎没有进展。直到 1676 年，英国数学家牛顿写给德国莱布尼茨的一封信中给出如下著名公式：

$$\sin n\alpha = n\sin\alpha + \frac{(1-n^2)n}{3!}\sin^3\alpha + \frac{(1-n^2)(9-n^2)n}{5!}\sin^5\alpha + \cdots$$

当 n 为奇数时，有如下公式：

$$\sin n\alpha = n\sin\alpha + \frac{(1-n^2)n}{3!}\sin^3\alpha + \cdots$$

$$+ \frac{(1-n^2)(9-n^2)\cdots[(n-2)^2-n^2]n}{n!}\sin^n\alpha$$

1702 年，瑞士数学家雅各·伯努利用不完全归纳法得到：

$$\sin n\alpha = C_n^1\cos^{n-1}\alpha\sin\alpha - C_n^3\cos^{n-3}\alpha\sin^3\alpha + C_n^5\cos^{n-5}\alpha\sin^5\alpha - \cdots$$

$$\cos n\alpha = C_n^0\cos^n\alpha - C_n^2\cos^{n-2}\alpha\sin^2\alpha + C_n^4\cos^{n-4}\alpha\sin^4\alpha - \cdots$$

容易发现，雅各·伯努利的 $\sin n\alpha$ 的表达式和韦达的表达式是等价的。

后来，欧拉在《无穷分析引论》中利用棣莫佛公式得到：

$$\sin n\alpha = \frac{(\cos\alpha + i\sin\alpha)^n - (\cos\alpha - i\sin\alpha)^n}{2i}$$

$$\cos n\alpha = \frac{(\cos\alpha + i\sin\alpha)^n + (\cos\alpha - i\sin\alpha)^n}{2}$$

欧拉在《无穷分析引论》中还给出了 $\sin n\alpha$ 和 $\cos n\alpha$ 的级数形式：

$$\cos n\alpha = 2^{n-1}\cos^n\alpha - \frac{n}{1!}2^{n-3}\cos^{n-2}\alpha + \frac{n(n-3)}{2!}2^{n-5}\cos^{n-4}\alpha$$

$$- \frac{n(n-3)(n-5)}{3!}2^{n-7}\cos^{n-6}\alpha + \cdots$$

$$\sin n\alpha = \sin\alpha\left[(2\cos\alpha)^{n-1} - (n-2)(2\cos\alpha)^{n-3} + \frac{(n-3)(n-4)}{2!}(2\cos\alpha)^{n-5}\right.$$

$$\left. - \frac{(n-4)(n-5)(n-6)}{3!}(2\cos\alpha)^{n-7} + \cdots\right]$$

当 n 为奇数时, $\sin n\alpha = n\sin\alpha - \dfrac{n(n^2-1)}{3!}\sin^3\alpha + \dfrac{n(n^2-1)(n^2-9)}{5!}\sin^5\alpha$

$- \dfrac{n(n^2-1)(n^2-9)(n^2-25)}{7!}\sin^7\alpha + \cdots + (-1)^{\frac{n-1}{2}}2^{n-1}\sin^n\alpha$

当 n 为偶数时,

$\sin n\alpha = \cos\alpha\Big[n\sin\alpha - \dfrac{n(n^2-4)}{3!}\sin^3\alpha + \dfrac{n(n^2-4)(n^2-16)}{5!}\sin^5\alpha$

$\qquad - \dfrac{n(n^2-4)(n^2-16)(n^2-36)}{7!}\sin^7\alpha + \cdots + (-1)^{\frac{n-2}{2}}2^{n-1}\sin^{n-1}\alpha\Big]$

欧拉还得到了 $\sin n\alpha$ 和 $\cos n\alpha$ 的乘积形式:

$\sin n\alpha = 2^{n-1}\sin\alpha\sin\Big(\dfrac{\pi}{n}-\alpha\Big)\sin\Big(\dfrac{\pi}{n}+\alpha\Big)\sin\Big(\dfrac{2\pi}{n}-\alpha\Big)\sin\Big(\dfrac{2\pi}{n}+\alpha\Big)$

$\qquad \sin\Big(\dfrac{3\pi}{n}-\alpha\Big)\sin\Big(\dfrac{3\pi}{n}+\alpha\Big)\cdots$

$\cos n\alpha = 2^{n-1}\cos\Big(\dfrac{n-1}{2n}\pi-\alpha\Big)\cos\Big(\dfrac{n-1}{2n}\pi+\alpha\Big)\cos\Big(\dfrac{n-3}{2n}\pi-\alpha\Big)$

$\qquad \cos\Big(\dfrac{n-3}{2n}\pi+\alpha\Big)\cos\Big(\dfrac{n-5}{2n}\pi-\alpha\Big)\cos\Big(\dfrac{n-5}{2n}\pi+\alpha\Big)\cdots$

上述两式的右边因式共有 n 项。

第七章

平面向量

第一节　向量及其符号

一、向量的起源与发展

人们对向量的认识应该源于对速度的认识，它是远古人为了生存与自然抗争的产物。在前 350 年左右，古希腊学者亚里士多德根据人们的经验总结出：两种速度的合速度满足平行四边形法则。1 世纪，古希腊数学家海伦用几何的方法证明了平行四边形法则的正确性。这种认识保持了近 1700 年的时间。直到 17 世纪，牛顿才将对向量的认识向前推进了一步。他在著作《自然哲学的数学原理》（1687）中将平行四边形法则推广到了力，应用于力的合成与分解。

"向量"一词来自物理学的"矢量"。在 1797 年之前，向量都是以"矢量"的身份出现在人们的视野之中，活跃于物理学内。与牛顿同时代的莱布尼兹曾从位置几何学研究的视角进行过预想："我已经发现了一些完全不同的有新特点的元素，即使在没有任何图形的情况下，它也能有利于表达思想、表达事物的本质。我的这个新系统能紧跟可见的图形，以一种自然的、分析的方式，通过一个确定的程序同时给出解、构造和几何的证明。"这里莱布尼茨所说的"有新特点的元素"和"新系统"就是后来逐渐形成和发展起来的向量及其理论，但莱布尼兹对他的"有新特点的元素"和"新系统"的研究并没有太大的进展。

向量进入数学并得到发展，是从复数的几何表示开始的。1797 年，丹麦测量学家韦塞尔（Caspar Wessel，1745—1818）把复数表示为向量，并利用向量定义复数运算，使人们理解了"难以接受"的复数，也学会了利用复数表示、研究平面中的向量。从此向量就进入了数学，实现了物理"矢量"向数学"向量"的华丽转身。自从韦塞尔把复数表示成向量，使向量成为数学概念以来，不同时期的物理学家、数学家都根据学科发展的不同需要，在各自的领域内围绕向量的内涵展开讨论和研究。

1827 年，莫比乌斯（A. F. Möbius，1768—1868，德国）在他的《重心演算》这本书中，创立了一个实数与有向线段之间的乘法（即向量的数乘运算）。

1832 年，格拉斯曼（Grassmann，1779—1852，德国）开始了对一种新的几何演算法（即莱布尼兹所设想的几何分析）的研究。他在《线性扩张论》（1844）中，提出了"向量的长度和方向是固定的，而位置却可以随意改变"的思想，并融合坐标、向量及复数等概念于 n 维空间，大胆地开拓了数学的新领域。可惜的是他的这些成果没有被当时人们所领会。

1843 年 10 月 16 日这一天，哈密尔顿（W. R. Hamilton，1805—1865，英国）创造出了形如 $q = w + \vec{i}x + \vec{j}y + \vec{k}z$（$w，x，y，z \in \mathbf{R}$）的"数"，他称这样的"数"为四元数。这个"数"包含两个不同的部分，第一部分就是第一项 W，他称为标量，第二部分是 $\vec{i}x + \vec{j}y + \vec{k}z$，他称为向量，其中 $x，y，z$ 是三个直角坐标分量。哈密尔顿的"四元数"一经发表，就受到数学家们的追捧，并得到迅速传播。泰特在物理上找到了"四元数"的许多应用，而麦克斯韦更是在"四元数"的基础上完成了电磁学的方程简化。哈密尔顿还是第一个提出用向量表示平移的人。

之后，一些数学家开始基于平移来定义向量。如彼得·泰特在 1867 年将向量定义为"将一点运载到另一点的工具，因此，向量可以表示空间中的特定平移"。巫德（Wood）在 1879 年给出的定义："向量是定距离定方向平移的表示方法"。1890 年，彼得·泰特给出了更为一般的定义："向量可以表示平移，它可以用几何上的有向线段表示，向量曾经等同于有向线段，但现在向量只含有两个基本要素：大小和方向，它适用于所有具有大小和方向的量。"显然，彼得·泰特的定义基于平移变换，又跳出了平移。简言之，向量是一切具有大小和方向的量。

19 世纪末期，英国的吉布斯（J. W. Gibbs，1839—1903）和海维塞德

（O. Heaviside，1850—1925）提出，一个向量不过是四元数的向量部分，但不独立于任何四元数。他们引进了两种类型的乘法：数量积和向量积，并把向量代数推广到变向量的向量微积分，形成了完善、系统的"向量系统"。

进入 20 世纪，围绕向量的内涵的讨论还在继续。1901 年，基比桑（Gibson）提出了两个向量相等的概念，他强调在定义相等的有向线段时，不考虑起点。1909 年，科菲（Coffin）在《向量分析》中的定义是"向量是任何具有方向与大小的物理量的抽象结果"。1912 年，帕尔默（Palmer）将向量定义为"表示物理矢量的有向线段"。罗（Low）与冉萨姆（Ransom）给出向量应满足的三个特征：有大小、有方向、没有位置。1914 年海尔（Hall）提出"向量是位置不确定的有向线段，每一个向量的代数表征都有对应的几何结构"。海尔的定义揭示了向量的本质特征：向量的位置是不固定的，向量有代数与几何两种表征方式。

从向量发展的历史可以看出，向量最初仅仅指位置固定的矢量，是物理量的抽象结果。后来用有向线段表示向量，源于物理量的几何表征和复数的几何表征。最后，自由向量的出现源于数学家对于位置几何的探讨和平移运动与变换的表达。向量发展到现在，在数学、物理、计算机科学与技术等学科，以及社会生产、生活、经济、金融与贸易等各领域中都有广泛的应用，成为解决这些领域中各种问题的有力工具。

二、向量表示

牛顿最先使用有向线段来表示向量，但没有创立相应的符号。瑞士阿尔冈（J. R. Argand，1768—1822）是第一个使用符号表示有向线段或向量的人，他在《复数几何表示》（1806）的论文中，用 $\overrightarrow{AB}$ 表示有向线段或向量，但没有明确使用规则。1827 年，莫比乌斯在《重心演算》中，用 $\overrightarrow{AB}$ 表示起点为 A，终点为 B 的向量，明确了有向线段表示向量的规则：箭头表示向量的方向，线段长度表示大小。这种用法被数学家广泛接受并沿用至今。

后来，哈密尔顿、吉布斯等人则以小写希腊字母表示向量。之后，字母上加箭头表示向量的方法逐渐流行，尤其是在手写稿中，为了方便印刷，人们又用粗黑体小写字母 a，b 等表示向量。

第二节　平行四边形法则

古希腊亚里士多德通过匀速直线运动提炼出了平行四边形法则。在他的著作《力学》中有明确的描述："当一个物体以一定比率移动时（即含有两个有常数比率的线性运动），物体一定沿一直线运动，这条直线是由这两条有给定比率的直线形成的平行四边形的对角线。"古希腊数学家海伦用几何的方法证明了平行四边形法则的正确性：

假设点 A 一直沿着线 AB 移动，同时线 AB 沿着线 AC 和 BD 运动，使得它总是和起始的位置平行，如图 1–7–1 所示，进一步假设从 A 到 B 的时间和从 AB 到 CD 的时间相等，海伦证明了点 A 沿着对角线 AD 移动。

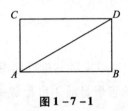

图 1–7–1

到了 16 世纪和 17 世纪，对于平行四边形法则的应用已十分娴熟。荷兰数学家史蒂文（SimonStevin，约 1548—1620）将平行四边形法则应用于静力学问题。伽利略把他的物理研究与数学紧密联系起来，他清楚地叙述了这个定律，并用之于分析他的物理现象。之后，牛顿在其巨著《自然哲学之数学原理》（1687）中把它作为运动定律的一个推论叙述如下："物体同时受两个力作用时，其运动将沿平行四边形的对角线进行，所用时间等于两个力分别沿两边运动所需时间"，并给出了证明。他又在另一推论中给出并证明了力的合成与分解的一个结论："任何两个斜向力 AC 和 CD 复合成一直线力 AD；反之，任何一直线力 AD 可分解为两个斜向力 AC 和 CD；这种复合和分解已在力学上充分证实。"与此同时，法国皮耶利·瓦里翁向巴黎科学院提交了他的《诸力合成的平行四边形定则的报告》。1725 年瓦里翁在《新力学或静力学》一书中用力的合成与分解原理解决了各种具体静力学问题，提出了"力矩"概念，找到了力的平行四边形原理与力矩的关系。他还把力的平行四边形原理推广到运动学的速度中，认为静力学只是动力学的特例。

自由向量的引入，使平行四边形法则演变为更为灵活的三角形法则。从牛顿有关力的合成与分解的结论来看，牛顿对三角形法则十分在行。三角形法则使用起来远比平行四边形法则灵活，它只需要考虑两个向量首尾相接即可。而且还可以推广到任意有限个的情形：$\overrightarrow{A_0A_1} + \overrightarrow{A_1A_2} + \cdots + \overrightarrow{A_{n-1}A_n} = \overrightarrow{A_0A_n}$（沙尔公式），其等价形式为 $\overrightarrow{A_0A_1} + \overrightarrow{A_1A_2} + \cdots + \overrightarrow{A_{n-1}A_n} + \overrightarrow{A_nA_0} = \overrightarrow{0}$。

第三节　余弦定理

一、余弦定理的演变

历史上，余弦定理是作为勾股定理的推广而诞生的，在诞生之初，它只是以几何定理的身份出现。它的雏形是前 3 世纪成书的欧几里得的《几何原本》卷 Ⅱ 之命题 12、命题 13。

命题 12：在钝角三角形中，钝角所对的边上的正方形比夹钝角的两边上的正方形的和还大一个矩形的 2 倍。即由一锐角向对边的延长线作垂线，垂足到钝角之间一段与另一边所构成的矩形。

命题 13：在锐角三角形中，锐角对边上的正方形比夹锐角两边上正方形的和小一个矩形的 2 倍。即由另一锐角向对边作垂直线，垂足到原锐角顶点之间一段与该边所构成的矩形。

这便是余弦定理的几何形式。

1593 年，法国数学家韦达首次将余弦定理的几何形式写成了我们今天熟悉的余弦定理的三角形式。余弦定理的三角形式的出现并没有立即改变余弦定理的地位，甚至就是韦达本人也许也没有意识到余弦定理的重要地位。这是因为韦达发现了余弦定理的另一个几何形式①："三角形底边与两腰之和的比等于两腰之差与底边被高线所分的两条线段之差的比。"（为了避免与韦达根与系数的韦达定理混为一谈，不妨称之为"韦达几何定理"）。17—18 世纪，大多数三角学著作中，大都热衷于用"韦达几何定理"来解"已知三边求各角"问题，用"韦达正切定理"来解"已知两边及其夹角求第三边"问题。到了 19 世纪，人们才认识到三角形式的余弦定理的好处。到了 20 世纪，三角形式的余弦定理一统天下。

二、余弦定理的证明方法

16 世纪以前，普遍用欧几里得的几何方法或从欧几里得的几何命题出发来推导三角形式的余弦定理。19 世纪之后，也有部分学者用射影公式或从正弦定理与和角公式来推导该定理。直到 20 世纪 50 年代才出现解析几何的方法。

【方法1】欧几里得证法：

如图 1 - 7 - 2 所示，在钝角 $\triangle ABC$ 中，$\angle A$ 为钝角，CD 为 AB 边上的高，角 A，B，C 的对边分别为 a，b，c，$AD = m$，那么命题 12 就是：$a^2 = b^2 + c^2 + 2cm$；

如图 1 - 7 - 3 所示，在锐角 $\triangle ABC$ 中，CD 为 AB 边上的高，角 A，B，C 的对边分别为 a，b，c，$AD = m$，那么命题 13 就是：$a^2 = b^2 + c^2 - 2cm$；

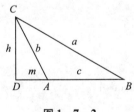

图 1 - 7 - 2

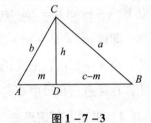

图 1 - 7 - 3

欧几里得在《几何原本》卷 II 中，利用勾股定理证明了余弦定理：

在图 1 - 7 - 2 中，$DB = c + m$，$b^2 = h^2 + m^2$，则

$$a^2 = h^2 + BD^2 = h^2 + (c + m)^2 = h^2 + m^2 + c^2 + 2cm = b^2 + c^2 + 2cm。$$

在图 1 - 7 - 3 中，$DB = c - m$，$b^2 = h^2 + m^2$，则

① 汪晓勤，沈中宇 . 数学史与高中数学教学［M］. 上海：华东师范大学出版社，2020：260.

$$a^2 = h^2 + BD^2 = h^2 + (c - m)^2 = h^2 + m^2 + c^2 - 2cm = b^2 + c^2 - 2cm \text{。}$$

显然，在图 1 - 7 - 2 中，$m = b\cos(\pi - A) = -b\cos A$；

在图 1 - 7 - 3 中，$m = b\cos A$；

由此，命题 12、命题 13 就可以合并成 $a^2 = b^2 + c^2 - 2bc\cos A$。

【方法 2】韦达的方法：

1593 年，韦达是如何将在欧几里得的几何命题改写成三角形式的呢？

在图 1 - 7 - 3 中，命题 13 等价于 $a^2 = b^2 + c^2 - 2cm$，

由此可得，$2cm = b^2 + c^2 - a^2$，

由锐角三角函数的定义，可知

$m = b\cos A$，即 $1 : \cos A = b : m = 2bc : 2mc$，

所以 $1 : \cos A = 2bc : (b^2 + c^2 - a^2)$。

化简，即得 $a^2 = b^2 + c^2 - 2bc\cos A$。

在图 1 - 7 - 2 中，命题 12 等价于 $a^2 = b^2 + c^2 + 2cm$，

由此可得，$2cm = a^2 - b^2 - c^2$，

在 $\triangle ADC$ 中，由锐角三角函数的定义，可知

$m = b\cos(\pi - A) = -b\cos A$，

即 $1 : (-\cos A) = b : m = 2bc : 2mc$，

所以 $1 : (-\cos A) = 2bc : (a^2 - b^2 - c^2)$。

化简，即得 $a^2 = b^2 + c^2 - 2bc\cos A$，

显然，当 $A = 90°$，上式仍然成立。

由此，在任意三角形中都有 $a^2 = b^2 + c^2 - 2bc\cos A$。

【方法 3】韦达几何定理法：

在 $\triangle ABC$ 中，角 A，B，C 的对边分别为 a，b，c。不失一般性，设 $AB > AC > BC$，如图 1 - 7 - 4 所示，则韦达几何定理可表述为：

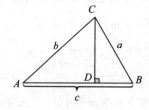

图 1 - 7 - 4

$$AB : (AC + BC) = (AC - BC) : (AD - BD),$$

即 $c : (b + a) = (b - a) : (AD - BD)$，而 $AD - BD = c - 2a\cos B$，

所以 $b^2 - a^2 = c^2 - 2ac\cos B$，即 $b^2 = a^2 + c^2 - 2ac\cos B$。

【方法 4】格雷戈里的证法——面积法：

17 世纪，苏格兰数学家格雷戈里（Gregory，1638—1675）利用面积法证明余弦定理。以 △ABC 的三边为边向外作三个正方形。

（1）如图 1 - 7 - 5 所示，在锐角 △ABC 的边 BC，CA，AB 上分别作正方形 BDEC，ACFG，ABKH。过 A，B，C 分别作 BC，CA，AB 的垂线，垂足分别为 L，M，N，延长垂线分别与 DE，FG，HK 交于 P，Q，R。

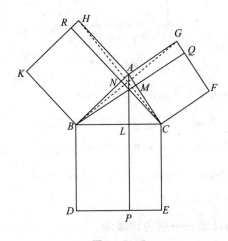

图 1 - 7 - 5

易知，$S_{BDPL} = ac\cos B = S_{BKRN}$，

$S_{PECL} = ab\cos C = S_{CFQM}$，$S_{MQGA} = bc\cos A = S_{AHRN}$，

则 $b^2 + c^2 = S_{ACFG} + S_{ABKH} = 2S_{AMQG} + S_{BKRN} + S_{CFQM}$

$\qquad = 2bc\cos A + ac\cos B + ab\cos C$

$\qquad = 2bc\cos A + a^2$（因为 $c\cos B + b\cos C = a$），

即 $a^2 = b^2 + c^2 - 2bc\cos A$。

（2）如图 1 - 7 - 6 所示，在钝角 △ABC 的边 BC，CA，AB 上分别作正方形 BDEC，ACFG，ABKH。过 A，B，C 分别作 BC，CA，AB 的垂线，垂足分别为 L，M，N，延长垂线分别与 DE，FG，KH 交于 P，Q，R。

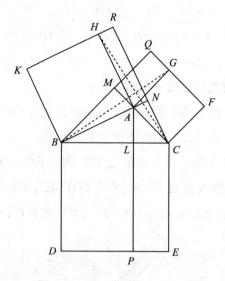

图 1 - 7 - 6

易知，$S_{BDPL} = ac\cos B = S_{BKRN}$，

$S_{PECL} = ab\cos C = S_{CFQM}$，$S_{MQGA} = bc\cos A = S_{AHRN}$，

$S_{MQGA} = S_{AHRN} = bc\cos(\pi - A) = -bc\cos A$，

则 $a^2 = S_{BDEC} = S_{BKRN} + S_{CFQM} = S_{ACFG} + S_{ABKH} + 2S_{AMQG} = b^2 + c^2 - 2bc\cos A$，

即 $a^2 = b^2 + c^2 - 2bc\cos A$。

【方法 5】杨格的证法——射影定理法：

1833 年，英国数学家杨格在著作《平面与球面三角学基础》中，利用射影定理证明余弦定理。由射影定理，

$a = b\cos C + c\cos B \Rightarrow a^2 = ab\cos C + ac\cos B$

$b = a\cos c + c\cos A \Rightarrow b^2 = ab\cos c + bc\cos A$

$c = a\cos B + b\cos A \Rightarrow c^2 = ac\cos B + bc\cos A$

由此可得：

$a^2 + b^2 - c^2 = 2ab\cos C$，$b^2 + c^2 - a^2 = 2bc\cos A$，$c^2 + a^2 - b^2 = 2ca\cos A$

【方法 6】德·摩根的证法——和角公式与正弦定理法

1837 年，德·摩根在《三角学基础》中，利用和角公式和正弦定理来证明余弦定理。

在 $\triangle ABC$ 中，因为 $C = \pi - (A + B)$，所以 $\sin C = \sin(A + B) = \sin A\cos B$

$+ \cos A \sin B$

两边平方，得 $\sin^2 C = \sin^2 A \cos^2 B + \cos^2 A \sin^2 B + 2\sin A \cos B \cos A \sin B$

$$= \sin^2 A + \sin^2 B - 2\sin^2 A \sin^2 B + 2\sin A \cos B \cos A \sin B$$

$$= \sin^2 A + \sin^2 B + 2\sin A \sin B \cos(A + B)$$

$$= \sin^2 A + \sin^2 B - 2\sin A \sin B \cos C$$

由正弦定理，立即得到 $c^2 = a^2 + b^2 - 2ab\cos C$ 。

【方法 7】肖夫内的证法——射影定理与正弦定理法

1851 年，美国数学家肖夫内（W. Chauvent，1820—1870）在其著作《平面与球面三角学》中，利用了射影定理和正弦定理来证明余弦定理。

由 $a = b\cos C + c\cos B$ ，得 $c\cos B = a - b\cos C$，

两边平方，得 $c^2 \cos^2 B = a^2 - 2ab\cos C + b^2 \cos^2 C$，

由 $c\sin B = b\sin C \Rightarrow c^2 \sin^2 B = b^2 \sin^2 C$，

两式相加，得 $c^2 = a^2 + b^2 - 2ab\cos C$。

【方法 8】瑟瑞特的证法——正弦定理法

1850 年，法国数学家瑟瑞特（J. A. Serret，1819—1885）在他的著作《三角学》中，研究了射影定理、余弦定理和正弦定理之间的关系，它们是等价的，即是说，可以用正弦定理来证明余弦定理。

由正弦定理 $a = 2R\sin A$ ，$b = 2R\sin B$ ，$c = 2R\sin C$ 。

于是，$a^2 = 4R^2 \sin^2 A = 4R^2 \sin^2(B + C)$

$$= 4R^2(\sin^2 B \cos^2 C + \cos^2 B \sin^2 C + 2\sin B \sin C \cos B \cos C)$$

$$= 4R^2(\sin^2 B + \sin^2 C - 2\sin^2 B \sin^2 C + 2\sin B \sin C \cos B \cos C)$$

$$= 4R^2(\sin^2 B + \sin^2 C + 2\sin B \sin C \cos(B + C))$$

$$= 4R^2(\sin^2 B + \sin^2 C - 2\sin B \sin C \cos A)$$

$$= (2R\sin B)^2 + (2R\sin C)^2 - 2(2R\sin B)(2R\sin B)\cos A$$

$$= b^2 + c^2 - 2bc\cos A,$$

即 $a^2 = b^2 + c^2 - 2bc\cos A$ 。

【方法 9】荷尔莫斯的证法——解析式法

1951 年，荷尔莫斯（Holmes）首次使用解析式法证明余弦定理。

以点 A 为原点，AB 所在直线为 x 轴，建立平面直角坐标系，如图 1 - 7 - 7 所

示。则 $A(0, 0)$，$B(c, 0)$，$C(b\cos A, b\sin A)$，

由两点间距离公式，可得：

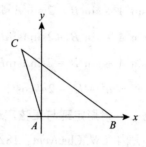

图 1 - 7 - 7

$$a^2 = (c - b\cos A)^2 + (b\sin A)^2 = c^2 - 2cb\cos A + b^2.$$

即 $a^2 = b^2 + c^2 - 2bc\cos A$。

【方法 10】科普兰德的证法——向量法

1962 年，科普兰德（Copeland）利用向量的数量积证明余弦定理。

$$a^2 = \overrightarrow{BC} \cdot \overrightarrow{BC} = (\overrightarrow{AC} - \overrightarrow{AB}) \cdot (\overrightarrow{AC} - \overrightarrow{AB})$$
$$= \overrightarrow{AC}^2 - 2\overrightarrow{AC} \cdot \overrightarrow{AB} + \overrightarrow{AB}^2 = b^2 + c^2 - 2bc\cos A,$$

即 $a^2 = b^2 + c^2 - 2bc\cos A$。

以上证法都是历史上一些数学家的经典证明方法，其实余弦定理还有其他一些证法，介绍如下：

【方法 11】利用相交弦定理证明——构造法（1）

在 $\triangle ABC$ 中，不妨设 AC 是最长的边，以点 C 为圆心，以 $CA = b$ 为半径作 $\odot C$，直线 BC 与 $\odot C$ 交于点 D，E，延长 AB 交 $\odot C$ 于 F，延长 AC 交 $\odot C$ 于 G，如图 1 - 7 - 8 所示。

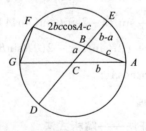

图 1 - 7 - 8

则易知，$AF = 2b\cos A$，$\therefore BF = 2b\cos A - c$。

由相交弦定理可知，$BA \cdot BF = BD \cdot BE$，

即 $c \cdot (2b\cos A - c) = (b + a) \cdot (b - a)$，

整理即得 $a^2 = b^2 + c^2 - 2bc\cos A$。

【方法12】利用托勒密定理证明——构造法（2）

如图 $1-7-9$ 所示，过 C 作 $CD \parallel AB$，交 $\triangle ABC$ 的外接圆于 D，则 $AD = BC = a$，$BD = AC = b$。

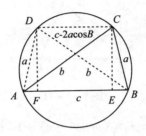

图 $1-7-9$

分别过 C，D 作 AB 的垂线，垂足分别为 E，F，则 $AF = BE = a\cos B$，

故 $CD = c - 2a\cos B$。

由托勒密定理可知，$AC \cdot BD = AB \cdot CD + AD \cdot BC$，

即 $b \cdot b = c \cdot (c - 2a\cos B) + a \cdot a$。

整理即得 $b^2 = a^2 + c^2 - 2ac\cos B$。

【方法13】利用极坐标证明

如图 $1-7-10$ 所示，无论 $\triangle ABC$ 是何形状，都可以建立以 A 为极点，射线 AB 为极轴的极坐标系。设 $\triangle ABC$ 的三内角 A，B，C 的对边分别为 a，b，c，则 $B(c，0)$，$C(b，A)$。

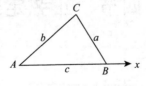

图 $1-7-10$

由极坐标系下的两点间的距离公式，可得

$$a = \sqrt{b^2 + c^2 - 2bc\cos A}，\quad 即 \ a^2 = b^2 + c^2 - 2bc\cos A。$$

【方法 14】利用复数证明

如图 1 - 7 - 11 所示，无论 $\triangle ABC$ 是何形状，都可以建立以 A 为原点，直线 AB 为实轴的复平面。设 $\triangle ABC$ 的三内角 A，B，C 的对边分别为 a，b，c，则在复平面内，点 B 对应的复数 $z_B = c$，点 C 对应的复数 $z_C = b(\cos A + i\sin A)$。

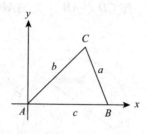

图 1 - 7 - 11

$\therefore$ 向量 $\overrightarrow{BC}$ 对应的复数 $z_{\overrightarrow{BC}} = (b\cos A - c) + i\sin A$，

$\therefore a = |z_{\overrightarrow{BC}}| = \sqrt{(b\cos A - c)^2 + (b\sin A)^2}$，

化简即得：$a^2 = b^2 + c^2 - 2bc\cos A$。

历史告诉我们，余弦定理深深根植于几何的土壤之中，为几何而生，由几何而证，因几何而美。它可以由勾股定理、幂圆定理、托勒密定理等推出，又与解析几何中的向量运算、两点间的距离公式息息相关。在三角学中，它与正弦定理彼此等价，又与和角公式、射影定理等水乳交融，其地位和作用不言而喻。

第四节 正弦定理

一、正弦定理的演变

2 世纪，古希腊数学家、天文学家托勒密制作的"弦表"中就蕴含了正弦定理。不过，由于当时的三角学水平很低，托勒密不可能清晰地表述正弦定理，只是把它作为制作"弦表"工具而已。

10 世纪，阿拉伯天文学家艾布·瓦法在他的著作《天文学大全》中给出了球面三角的正弦定理，并加以证明。阿拉伯阿尔·比鲁尼在著作《马苏德天文学和占星学原理》（1030）的第七章中提出并证明了平面三角的正弦定理。13世纪，阿拉伯纳西尔·丁在《横截线原理书》中，第一次清晰叙述并证明了正弦定理，还系统地介绍了如何用正弦定理解平面三角形。

二、正弦定理的证明方法

在欧拉将三角函数用比值定义之前，不同时期的数学家对正弦定理给出了不同的经典的证明方法。之后，正弦定理的证明方法逐渐趋于单一。

【方法 1】纳西尔·丁的证明——同径法（1）

1250 年，纳西尔·丁在他的著作《横截线原理书》中，完整叙述并证明了正弦定理。如图 1 - 7 - 12 所示，已知 $\triangle ABC$，分别在 CA，BA 的延长线上取点 G，E，使 $CG = BE$，分别以 C，B 为圆心，CG 和 BE 为半径作弧，交直线 BC 于 N，M，分别过 G，A，E 作直线 BC 的垂线，垂足为 H，D，F。

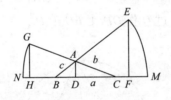

图 1 - 7 - 12

于是 $\dfrac{AD}{EF} = \dfrac{AB}{BE} = \dfrac{c}{BE}$，$\dfrac{AD}{GH} = \dfrac{AC}{CG} = \dfrac{b}{CG}$，

两式相除，$\dfrac{EF}{GH} = \dfrac{b}{c} \cdot \dfrac{BE}{CG}$，即 $\dfrac{EF}{BE} = \dfrac{b}{c} \cdot \dfrac{GH}{CG}$，

$\because \dfrac{GH}{CG} = \sin C$，$\dfrac{EF}{BE} = \sin B$，$\therefore \sin B = \dfrac{b}{c} \sin C$，即 $\dfrac{b}{\sin B} = \dfrac{c}{\sin C}$，

同理可得，$\dfrac{a}{\sin A} = \dfrac{c}{\sin C}$，从而有 $\dfrac{a}{\sin A} = \dfrac{b}{\sin B} = \dfrac{c}{\sin C}$。

【方法 2】雷格蒙塔努斯的证明——同径法（2）

如图 1 - 7 - 13 所示，在 $\triangle ABC$ 中，$AC > AB$，延长 BA 至 E，使 $BE = AC$，$AD \perp BC$，$EF \perp BC$，垂足分别为 D，F。

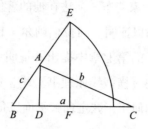

图 1-7-13

则 $\sin B = \dfrac{EF}{BE} = \dfrac{EF}{b} \Rightarrow EF = b\sin B$。

同理，$AD = b\sin C$，由 $\dfrac{AD}{EF} = \dfrac{AB}{BE} = \dfrac{AB}{AC}$，

所以 $\dfrac{\sin C}{\sin B} = \dfrac{c}{b}$，即 $\dfrac{b}{\sin B} = \dfrac{c}{\sin C}$，以下同法1。

【方法3】韦达的证明——外接圆法

1571 年，法国韦达在著作《数学法则》中，用外接圆法证明了正弦定理。

如图 1-7-14 所示，作出 $\triangle ABC$ 的外接圆，O 为圆心，设外接圆半径为 R，连接 OA，OB，OC，过 O 作 $OD \perp BC$ 于 D，

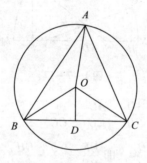

图 1-7-14

$\because \angle BAC = \dfrac{1}{2}\angle BOC = \angle BOD$，

$\therefore \sin\angle BAC = \sin\angle BOD = \dfrac{BD}{OB} = \dfrac{a}{2R}$，即 $\dfrac{a}{\sin A} = 2R$，

同理可证 $\dfrac{b}{\sin B} = \dfrac{c}{\sin C} = 2R$，即有 $\dfrac{a}{\sin A} = \dfrac{b}{\sin B} = \dfrac{c}{\sin C} = 2R$。

注：韦达的证明，没有讨论钝角三角形的情形。1726 年，英国凯尔（J.

Keil，1671—1721）作了补充。

【方法4】梅文鼎的证明

我国清朝初期天文学家、数学家梅文鼎（1633—1721）在他的早期作品《平三角举要》中，不借助于圆（或弧）来推证正弦定理。如图 1 - 7 - 15 所示，△ABC 中，不妨设设 AC > AB，在 AC 上取一点 E，使得 CE = AB，过 A，E 分别作 BC 的垂线，垂足为 D，F。

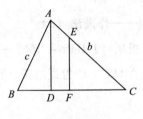

图 1 - 7 - 15

则 $\sin B = \dfrac{AD}{AB}$，$\sin C = \dfrac{EF}{CE}$，$\dfrac{EF}{AD} = \dfrac{CE}{AC}$，

所以有 $\dfrac{\sin B}{\sin C} = \dfrac{AD}{EF} = \dfrac{AC}{AB}$，即 $\dfrac{b}{\sin B} = \dfrac{c}{\sin C}$。

英国数学家辛普森（T. Simpson，1710—1761）在 1748 年出版的《平面与球面三角学》中，也给出了与梅文鼎相同的方法。

【方法5】麦克格雷戈的证明——作高法（1）

梅文鼎和辛普森的证明从形式上已经摆脱了圆（或弧）的束缚，但从本质上看，作 CE = AB 仍没有摆脱同径法。1792 年，苏格兰麦克格雷戈（J. Mcgregor）在其《实用数学大全》中，通过作两条高线来证明正弦定理。

如图 1 - 7 - 16 所示，在 △ABC 中，分别作出 AC，AB 边上的高线 BD，CE。

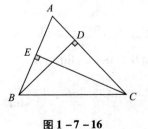

图 1 - 7 - 16

则 $\sin B = \dfrac{EC}{BC}$，$\sin C = \dfrac{BD}{BC}$，

所以 $\dfrac{\sin B}{\sin C} = \dfrac{EC}{BD}$，

由面积关系可知 $\dfrac{AC}{AB} = \dfrac{EC}{BD}$，

所以 $\dfrac{\sin B}{\sin C} = \dfrac{AC}{AB}$，即 $\dfrac{b}{\sin B} = \dfrac{c}{\sin C}$。

【方法6】哈里斯的证明——作高法（2）

1706 年，英国数学家哈里斯（J. Harris，1667—1719）最早采用了直角三角形法。他首先建立了在直角 $\triangle ABC$（C 为直角顶点）的边角关系，如图 1 – 7 – 17 所示。

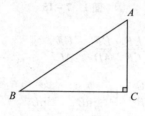

图 1 – 7 – 17

$R : \sin A = AB : BC$，$R : \sin B = AB : AC$，其中 R 为圆的半径。

其次是在一般 $\triangle ABC$ 中，作出 BC 边上的高 AD，如图 1 – 7 – 18 所示，再利用直角三角形的边角关系就有：

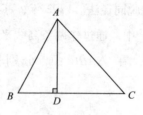

图 1 – 7 – 18

$AB : AD = R : \sin B$，$AD : AC = \sin C : R$，

两式相乘，得 $AB : AC = \sin C : \sin B$，即 $\dfrac{b}{\sin B} = \dfrac{c}{\sin C}$。

【方法7】伍德豪斯的证明（1）——比值定义法

1819 年，英国数学家伍德豪斯（R. Woodhouse，1773—1827）给出了如下的证明。

如图 1-7-18 所示，由三角函数的定义，$\sin B = \dfrac{AD}{AB}$，$\sin C = \dfrac{AD}{AC}$，

$AD = AC\sin C = AB\sin B$，即 $\dfrac{AC}{\sin B} = \dfrac{AB}{\sin C}$。

【方法8】伍德豪斯的证明（2）——余弦定理法

伍德豪斯还利用余弦定理来证明正弦定理。由余弦定理得：

$$\sin^2 A = \frac{2a^2b^2 + 2b^2c^2 + 2c^2a^2 - a^4 - b^4 - c^4}{4b^2c^2},$$

$$\sin^2 B = \frac{2a^2b^2 + 2b^2c^2 + 2c^2a^2 - a^4 - b^4 - c^4}{4a^2c^2},$$

$$\sin^2 C = \frac{2a^2b^2 + 2b^2c^2 + 2c^2a^2 - a^4 - b^4 - c^4}{4a^2b^2},$$

所以有 $\dfrac{\sin^2 A}{a^2} = \dfrac{\sin^2 B}{b^2} = \dfrac{\sin^2 C}{c^2}$，即 $\dfrac{a}{\sin A} = \dfrac{b}{\sin B} = \dfrac{c}{\sin C}$。

【方法9】尼克逊的证明——辅助直径法

1892 年，数学家尼克逊（Nixon）在《初等平面三角学》中，采用了辅助直径法。如图 1-7-19 所示，作出 △ABC 的外接圆 O 及 BC 边上的高 AD，直线 BO 与圆 O 交于 E，连接 AE，BO，

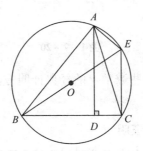

图 1-7-19

易知 △ABE ∽ △CAD，所以 $\dfrac{AB}{AD} = \dfrac{BE}{AC}$。

又 $AD = AC\sin C = AB\sin B$，$BE = 2R$，

所以 $\dfrac{b}{\sin B} = \dfrac{c}{\sin C} = 2R$。

注：尼克逊的证法可简化为：如图 1 – 7 – 19 所示，$\angle C = \angle AEB$，

而 $c = AB = BE\sin\angle AEB = 2R\sin C$，即 $\dfrac{c}{\sin C} = 2R$。

同理可证 $\dfrac{b}{\sin B} = 2R$，$\dfrac{a}{\sin A} = 2R$，

所以 $\dfrac{a}{\sin A} = \dfrac{b}{\sin B} = \dfrac{c}{\sin C} = 2R$。

【方法 10】 荷尔莫斯的证法——解析法

1951 年，荷尔莫斯（Holmes）首次使用解析法证明正弦定理。

建立如图 1 – 7 – 20（a）所示的平面直角坐标系，则 $C(b\cos A , b\sin A)$，建立如图 1 – 7 – 20（b）所示的平面直角坐标系，则 $C(-a\cos B , a\sin B)$，由于 x 轴未变化，则 C 的纵坐标未发生变化，所以 $b\sin A = a\sin B$，即 $\dfrac{a}{\sin A} = \dfrac{b}{\sin B}$。

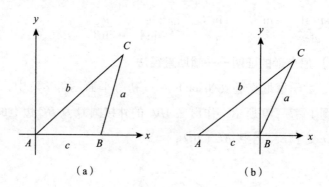

（a）　　　　　　　　　　（b）

图 1 – 7 – 20

　　以上证法都是历史上一些数学家的经典证明方法，其实正弦定理还有其他一些证法，介绍如下：

【方法 11】 利用面积法证明

20 世纪 70 代末 80 年代初的初中教材中给出了用面积法证明正弦定理。

如图 1 – 7 – 18 所示，$\triangle ABC$ 中边 BC 上的高是 AD，

则 $AD = c\sin B$，$AD = b\sin C$。

所以 $S_{\triangle ABC} = \dfrac{1}{2}BC \cdot AD = \dfrac{1}{2}ab\sin C = \dfrac{1}{2}ca\sin B$，

同理可得：$S_{\triangle ABC} = \dfrac{1}{2}bc\sin A$，

所以 $S_{\triangle ABC} = \dfrac{1}{2}cb\sin A = \dfrac{1}{2}ca\sin B = \dfrac{1}{2}ab\sin C$。

即 $cb\sin A = ca\sin B = ab\sin C$，

等式同时除以 abc 得，$\dfrac{\sin A}{a} = \dfrac{\sin B}{b} = \dfrac{\sin C}{c}$，

即 $\dfrac{a}{\sin A} = \dfrac{b}{\sin B} = \dfrac{c}{\sin C}$。

【方法 12】利用和角公式证明

如图 $1-7-18$ 所示，$\triangle ABC$ 边 BC 上的高是 AD。设 $\angle BAD = \alpha$，$\angle CAD = \beta$，则 $\sin\alpha = \dfrac{BD}{c}$，$\cos\alpha = \dfrac{AD}{c}$，$\sin\beta = \dfrac{DC}{b}$，$\cos\beta = \dfrac{AD}{b}$，$AD = c\sin B$。

由 $\sin A = \sin(\alpha + \beta) = \sin\alpha\cos\beta + \cos\alpha\sin\beta$，

$\dfrac{BD}{c} \cdot \dfrac{AD}{b} + \dfrac{AD}{c} \cdot \dfrac{DC}{b} = \dfrac{AD \cdot BC}{bc} = \dfrac{ac\sin B}{bc} = \dfrac{a\sin B}{b}$，

所以 $\dfrac{a}{\sin A} = \dfrac{b}{\sin B}$。

【方法 13】利用向量法证明

2019 年 6 月第 1 版人教社 A 版教材，采用了向量法证明正弦定理，这里不再赘述。

第八章

复　数

第一节　复数发展简史

3 世纪，古希腊丢番图在著作《算术》中，讨论了一次方程、二次方程和个别三次方程，以及大量的不定方程。他在解一元二次方程时，就遇到了 $\Delta < 0$ 的情况。在丢番图之后，很多数学家也遇到过类似的情形。比如，12 世纪印度的婆什伽罗（Bhaskara，1114—1185）、西班牙的西亚（A. bar Hiyya，1070—1136），13 世纪意大利的斐波那契，15 世纪法国的舒开（N. Chuquet，1445—1500）等人，他们都像婆什伽罗一样："正数的平方根有两个，一个正，一个负。但负数没有平方根，因为它不是一个平方数。"遇到 $\Delta < 0$ 情况时，都是直接认定方程无解。

但意大利数学家卡丹是一个例外。1545 年，他在著作《大术》中提出了一个的问题："将 10 分成两部分，使它们的乘积等于 40。"这个问题就是求方程 $x(10-x) = 40$ 的解，他求得的根是 $5 + \sqrt{-15}$ 和 $5 - \sqrt{-15}$。他在书中写道："显然，该问题是不可能的。不管我受到多么大的良心谴责，但 $5 + \sqrt{-15}$ 与 $5 - \sqrt{-15}$ 的和确实等于 10，它们的乘积就是 40。"卡丹和之前的数学家一样，不理解负数的平方根，也拒绝这种数。但他与之前数学家不一样的是他"大胆"地把负数写入根号之内，成为第一个"吃螃蟹的人"，他这一举动为虚数的产生播下了种子。

1572 年，意大利的邦贝利（R. Bombelli，1526—1572）在《代数学》中，将 $\sqrt{-1}$ 看作一个"数"，并规定了 $\sqrt{-1}$ 运算法则：

$(+\sqrt{-1}) \times (+\sqrt{-1}) = -1$，$(+\sqrt{-1}) \times (-\sqrt{-1}) = 1$，$(-\sqrt{-1}) \times$ $(-\sqrt{-1}) = -1$。

1629 年，荷兰吉拉特在其著作《代数新发现》中，提出了"每个 n 次方程都有 n 个根"论断，这就是著名的代数基本定理，但他没有给出证明。为了保证根的个数与方程的次数相同，吉拉特表示，人们应该接受 $\sqrt{-1}$。可是，$\sqrt{-1}$ 不但没有被人们接受，还招来了一批数学家的反对。大名鼎鼎的笛卡尔在 1637 年出版的《几何学》中，给 $\sqrt{-1}$ 取了一个很不幸的名字"虚数"（imaginary number），即"想象的数"或"虚幻的数"。1673 年，英国数学家、物理学家沃利斯（Wallis，1616—1703）首次从物理学的角度给出复数的几何解释。他在《代数》一书中指出，尽管在代数记号上，负数表示一个比没有还小的量，是没有意义的，但在物理上它却可以表示一个真实的量；既然可以有负线段，也可以有负面积，而"负面积"的"边长"就需要用负数的平方根来表示。

虚数的出现，给人们的思想造成了强烈的冲击。笛卡尔为 $\sqrt{-1}$ 取名为"虚数"，一方面是 $\sqrt{-1}$ 确实存在，为了与熟悉"实的数"相对，给它取名为"虚数"也在情理之中；另一方面也表明了笛卡尔对虚数是不认可的。牛顿也曾大声指责："虚数是根本不存在的。"1671 年，莱布尼兹在研读邦贝利的《代数学》之后，曾惊叹道："在一切分析中，我从来没有见过比这更奇异、更矛盾的事实了。"他曾在 1702 年调侃地说："虚数是神灵遁迹的精微而奇异的隐蔽所，它大概是存在和虚妄两界中的两栖物。"

1702 年，约翰·伯努利通过积分得到 $\tan^{-1}z = \dfrac{1}{2i}\ln\dfrac{i-z}{i+z}$，他的工作引起了数学家对负数和复数的对数性质的讨论。

欧拉建立了负数的对数：$\ln(-x) = \ln x + i\pi (x > 0)$ 和复数的对数：

$\ln(a + b\sqrt{-1}) = \ln c + i(\theta \pm 2k\pi)$（其中 $a + b\sqrt{-1} \neq 0$，$c = \sqrt{a^2 + b^2}$，$\sin\theta = \dfrac{b}{c}$）。

1722 年，法国棣莫弗（A. De Moivre，1667—1754）发表了著名的棣莫佛定理（据考证，他在 1707 年研究三角学时就得到"棣莫弗定理"），这引起很大的轰动。1747 年，法国达朗贝尔指出，如果按照多项式的四则运算规则对虚数进行运算，那么它的结果总是 $a + bi$ 的形式（ a , b 都是实数）。

欧拉在 1748 年出版的《无穷分析引论》中，给出了复数指数幂的欧拉公式： $e^{ix} = \cos x + i\sin x$ ，并用这个公式处理了大量问题。1777 年，欧拉在他的论文《微分公式》中，用符号 i 表示虚数单位 $\sqrt{-1}$ ；1778 年，欧拉证明了方程的虚根是成对出现的。欧拉的工作对数学家们认识和发展复数起到了很大的推动作用。

尽管如此，包括欧拉在内的 18—19 世纪的很多数学家对复数认识都还不甚清楚。如英国伍德豪斯在 1801 年指出，复数是不可用的。柯西也不赞同将复数看作一个确切的数。欧拉在《代数基础》（1822）中，也直言困惑："由于一切可以想象的数要么大于零，要么小于零，要么等于零，因此，我们显然不能将一个负数的平方根归入可能的数之中。我们必须说，它是一个不可能的量。由此我们产生了本质上不可能的数的思想，它们通常被称为虚量，因为它们只存在于想象之中"。再后来，即便是复变函数论在流体动力学中发展、应用了很长时间后，剑桥大学的教授们仍然顽固地反对 $\sqrt{-1}$ ，而且不惜采用各种烦琐、拙笨的方法避免复数的出现和任何可能的使用。尽管很多数学家都不大认可虚数，但他们还是在对虚数的研究上做了很多工作！这或许如吉拉特所说："人们可以问这些不可能的解有什么用？我的回答是，它有三方面的用处：一是它们能支持一般法则；二是因为它们有用；再者，因为除此之外再没有别的解释。"虚数之所以让人难以理解，受到排斥或拒绝，是因为没有合理的、明确的图形解释。尽管沃利斯在 1673 年从物理学的角度提出了复数的几何解释，但也仅仅是"合理"类比，还是让人"云里雾里"的。

最早给出今天我们都熟悉的复数图形表示法的，是韦塞尔。1799 年，他向丹麦皇家学院宣读了一篇论文《论方向的分析表示：一种尝试》，文中建立直角坐标系，横轴为实轴，纵轴为虚轴，给出了 $\sqrt{-1}$ 的几何解释。用方向角为 α 的单位向量表示 $\cos\alpha + \sqrt{-1}\sin\alpha$ ，用长度为 r 、方向角为 α 的向量表示 $r(\cos\alpha + \sqrt{-1}\sin\alpha)$ ，这就是复数的三角形式。他把复数表示为向量，并利用向量定义复数运算，建立了复数集与以原点为起点的向量集之间的一一对应的关系。但韦塞尔的论文并未引起人们的注意。1806 年，瑞士阿尔冈著作《几何作图中虚数的一个表示法》中也给出了复数的类似几何解释。同年，高斯建立复平面，将复数表示为复平面上一点，并解释了复数加法与减法的几何意义。至此，复数的直观意义完全得到确立。

高斯认为复数不够普及，他在 1831 年用实数组代表复数，建立了复数的某些运算，使得复数的某些运算也像实数一样的"代数化"。1832 年，高斯发表了一篇备忘录，其中提出了"复数"这个名词。同时，他把韦塞尔观点再次提出并大力推广，把直角坐标法和极坐标法加以综合，给出了复数的代数形式和三角式形式，并把数轴上的点与实数一一对应扩展为平面上的点与复数一一对应。高斯不仅把复数看作平面上的点，而且还看作是一种向量，并利用复数与向量之间一一对应的关系，阐述了复数的几何加法与乘法。至此，复数进入了快速发展阶段，复数理论才比较完整和系统地建立起来，奠定了复数在数学中的地位。正因为高斯名头太大，深入研究复变函数，又大力普及复数，因此人们将韦塞尔建立的复平面误认为是高斯创建的。

复数在其他领域中的应用是从 18 世纪开始的。1743 年，法国达朗贝尔将复变函数理论应用于流体力学，瑞士兰伯特（J. H. Lambert，1728—1777）将复变函数应用于地图的制作。后来，复数又在电学和物理学等其他许多领域得到广泛应用。到了 19 世纪中叶，复数的神秘感和人们对复数的所有疑虑都烟消云散了。1837 年，哈密尔顿把复数 $a + bi$ 看作一个有序实数对 (a, b)，并把这样的有序实数对定义为一种新数——复数，还给出了加减乘除的运算法则。哈密尔顿证明了这种二元数系是封闭的，而且满足交换律、结合律和分配律，从而把复数建立在严格的实数集基础之上。

第二节　复数在中国的传播与发展

虽然在中国传统数学中没有形成虚数的概念，但中国数学家在解方程的过程中也有建树。清代数学家汪莱（1768—1813）在 1801 年出版的《衡斋算学》第 5 册中，给出了形如 $ax^3 - bx^2 + cx - d = 0$（其中 $a, b, c, d > 0$）的方程的可知或不可知（方程有一正根或多个正根称为可知或不可知）的判别方法，其中蕴涵了虚根共轭的意义。汪莱的讨论，引起了李锐（1768—1817）对方程论的兴趣。李锐在《开方说》中将正根以外的适合方程的解称为"无数"，指出"凡无数必两，无一无数者"，即实系数方程的虚根必成对出现。

"虚数"中文名词由李善兰（清，1811—1882）创造。他与伟烈亚力（A. Wylie，1815—1887）合译的《代数学》（13 卷，1859）一书开始传入中国。书中对虚数描述说："今虽无意，且不合理，而其所解，所用，或俱合理，盖例非处用之，大概可用也""此不过学者想当然耳"。可见，李善兰对虚数仍持怀疑态度。由清代华蘅芳与傅兰雅共同翻译的《代数术》（1872 年）中，也在解方程时遇到虚数。华蘅芳在卷 9 第 96 款有明确表述："虽此种虚式之根，在解二次之式中，无有一定之用处，不过可借以明题之界限不合，故不能解而已。然在各种算学深妙之处，往往用此虚式之根，以讲明深奥之理，亦可以解甚奇之题，比它法更便。大抵算理愈深愈可用之。"显然，他对复数的认识比李善兰更进一步。

1915 年，陈茂康在《科学》杂志第 1 号以《平面数学》为题，翻译了首次在 1893 将复数引入交流电流理论的德国斯坦麦茨（C. P. Steinmentz）的工程数学中的平面数学部分。文中说："虚根一章，……通用既久，译者亦有以幻根名之者，然学者不可不明其实义。……以上诸数如 $a + ib$ 之类，称为平面数，平面数推广代数之用，于电学尤甚。"1916 年的《科学》杂志第 1，4 期刊登了何运煌翻译的亨丁顿（E. V. Huntington，1874—1952）原著《代数学基本理论》，谈到虚数："初学代数者，至非命分数或虚数时，常觉甚难。……如果欲于初等代数中论此非命分数及虚数等，则请以科学之眼光研究之。""如二次方程 $ax^2 + bx + c = 0$ ，当 $b^2 - 4ac$ 为负时有二虚根，是使学生于虚根之意义终不得其明解矣，惟就平面上虚实各点统论之，乃无此疑。"同年的《科学》第 12 期刊发了《中国科学社现用名词表》，其中 imaginary number 译为"虚数"，并注明"有作'幻数'者。以数无所谓真幻，故取虚实"。此后"虚数"一直沿用下来。complex number 则译作"杂数"。1919 年的《科学》第 3 期刊发了何鲁（1894—1973）的《算学名词商榷书》，其中叙述道："一数而揉合虚实二类数者，曰杂数，其形为 $a + bi(i = \sqrt{-1})$ ，其几何别形为 $\rho(\cos\omega + i\sin\omega)$ ，ρ 谓之杂数之模，ω 为其辐，以杂数之实部 a 及虚数部系数 b，附丽于平面上之两正交轴，可得一点，此点谓之杂数在平面上之迹，杂数致用之大，在用其几何别形于运算，未可任其名之久阙也。"中国学者除在杂志上发表有关复数的论文和译文外，还出版了专门论述复数的著作。如 1924 年，何鲁与段子燮撰写的由商务印书馆出版的《虚数详论》，其序曰："虚数者，推广代数运算符号之一也。"成立于 1918 年的科学名词审查会为了统一数学名词，在《科学》杂志上连续刊登了题为《科学名词审查会算学名词》的文章。在 1926 年第 9 期把 complex element 译为"复形素"。科学名词审查会 1938 年编的《算学名词汇编》中正式把 complex number 译为"复数"，此名称一直沿用至今。

第三节　为什么虚数不能比较大小

我们知道，任意两个实数都是可以比较大小的。由于数轴上的点与实数一一对应，我们熟知的两个实数大小的规定是从"形"的角度提炼出来的，即从数轴上的点的左右位置关系来规定实数的大小。

设实数 a，b 在数轴上所对应的点分别是 A，B，当点 A 在点 B 左边时，$a < b$；当点 A 在点 B 右边时，$a > b$，如图 $1-8-1$ 所示。

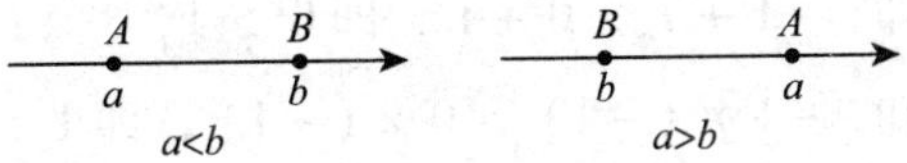

图 $1-8-1$

有了这样的规定，就有了如下的事实：

$a - b > 0 \Leftrightarrow a > b$

$a - b = 0 \Leftrightarrow a = b$

$a - b < 0 \Leftrightarrow a < b$

所谓数能比较大小，就是对于规定的"$>$"（大于）关系能满足下列四条性质：

（1）对于任意两个不相等的实数 a，b，或 $a > b$，或 $b > a$，两者必居其一；

（2）若 $a > b$，$b > c$，则 $a > c$；

（3）若 $a > b$，则 $a + c > b + c$；

（4）若 $a > b$，$c > 0$，则 $ac > bc$。

我们知道，虚数单位 $i = \sqrt{-1}$ 有两条规定：①$i^2 = -1$；②实数与虚数单位 i 可以进行四则运算，且加乘运算律同样适用。因此两个虚数能否比较大小，其本质就是虚数单位 $i = \sqrt{-1}$ 和实数 0 之间是否可以比较大小。

假设我们找到了一种"＞"关系（注意："＞"关系不一定是实数中规定的含义）来满足虚数单位 $i = \sqrt{-1}$ 和实数 0 之间大小比较的 4 条性质[①]。

由性质（1），可知 $\sqrt{-1} > 0$ 或者 $0 > \sqrt{-1}$。

当 $\sqrt{-1} > 0$ 时，那么 $\sqrt{-1} \cdot \sqrt{-1} > 0 \cdot \sqrt{-1}$，即 $-1 > 0$，

（注意："＞"关系不一定是实数中规定的含义，此时还未导致矛盾）

由性质（2）可知，$-1 + 1 > 0 + 1$，即 $0 > 1$，

由性质（4）可知，$-1 \times (-1) > 0 \times (-1)$，即 $1 > 0$，

于是得到 $0 > 1$ 且 $1 > 0$，这与性质（1）矛盾，

所以 $\sqrt{-1} > 0$ 不成立。

当 $0 > \sqrt{-1}$ 时，那么 $0 + (-\sqrt{-1}) > \sqrt{-1} + (-\sqrt{-1})$，即 $-\sqrt{-1} > 0$，

由性质（4）可知，$-\sqrt{-1} \times (-\sqrt{-1}) > 0 \times (-\sqrt{-1})$，即 $-1 > 0$，

由性质（2）可知，$-1 + 1 > 0 + 1$，即 $0 > 1$，

由性质（4）可知，$-1 \times (-1) > 0 \times (-1)$，即 $1 > 0$。

于是得到 $0 > 1$ 且 $1 > 0$，这与性质（1）矛盾。

所以 $0 > \sqrt{-1}$ 不成立。

综上，虚数单位 $i = \sqrt{-1}$ 和实数 0 之间不能比较大小。

────────────

① 李毓佩. 数海泛舟 ［M］. 太原：山西教育出版社，1992：62 - 64.

第九章

立体几何初步

第一节　平面的概念

古希腊欧几里得将几何构建为一个以公理为基础的理论体系，平面在其中起到了至关重要的作用。从数学史的角度看，平面概念的形成经历了四个阶段：

第一个阶段：直观定义

前5世纪，古希腊巴门尼德（Parmenides，前5世纪）将几何体分为三类：平直的，弯曲的，平直与弯曲相融合的。这相当于将几何体分为一维、二维和三维。巴门尼德认为"直"是平面的本质属性，平面由直线构成，他将平面定义为：平面是直线在任意方向可以以任意方式组合的几何体。

前3世纪，古希腊欧几里得继承了巴门尼德的"'直'是平面的本质属性"的观点，并把平面归结为直线。他在《几何原本》中把平面定义为：平面是它上面的线（这里的"线"是指直线）一样地平放着的面。关于平面，《几何原本》卷XI给出并证明了如下三个命题：

命题1：一条直线不可能一部分在平面内，而另一部分在平面外。

命题2：若两条直线彼此相交，则它们在同一平面内；并且它们构成的三角形也都位于同一平面内。

命题3：若两平面相交，则它们的交线是一条直线。

1世纪，古希腊海伦给出了平面诸多具有相同特征：平面是具有以下性质的面，它向四周无限延伸。平面是直线与之完全相合的表面。如果一条直线经过表面上的两个点，那么这条直线的任意部位都和这个表面完全相合。

这个阶段对平面刻画的重点放在了平面"直"的特征或者试图去刻画平面是"平"的。

第二个阶段：构造定义

17世纪，莱布尼兹认为欧几里得对平面的定义不完美，表现在以下两点：一是平面的定义模糊不清；二是欧几里得无法确定平面是否存在。他也批评海伦的定义包含过多的描述平面的"重复判断"。他认为，要认识平面，就需要对平面下一个准确的定义，同时需要建构一个体系来确定平面的存在。于是，他给出了一个更简单的定义："平面是一组这样的点，它们到两定点的距离相等。"显然莱布尼兹的定义实质上给出了一个平面的构造，这也是首次对平面的构造。

一石激起千层浪！数学家们纷纷围绕平面的概念与构造展开了激烈的争论。

18世纪，英国数学家辛松（R. Simson，1687—1768）给出了平面的新定义："平面是具有下列性质的面：通过其上任意两点的直线完全包含在该面上。"从本质上看，辛松定义与海伦定义等价。法国傅里叶给出了自己的构造性定义："平面由经过直线上一点且与直线垂直的所有直线构成。"傅里叶定义的优势在于通过该定义，利用全等三角形可以推出辛松定义中的平面的性质。但傅里叶的定义采用了"垂直"这一概念，"垂直"先于平面给出，受到人们的质疑。

19世纪，德国数学家克雷尔（A. L. Crelle，1780—1855）将平面定义为："平面是包含所有通过空间中一个定点并与另一条直线垂直的直线的面。"这个定义并不好，克雷尔自己也意识到：从这一定义推不出一些必要的性质。德国迪纳（F. Deahna，1815—1844）修正傅里叶定义的缺陷，给出了"将一个球绕着它的直径旋转，球面上所有的点旋转成一条封闭的曲线，即圆，其中一条将球面分成全等的两半，连接球心与圆的直线形成平面"的定义。Becker在此基础上提出直角的一条边绕着另一条边旋转也可形成平面。匈牙利沃尔夹岗·鲍耶（W. Bolyai，1775—1856）借助空间里的旋转作出平面：一条直线绕与其垂直的直线旋转所形成的图形。他的儿子约翰·鲍耶（J. Bolyai，1802—1860）从运动与对称的角度给出了当时具有创新性的定义：已知不共线三点 A，B 和 C，点 D 分别绕 AB，AC 和 BC 旋转，所形成的三个圆必相交于点 E，可知点 D 和 E 关于某个几何体对称。当 D 和 E 重合时，这个几何体就是平面，且这个平面由 A,B,C 确定，如图1-9-1。

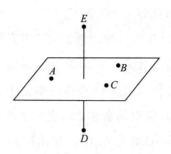

图 1 - 9 - 1

德国数学家高斯也参与到平面的构造之中，他认为辛松的定义被称为定义来说太强了，应该被一个更弱的定义替代，然后再证明辛松的性质。高斯将平面定义为："过一个定点，且垂直于一条直线的所有直线构成的面。"意大利皮埃尔（M. Pieri，1860—1913）则从点、线段和旋转的角度对平面作出定义：给出不共线的三点 A，B，C，由 A 与 BC 上各点，或 B 与 CA 上各点，或 C 与 AB 上各点所连接的直线全部填满的图形，称为平面 ABC。俄国罗巴切夫斯基构造平面如下：空间中两点为球心，半径相同且不断增长，则两个球的交线（即圆）形成平面。

这个阶段在承认平面是"平的"的基础上，重点谈论了如何证明平面的"平"和如何确定一个平面。我们从上述不同构造平面的过程不难看出，数学家们通过直线包含在平面内的特征来定义平面，以直线的"直"来刻画平面的"平"。同时由于直线是向两端无限延伸的，以直线长度的无限性来刻画平面的无限延展性。

第三个阶段：定义的应用

一个定义是否科学，只有通过应用来检验。1800 年，法国数学家勒让德（A. M. Legendre，1752—1833）在其《几何与三角学基础》中将平面定义为："一个面，如果其上两点的连线全部在面上，则称其为平面"，这个定义与辛松定义本质上是相同的。他利用该定义证明了欧几里得的三个命题。他还将欧几里得的烦琐叙述进行了简化：

定理 1：当一条直线上有两个点在平面上时，它全部在平面上。

定理 2：两条相交直线位于同一平面上，且确定它的位置。

定理 3：如果两个平面相交，则它们的交线是直线。

勒让德还给出了定理 2 的两个推论：

推论 1：不共线的三点确定一个平面。

推论2：两条平行直线确定一个平面。

不过，勒让德在证明欧几里得的命题3时，没有说明为什么两个平面的交线为直线，因此存在缺陷。后来，英国数学家普雷菲尔（J. Playfair，1748—1819）在1829年出版的著作《几何学基础》中给予了补充完善。再后来，人们还发现勒让德在证明欧几里得的命题2时也不够严谨。最后，由美国数学家塔潘（E. R. Tappan，1824—1888）在1864年出版的《平面与立体几何》中用传统几何的方式证明平面的唯一性，从而弥补了勒让德证明的不足。

1837年，美国数学家皮尔斯（Peirce，1809—1880）在《平面与立体几何基础》中直接证明了"不共线三点确定一个平面"，而不是将其作为定理2的推论。

第四个阶段：公理化定义

19世纪末，以意大利皮亚诺为代表的数学学派，致力于算术和几何的公理化的工作，取得了很大的突破。皮埃里利用点、线段和运动对几何进行公理化。纽科姆（S. Newcomb）在《几何学基础》（1884）中，不再定义平面转而直接给出以下公理：

公理1：如果直线上有两点在平面上，则整条直线在平面上。

公理2：经过一条直线有无数个平面，且平面可绕直线为轴旋转。

公理3：只有一个平面可经过一条直线和直线外一点。

美国天文学家、数学家纽科姆（S. Newcomb，1835—1909）利用上述公理证明：两条相交直线确定一个平面。

Halsted在《几何基础》（1885）中给出了与克雷尔类似的定义：一个平面是由经过定点与定直线上的点的直线运动而形成的。Keigwin在《几何基础》（1897）中将"不共线三点确定一个平面"作为公理。

德国数学家希尔伯特认为，公理决定基本概念之间的关系，基本概念的含义体现在公理中。他高度重视公理在定义基本概念中的重要作用，他在1899年出版的著作《几何公理》中，建立了一套完整的欧几里得几何公理。将点、线、面称为"几何元素"，采用公理的方式定义三者之间的联系，把"如果一条直线上的两点在平面内，那么这条直线在此平面内"（即教材上的公理1）和"不共线三点确定一个平面"（即教材上的公理2）作为公理，把欧几里得几何学整理为从公理出发的纯粹演绎系统，形成了近代公理化思想体系。

但希尔伯特的建构还不是十分完善。Hart 和 Feldman1912 年在《平面与立体几何》中将"直线与平面最多交于一点"作为公理。不过，这个公理是不必要的，因为用反证法和希尔伯特公理 1 可以证明。1914 年，Richardson 在《立体几何》中将"若两平面有一个公共点，则它们有第二个公共点"作为公理。1934 年，Cowley 在《立体几何》中将"两平面相交，交线为直线"作为公理（即教材上的公理 3）。Richardson 和 Cowley 的观点是一致的，只是后者的表示更为简洁。至此，希尔伯特建立的公理化欧氏几何才算完善。

将平面视为原始概念，是漫长历史演进的结果。历史表明，平面三公理与平面概念是互相促进、共同发展的，可以说，正是由于平面这三个公理的各种问题促进了平面概念的不断完善。同时，在历史上，这三个公理作为定理时，它们之间存在一定的逻辑关系。但成为公理之后，逻辑关系似乎消失了，我们了解了这一点，可以更深刻地了解三个公理之间的联系。

第二节　棱柱定义的演变

在历史上，最早给出棱柱定义的是欧几里得。他在《几何原本》卷 XI 定义 13 给出了棱柱的定义："一个棱柱是一个立体图形，它是由一些平面构成的，其中有两个面是相对的、相等的、相似且平行的，其他各面都是平行四边形。"虽然这个定义比较直观，但人们发现了满足定义条件、但并非棱柱的多面体。这是因为欧几里得的定义存在缺陷。

法国瓦里格农（P. Varignon，1654—1722）是继欧几里得之后第一个重新定义棱柱的人。1731 年，他在著作《数学基础》中采用了动态定义："若平面直线形（如 ABF）按照平行于自身的方向从点 A 移动到点 D，则该直线形画出一个介于两个相似且全等的图形 ECD 和 ABF 以及所有以图形 ABF 的边为一边的平行四边形之间的立体 CB，则该立体称为棱柱。"如图 1-9-2 所示。

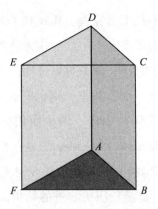

图 1 - 9 - 2

在瓦里格农之后，棱柱的定义又回归到了静态。如法国数学家克莱罗（A. Clairaut，1713—1765）在 1741 年出版的《几何基础》中又回到欧氏定义上来："两个底面为全等多边形，其余各个面均为平行四边形的立体。"勒让德在《几何基础》（1794）中则对欧氏定义稍加改动："棱柱是一个由若干平行四边形所围、两端为全等且平行的多边形的立体。"

18 世纪以后的 200 年间，除了瓦里格农外，棱柱定义大都针对欧氏定义中的底面属性加以改进，但没有从根本上消除欧氏定义的弊端。欧氏定义的弊端在于"侧面均为平行四边形"。数学家们针对这一点，在欧氏定义基础上，增加了侧面是平行四边形以外的其他属性，增加的属性有以下两类：一类是"侧面是平行四边形且有一组对边为两个底面的对应边"；另一类是"侧面的交线相互平行"。

最早给出第一类改进的是美国数学家舒伊勒（A. Schuyler，1828—1913），他在 1876 年给出了棱柱的改进定义："棱柱是一个多面体，它有两个面是全等、平行的多边形且对应边平行，其余各面均为以全等多边形对应边为底的平行四边形。"之后，Stone & Millis 给出定义："棱柱是这样的多面体：它的两个面为平行平面上的全等多边形，其余各面均为平行四边形，且有一组对边分别为这两个全等多边形的对应边"，并首次给出欧氏定义的反例，如图 1 - 9 - 3 所示。

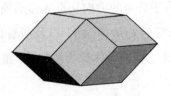

图 1 - 9 - 3

第二类改进定义是 Baker 于 1893 年给出的："有两个相对的面为平行多边形，其余各面相交于平行线的多面体，称为棱柱。"Baker 之后，1922 年，Hawkes、Luby & Touton 的定义是："棱柱是一个多面体，有两个面位于两个平行平面上，其余各面均为平行四边形，且其交线平行。"这个定义与现行高中数学教科书中的定义基本一致，他们同样给出了欧氏定义的反例，如图 1 - 9 - 4 所示。

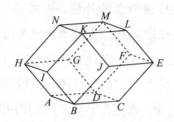

图 1 - 9 - 4

在改进欧氏对棱柱定义的过程中，Dupuis 借鉴瓦里格农动态的思想，在 1893 年给出自己的定义："棱柱是一种特殊的棱锥，其顶点位于无限远处，侧棱相互平行。"同年，Bartol 从棱的特点来定义棱柱："除了两个平行面截其余各面所得的棱以外，其他各棱都互相平行的多面体称为棱柱。"这个定义是正确的，且有所创新。

但改进的欧氏定义需要罗列底面和侧面的各种属性，表述起来不简洁。于是，数学家们改变思维方式，开始了从棱柱面的角度来定义棱柱。"基于棱柱面的定义"有四种情形：

第一种情形是采用一般棱柱面来定义棱柱。1897 年，Keigwin 将棱柱定义为："棱柱是由棱柱面与两个平行截面所围成的多面体。"这是最早的"基于棱柱面的定义"。但这种定义并不严谨，因为它没有考虑棱柱面的封闭性，用两个平行平面去截不封闭的棱柱面，并不能得到棱柱。

第二种情形是不定义棱柱面，而直接用"相交于平行线的一组平面"来代替棱柱面。如 Durell（1909）、Shutts（1912）和 Durell & Arnold（1917）都将棱柱定义为："由两个平行平面和一组相交于平行线的平面所围成的多面体。"这种定义与第一种情形等价。

第三种情形是采用封闭棱柱面来定义棱柱。1911 年，Slaught &Lennes 先定义"封闭棱柱面"："给定一个凸多边形和一条与该多边形不共面的直线，若直线沿多边形运动一周，直线始终与自身平行且与多边形的边界相交，则称直线所生成的面为封闭棱柱面。"再定义棱柱："封闭棱柱面介于两个平行横截面之间的部分，连同两个横截面，称为棱柱。"这个定义关注棱柱的表面，无法定义棱柱的体积，因而有些瑕疵。1919 年他们对棱柱定义改进为："由棱柱面和两个与所有母线都相交的平行横截面所围成的多面体称为棱柱。"

第四种情形是缩小棱柱面概念的外延，将其等同于封闭棱柱面。1922 年 Schultze & Sevenoak 将棱柱面定义为："始终与给定多边形的边界相交且平行于不在多边形所在平面上的固定直线的一条动直线所形成的面称为棱柱面。"相应地，将棱柱定义为："由棱柱面与两个平行平面所围成的多面体。"引入"封闭棱柱面"概念，或将棱柱面概念特殊化，都完善了基于一般棱柱面的棱柱定义。

在完善棱柱定义的过程中，还有一种"基于棱柱空间的定义"，比如 Edwards（1895）、Beman & Smith（1900）、Smith（1913）和 Richardson（1914）等，这里不再赘述。

第三节　空间中平行线传递性定理的历史

一直以来，高中数学教科书几乎都是通过与平面中直线的传递性相类比，并将其作为立体几何的第四个公理。不过人们习惯称第四个公理为"平行公理"。人教版 A（2019 年 6 月第 1 版）也是这样处理的，只是将"公理"改为了"基本事实"。

基本事实 4：平行于同一条直线的两条直线平行。

这条性质最早出现在《几何原本》卷XI命题 9："两条直线平行于和它们不共面的同一直线时，这两条直线平行。"

教材上既然将其作为基本事实（公理），就不需要证明。但从历史的角度看，西方早期几何教科书中，都是将"基本事实 4"作为定理，并进行了证明的。

一、欧几里得的证明

欧几里得在证明命题 9 之前，先证明了命题 6："如果两直线和同一平面成直角，则两直线平行。"再证明命题 8："如果两条直线平行，其中一条和一个平面成直角，则另一条也与这个平面成直角。"而命题 6 就是教材上直线与平面垂直的性质定理："垂直于同一平面的两条直线平行。"命题 8 则是教材 P151 的例 3："如果两条平行直线中的一条直线垂直于一个平面，那么另一条直线也垂直于这个平面。"最后利用命题 6 和命题 8 来证明命题 9。其方法是：

证明：如图 1 -9 -5 所示，设两条直线 $AB /\!/ EF$，$CD /\!/ EF$，

在 EF 上任取一点 G，作 $GH \perp EF$，$GK \perp EF$。

所以 $EF \perp$ 平面 GHK。

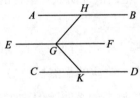

图 1 -9 -5

又 $AB /\!/ EF$，由命题 8 可知，$AB \perp$ 平面 GHK。

同理，$CD \perp$ 平面 GHK。由命题 6 可知，$AB /\!/ CD$。

英国数学家普雷菲尔在 1829 年出版的《几何基础》中利用代数方法，通过（勾股定理）计算的方法证明命题 6。

二、三垂线法的证明

勒让德 1794 年在《初等几何》中采用三垂线定理进行证明。他证明的思路是：先证明"三垂线定理"，再证明命题 8，最后用反证法证明命题 6。

勒让德之后，威尔斯（Wells）在《几何基础》（1886）中调整了勒让德的证明顺序，他先用三垂线定理证明了命题 6。而 C. A. van Velzer 和 G. C. Shutts 在《平面与立体几何》（1894）中采用分析法得到这一证明。Wentworth 的《立体几何》（1899）将命题 6 与三垂线定理一起证明，即在证明命题 6 中先证明三垂线定理。

三、同一法证明

在 19 世纪后期开始出现脱离三垂线定理先证明命题 6 和命题 8 这一模式的方法。Thompson 在 1896 出版的《立体几何和测量几何基础》中先证明引理："不包含同一直线的三个平面相交，则三条交线共点或平行"后，采用同一法证明平行公理。而 Keigwin 在《几何基础》（1897）中，用线面平行的判定和性质定理代替 Thompson 的引理，仍采用同一法进行证明。1898 年，Phillips 和 Fisher 在《几何基础》中，先证明一个看似显然的定理："一个平面与两条平行直线中的一条相交也必然与另一条相交。"之后，采用反证法证明平行公理。

四、垂面法证明

1907 年，Robbins 使用了垂面法证明欧几里得的命题 8，接下来即按照之前的用反证法证明平行公理。

综上所述，教材之所以将"平行于同一条直线的两条直线平行"作为基本事实（或公理），一方面是这一性质的显然性；另一方面，将其作为公理可以减轻学生的思维负担，简化教科书的编写。但这也让我们失去了欣赏历史上的精彩纷呈的不同证明方法，让我们失去了体验到数学的方法之美的机会。

第四节　面面平行的历史

一、平面与平面平行的定义

两个平面平行的定义，最早出现在《几何原本》卷XI定义 8："若两平面总不相交，则称它们是平行平面。"这个定义沿用至今。

二、平面与平面平行的判定定理

面面平行的判定定理，出现在《几何原本》卷XI命题 15："如果两条相交直线平行于不在同一平面内的另外两条相交直线，则两对相交直线所在的平面平行。"这个判定定理与我们教材上的判定定理"如果一个平面内的两条相交直线与另一个平面平行，那么这两个平面平行"略有不同。其主要的原因是欧几里得没有定义"直线与平面平行"。

三、平面与平面平行判定定理的证明

现行教材（包括之前的 2007 版）基于"直观感知，操作确认"的理念，在长方体内具体感知后，直接给出了判定定理，并未给出证明。历史上，关于平面与平面平行的判定定理的证明可谓精彩纷呈，这里作一些简略的介绍：

1. 欧氏证法

欧几里得没有定义直线与平面平行，因此他的证明过程就很冗长。他先证明同卷的命题 14："和同一直线成直角的两个平面是平行的。"命题 14 等价于"垂直于同一直线的两个平面平行"。在利用命题 14 证明命题 15 的过程中，他还用到了如下命题：①与同一直线平行的两直线平行；②两条平行线中，若有一条垂直于第三条直线，则另一条也垂直于该直线；③线面垂直的判定定理。

2. 等距离法

1794 年，勒让德在《初等几何》中采用了等距离法证明面面平行的判定定理。他证明的思路是：先证明命题"若两个平行平面与第三个平面相交，则两条交线平行"，再证明命题"若两条平行线被两个平行平面所截，则所截得的线段相等"。（两个命题的证明此处略）最后用同一法证明：

如图 1 - 9 - 6 所示，已知 $AC \parallel BD$，$AE \parallel BF$，

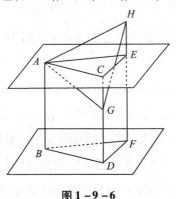

图 1 - 9 - 6

取 $AC = BD$ ，$AE = BF$ ，连接 CE ，DF ，AB ，CD ，EF ，

则四边形 $ABDC$ ，$ABFE$ 是平行四边形，

所以四边形 $DCEF$ 也是平行四边形，

从而知 $AB = CD = EF$ ，且 $AB /\!/ CD /\!/ EF$ 。

过 A 作平面 $AGH /\!/$ 平面 BDF ，假设此平面与 DC ，EF 相交于不同于 C 和 E 的 G 和 H ，则由"若两条平行线被两个平行平面所截，则所截得的线段相等"可知，$AB = DG = FH$ ，故知点 C 与 G 重合，点 E 和 H 重合。因此，所作的平面 AGH 与平面 ACE 重合，命题得证。

3. 欧氏证法的改进

1829 年，Hayward 在《几何基础》中沿用了欧几里得的证法，但给出了欧几里得命题 14 的另一种证明：

如图 1 - 9 - 7 所示，$AB \perp \alpha$ ，$AB \perp \beta$ ，在平面 α 内作 AC ，AE ，过点 B 作 $BD /\!/ AC$ ，$BF /\!/ AE$ ，

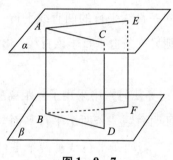

图 1 - 9 - 7

则 $AB \perp BD$ ，$AB \perp BF$ ，故 BD 和 BF 都在平面 β 上。BD 和 BF 确定平面 β ，AC ，AE 确定平面 α 。

因为 $BD /\!/ AC$ ，$BF /\!/ AE$ ，故 α 和 β 在 BD 和 AC 方向上不相交，在 BF 和 AE 方向上也不相交，由于 AC ，AE 的任意性，因此在任意方向上都不相交，根据两平面平行的定义，两平面平行。

1885 年，Tappan 在其《几何基础》中，首先定义"线面平行"："若直线与平面上的一条直线平行，则称直线与平面平行。"根据定义，当一条直线与平面平行时，通过平面上任一点可作一条平面内的直线与给定直线平行。"线面平行"概念出现后，面面平行判定定理在条件的表述上就发生了变化。

如图 1 - 9 - 7 所示，已知 $AC \parallel \beta$，$AE \parallel \beta$，过 A 作 $AB \perp \beta$，垂足为 B。过 B 作直线 $BD \parallel AC$，$BF \parallel AE$，则 BD 和 BF 都在平面 β 上。

所以 $AB \perp BD$，$AB \perp BF$，从而 $AB \perp AC$，$AB \perp AE$，

即 $AB \perp \alpha$，所以 $\alpha \parallel \beta$。

4. 反证法

1868 年，Robinson 在《几何基础与平面和球面三角学》中利用反证法来证明面面平行的判定定理。如图 1 - 9 - 8 所示，已知 $AC \subset \alpha$，$AE \subset \alpha$，$AC \cap AE = A$，$BD \subset \beta$，$BF \subset \beta$，$BD \cap BF = B$，$AC \parallel BD$，$AE \parallel BF$。

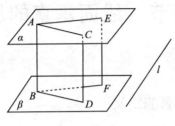

图 1 - 9 - 8

设 $\alpha \cap \beta = l$，则 $l \subset \alpha$，因为 $AC \cap AE = A$，故其中必有一条与 l 相交，设 AC 与 l 相交。

假设 AC 与 β 相交，因为 $AC \parallel BD$，故 AC 和 BD 确定一个平面，AC 必与 β 在直线 BD 上相交，但 $AC \parallel BD$，它们没有公共点，所以假设不成立，$AC \parallel \beta$。

但 l 也在 β 上，所以 l 与 AC 的交点也在 β 上，即 AC 与 β 相交，矛盾。

所以 AC 和 AE 都不能与 l 相交，假设不成立，命题得证。

1896 年，Thompson 在其《立体几何基础与侧量几何》中也采用了反证法，并利用了线面平行的性质定理进一步简化了证明。如图 1 - 9 - 9 所示，已知 a，$b \subset$ 平面 β，$a \cap b = O$，且 $a \parallel$ 平面 α，$b \parallel$ 平面 α。

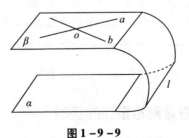

图 1 - 9 - 9

如果平面 α, β 不平行, 则 α, β 必然相交, 设 $\alpha \cap \beta = l$,

因为 $a /\!/$ 平面 α, $a \subset$ 平面 β, 且 $\alpha \cap \beta = l$,

由直线与平面平行的性质可知, $a /\!/ l$,

同理可证: $b /\!/ l$, 所以 $a /\!/ b$,

这与 "a, b 相交于点 O" 矛盾, 从而有 $\alpha /\!/ \beta$。

第五节　线面垂直的历史

一、直线与平面垂直的定义

直线与平面垂直的定义, 最早出现在《几何原本》卷 XI 定义 3: "一条直线和一个平面内所有与它相交的直线都成直角时, 则称此直线与平面成直角。" 欧几里得的这个定义与现行教材的定义相比, 显然是缩小了其直线与平面垂直的定义的内涵。因为直线 l 与平面 α 垂直, 所以 l 必须是垂直于平面 α 内的所有直线, 而平面 α 内的直线不一定与直线 l 相交, 它们可以异面垂直。但教材并没有摒弃欧氏定义, 而是通过旗杆与其在地面上的影子的关系来呈现, 并通过平移的方式来完善欧氏定义。

二、直线与平面垂直的判定定理

直线与平面垂直的判定, 最早出现在《几何原本》卷 XI 命题 4: "若一直线在另两条直线交点处都和它们成直角, 则此直线与两直线所在平面成直角。" 与我们今天的表述有所不同, 欧几里得加上了 "在两条直线的交点处" 这一条件, 当然, 这主要是由于欧氏对直线与平面垂直的定义所致。

三、直线与平面垂直判定定理的证明

现行教材通过折三角形纸片的感知活动, 只有沿三角形纸片的高折起, 三角形纸片才能"竖"起来。于是,直接给出直线与平面垂直判定定理,也未证明。

教材上的这个操作模型实际上是源于 1741 年法国数学家克莱罗的《几何基础》(1741) 中的一个直观的解释。如图 1 - 9 - 10 所示,设想直线 AB 为长方形 $CDEF$ 对折后的折痕,将所折线段 AC 和 AD 分别与平面 α 上过 A 且垂直于 AB 的两条已知直线贴合,则 AB 与平面 α 垂直。克莱罗并没有做出证明。

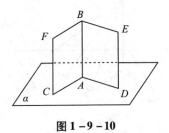

图 1 - 9 - 10

下面介绍历史上一些关于直线与平面垂直的判定定理的证明思路:

1. 欧氏证法

如图 1 - 9 - 11 所示,设直线 AB 和 CD 交于 E,$EF \perp AB$,$EF \perp CD$。在 AB 上取 $AE = EB$,在 CD 上取 $CE = ED$,连接 AD,BC。过点 E 任意作直线 GEH,交 AD,BC 于 G,H。在 EF 上任取一点 F,连接 FA,FG,FD,FC,FH,FB。

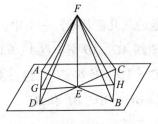

图 1 - 9 - 11

欧几里得先后通过证明 $\triangle AED \cong \triangle BEC$,$\triangle AEG \cong \triangle BEH$,$\triangle FAD \cong \triangle FBC$,$\triangle FAG \cong \triangle FBH$,得到 $FG = FH$,

再证明 $\triangle FEG \cong \triangle FEH$,从而得到 $\angle GEF = \angle HEF =$ 直角,即 $EF \perp GH$。

由直线 GEH 的任意性可知,FE 与已知平面上与它相交的所有直线都成直角。因此,FE 与平面成直角。

2. 构造与计算并用的证法

1794 年,勒让德在他的《初等几何》中,采用了构造和计算的证明方法。

如图 1-9-12 所示，直线 AC，AD 交于点 A，$BA \perp AC$，$BA \perp AD$，在 AC，AD 所在平面上过点 A 任意作一条直线 AE，过 E 作 $EF /\!/ AC$ 交 AD 于 F，在直线 AD 上取点 D，$FD = FA$，连接 DE 并延长交 AC 于 C。于是 $DE = EC$，连接 BC，BE，BD。

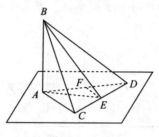

图 1-9-12

在 $\triangle ACD$ 中，$AC^2 + AD^2 = 2AE^2 + 2ED^2$，

在 $\triangle BCD$ 中，$BC^2 + BD^2 = 2BE^2 + 2ED^2$，

两式相减，配合 $BC^2 - AC^2 = BD^2 - AD^2 = AB^2$ 可知

$BA^2 + AE^2 = BE^2$，即 $BA \perp AE$。

由 AE 的任意性知，AB 垂直于平面上过点 A 的所有直线，因而 AB 垂直于该平面。

1829 年，普雷菲尔在他的《几何基础》一书中，简化了勒让德的构造与证明。如图 1-9-13 所示，直线 AC，AD 交于点 A，$BA \perp AC$，$BA \perp AD$，在 AC，AD 分别取点 C，D，使得 $AC = AD$，连接 CD。过点 A 任意作一条直线 AE 交 CD 于 E，取 CD 的中点 F，连接 BC，BD，BE 和 BF。

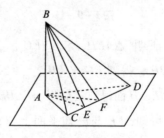

图 1-9-13

易知 $BC = BD$，$BE^2 - AE^2 = BF^2 - AF^2 = BC^2 - AC^2 = AB^2$，

即 $BA^2 + AE^2 = BE^2$，以下同勒让德的方法。

1893 年，Dupuis 在《立体几何基础》中对普雷菲尔的证明再作了简化。如图 1 - 9 - 13 所示，他简化了普雷菲尔"取 CD 的中点 F"这个环节，在 $\triangle ACD$ 和 $\triangle BCD$ 直接使用斯图尔特（S. R. Stewart，1850—1913）定理得：

$BC^2 - BE^2 = CE \cdot ED = AC^2 - AE^2$，

所以 $BC^2 - AC^2 = BE^2 - AE^2$，而 $BC^2 - AC^2 = BA^2$，

所以即 $BA^2 + AE^2 = BE^2$，以下同勒让德的方法。

3. 对称构造的证法

1864 年，美国数学家塔潘在《平面与立体几何》中，采用构造对称的方法来证明。如图 1 - 9 - 14 所示，已知 $BA \perp AC$，$BA \perp AD$，在 AC，AD 分别取点 C，D，连接 CD。过点 A 任作一条直线 AE 交 CD 于 E，延长 BA 至 B'，使 $BA = B'A$，连接 BC，BD，BE，$B'C$，$B'D$，$B'E$。

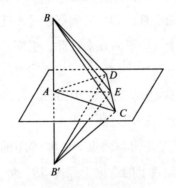

图 1 - 9 - 14

先证 $\triangle BCD \cong \triangle B'CD$，可得 $\angle BCE = \angle B'CE$，

再证 $\triangle BCE \cong \triangle B'CE$，可得 $BE = B'E$，进而可知 $BA \perp AE$。

4. 引理法

1893 年，美国数学家巴托尔（W. C. Bartol）在著作《立体几何基础》中，先用反证法证明引理：过给定点且与给定直线垂直的所有直线都位于过该点且与给定直线垂直的平面上。

如图 1 - 9 - 15 所示，设平面 α 过点 A 且垂直于 BA，AE 是过点 A 垂直于 BA 的任意直线。

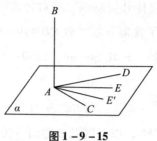

图 1 - 9 - 15

假设 AE 不在平面 α 上，则过 AE 和 AB 有一个平面 BAE。设平面 BAE 与平面 α 的交线为 AE'，则 $AE' \perp AB$，但已知 $AE \perp AB$，因此，在同一平面 BAE 上，过点 A 有两条不同直线同时垂直于 AB，这是不可能的。

故假设不成立，即 AE 在平面 α 上。

接下来，他再用同一法证明两个平面重合：设平面 α 上的直线 AC，AD 满足 $BA \perp AC$，$BA \perp AD$，由引理可知，它们都在过 A 且垂直于 AB 的平面上，而过 AC，AD 的平面只有一个，即平面 α。因此，平面 α 垂直于 AB。

5. 轨迹法

1906 年，法国数学家阿达玛（J. S. Hadarnard，1865—1963）在《几何学教程》中给出了一种新方法——轨迹法。

如图 1 - 9 - 16 所示，先证明与两点 B，B' 等距的点的轨迹为 BB' 的中垂面。设 A 为 BB' 的中点，轨迹上的点位于经过 BB' 的一个平面上，且在 BB' 的中垂线上。因此，轨迹是由这些中垂线形成的。

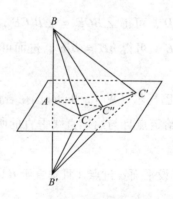

图 1 - 9 - 16

设 C，C' 为轨迹上任意两点，则 $\triangle BCC' \cong \triangle B'CC'$。设 C'' 为直线 CC' 上任

意一点，易证 $BC'' = B'C''$ ，故 C'' 也位于轨迹上。

因此，所求的轨迹具有如下性质：连接其上任意两点的整条直线都包含在其内；含有不共线三点；不包含空间一切点。因而轨迹是一个平面，该平面垂直于 AB 。

设直线 AB 垂直于两直线 AC 和 AC' ，取 $AB = AB'$ ，与 B 和 B' 等距的点的轨迹将包含 AC 和 AC' ，所以它将和平面 CAC' 重合．根据上述定理，该平面垂直于 AB 。

第六节　旋转体的历史

旋转体是立体几何的基本研究对象之一。旋转体的定义首见于欧几里得的《几何原本》，他采用的是动态定义。欧氏定义之后不同时代的数学家都对旋转体做过不同的定义，简述于后：

一、球的定义

《几何原本》卷XI定义 14 - 17，给出了球的相关定义：

定义 14：固定一个半圆的直径，旋转半圆到开始位置，所形成的图形称为一个球。

定义 15：球的轴是半圆绕成球时的不动直径。

定义 16：球心是半圆的圆心。

定义 17：过球心的任意直线被球面截出的线段称为球的直径。

古希腊数学家海伦类比欧几里得对圆的定义，曾对球下过静态定义："一个被表面所围的立体图形，所有从其内部一点出发到表面的线段都相等。"

二、圆锥的定义

《几何原本》卷XI定义 18 - 20，给出了圆锥的相关定义：

定义 18：固定直角三角形的一条直角边，旋转直角三角形到开始的位置，所形成的图形称为圆锥。

定义 19：直角三角形绕成圆锥时，不动的那条直角边称为圆锥的轴。

定义 20：三角形的另一边经旋转后所成的圆面，称为圆锥的底。

古希腊数学家阿波罗尼奥斯（Apollonius of Perga，前 262—前 190）在《圆锥曲线论》第 1 卷中给出了圆锥的另一个定义："一条无限长的直线通过一个定点，并且绕这个与定点不在同一平面上的圆周旋转，这条经过圆周上的每一个点的动直线形成的表面。"他还将圆锥分为了直圆锥和斜圆锥。

1837 年，美国数学家皮尔斯将圆锥定义为："底面为正无穷多边形（即圆）的棱锥。"

1884 年，美国天文学家、数学家纽科姆在《几何学基础》中，先定义圆锥面："由一条直线过一定点并与给定曲线接触所形成的图形。"再定义圆锥："圆锥是由平面截圆锥面所形成的立体，圆锥完全由圆锥面和平面所围成。"

1900 年，美国数学家贝曼（W. W. Beman）和史密斯（D. E. Smimith，1860—1944）在《新平面与立体几何》中，则先定义圆锥面，后定义圆锥空间，最后再定义圆锥。

三、圆柱的定义

《几何原本》卷Ⅺ定义 21～23，给出了圆柱的相关定义：

定义 21：固定矩形的一边，绕此边旋转矩形到开始位置，所成的图形称为圆柱。

定义 22：矩形绕成圆柱时的不动边，称为圆柱的轴。

定义 23：矩形绕成圆柱时，相对的两边旋转成的两个圆面叫作圆柱的底。

1829 年，海沃德（Hayward）在《几何基础》中，除沿用欧氏定义外，他还给出了圆柱面的两种构造方式：一是一个圆沿一条给定直线以平行于自身的方式运动；二是一条直线沿给定圆以平行于自身的方式运动。

1837 年，皮尔斯将圆锥定义为："底面为正无穷多边形（即圆）的棱柱。"

1884 年，纽科姆在《几何学基础》中，先定义圆柱面："由一条直线沿着一条给定曲线保持与最初位置平行的方式运动所形成的面。"再定义圆柱："圆柱是由圆柱面和两个平行平面所围成的几何体。"

1900 年，贝曼和史密斯在《新平面与立体几何》中则先定义圆柱面，后定义圆柱空间，最后再定义圆柱。

《九章算术》中，也有圆柱、圆锥和球这三类几何体的存在。除了圆锥的名称沿用至今外，圆柱和球在《九章算术》中分别称为"圆堡壔（dǎo）"和"立圆"，但它只关注体积计算，并没有给出这三类几何体的定义和性质。

第七节　球积的历史

我们知道，球的表面积 $S = 4\pi R^2$，球的体积 $V = \dfrac{4}{3}\pi R^3$，这两个公式本身非常简洁，非常容易掌握，但它们的推导却令世人费尽心思，历时悠久。

欧几里得是最早涉及球的体积的人，他在《几何原本》卷 XII 的最后，给出了命题"球的体积与直径的立方成正比"，但是没有给出具体的计算方法。

历史上最早完美地解决了球的体积与表面积计算问题的是古希腊的阿基米德。他将如图 1–9–17 所示的圆和矩形 $NABS$、$\triangle NBS$ 绕 NS 旋转一周分别得到一个球体、圆柱、圆锥。从这三个几何体上切下与 N 点的距离为 x，厚度为 Δx 的薄片，这些薄片的近似值分别为 $\pi x(2r - x)\Delta x$，$\pi r\Delta x$，$\pi x^2\Delta x$，如果把球体和锥体的薄片挂在如图 1–9–17 所示的 T 点，

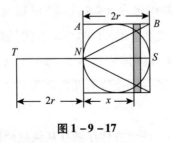

图 1–9–17

那么它们关于 N 的组合矩为：

$$\left[\pi x(2r - x)\Delta x + \pi x^2\Delta x\right]2r = 4\pi r^2 x\Delta x,$$

此组合矩恰是圆柱体的薄片放在 T 处与 N 的距离的 4 倍，

所以 $4rV_柱 = 2r(V_球 + V_锥)$，即 $8\pi r^4 = 2r\left(V_球 + \dfrac{8}{3}\pi r^3\right)$，

从而得到 $V_球 = \dfrac{4}{3}\pi r^3$。

由于圆面积等于以圆周长为底、半径为高的三角形的面积，阿基米德通过类比，猜想球体积应等于以面积等于球表面积的圆为底，球半径为高的圆锥的体积。因此推知，球表面积 S 等于大圆面积的四倍，即 $S = 4\pi R^2$。

阿基米德将上述探索球的表面积和体积公式的过程详细记载在他的著作《方法论》之中，虽然他在《方法论》中没有给出证明，但在他的另一部著作《论球与圆柱》中作了严格的证明。据史料记载，在阿基米德死后，后人在他的墓碑上刻上了一个球内切于圆柱的几何图形，以此来纪念他在几何学上的贡献。该图形就是阿基米德关于球的著名定理："球的表面积是其内接最大圆面积的四倍和圆柱内切球体的体积是圆柱体积的三分之二。"

中国古代数学著作《九章算术》之《少广》卷中给出了求球的体积的方法——"开立圆（球体）术"："置积尺数，以十六乘之，九而一，所得，开立方除之，即丸径。"该方法通过我国古代数学家刘徽（约225—约295）的验证发现，此法所得结果与实际存在较大的误差，在其为《九章算数》作注时写道："为术者盖依周三径一之率，令圆幂居方幂四分之三，圆囷居立方弈四分之三，更令圆囷为方率十二，为丸率九，丸居圆囷又四分之三也，置四分自乘得十六，三分自乘得九，故丸居立方十六分之九也，故以十六乘积，九而一，得立方之积，丸径与立方等，故开立方而除，得径也。"释义大致为："圆与其外切正方形面积比为 $\pi : 4$，而当时取 $\pi = 3$，则该比为 $3 : 4$，从而推出正方体与其内切圆柱体积比为 $4 : 3$，圆柱与其内切球体积比也为 $4 : 3$，于是就有球与其外切正方体体积比为 $9 : 16$"，实际上此方法也是存在较大误差的，为此刘徽创造了一个独特的几何图形："牟合方盖"，想以此来解决球体体积算法。

"牟合方盖"是指：当一正立方体用圆柱从纵横两侧面作内切圆柱体时，两圆柱体的公共部分，刘徽对"牟合方盖"的描述如下：

"取立方棋八枚，皆令立方一寸，积之为立方二寸。规之为圆囷，径二寸，

高二寸。又复横规之，则其形有似牟合方盖矣。八棋皆似阳马，圆然也。按合盖者，方率也。丸其中，即圆率也。"如图 1 – 9 – 18 所示。

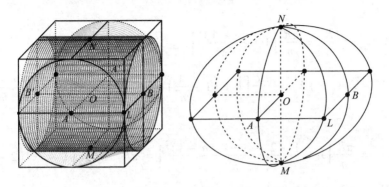

图 1 – 9 – 18

由于当时条件的限制，也没有微积分，刘徽只知道一个圆及它的外接正方体的面积比为 π：4，他希望可以用"牟合方盖"来证实《九章算术》的公式有错误。当然他也希望由这方面入手得出计算球体体积的正确公式，因为他知道"牟合方盖"的体积跟内接球体体积的比为 4：π，只要有方法找出"牟合方盖"的体积便可，可惜刘徽最终也没有得出正确的方法，虽然刘徽没能得出正确的方法，但他对该问题的发展做出了巨大的贡献。直到两百年后数学家祖冲之（429—500）的儿子祖暅（456—536）在刘徽提出的"牟合方盖"的基础上，利用祖暅原理完美地解决了球体体积的计算。

7 世纪，日本数学家创用了"会玉术"——用平行平面将球分割为等厚的许多薄片，取以每一薄片的上、下底为底面，且与薄片等高的两个圆柱的体积的平均值作为该薄片的体积，求出所有薄片体积之和，得球积近似值。17 世纪，德国开普勒在《测量酒桶体积的新科学》中讨论了球体积之求法。他将球积看成是无穷多个小棱锥的体积之和，这些棱锥的顶点在球心，底在球面上，于是由棱锥体积公式可得球体积公式：$V = \dfrac{1}{3}SR$。

历史上还有一种用极限推导球体积的方法：将球体 $\Omega：x^2 + y^2 + z^2 = R^3$ 的上半球进行 n 等分，即用平行于坐标平面 xOy 的等距平行平面，把半球切割成 n 层，每一层都近似于小圆柱体，这 n 个小圆柱体的体积之和就是半球的体积。设 r_i 为第 l 个小圆柱体的底面半径（从下往上数）。

∵ 每个小圆柱体的高都是 $\dfrac{R}{n}$，∴ $r_i = \sqrt{R^2 - \left[\dfrac{R}{n}(i-1)\right]}$ $(i = 1,$

$2, \cdots, n)$，

∴ $V_i = \pi r_i^2 \dfrac{R}{n} = \dfrac{\pi R^3}{n}\left[1 - \dfrac{(i-1)^2}{n^2}\right]$，

即 $V_1 + V_2 + \cdots + V_n = \dfrac{\pi R^3}{n}\left[1 + \left(1 - \dfrac{1}{n^2}\right) + \left(1 - \dfrac{2^2}{n^2}\right) + \cdots + \left(1 - \dfrac{(n-1)^2}{n^2}\right)\right]$

$$= \dfrac{\pi R^3}{n}\left[n - \dfrac{1 + 2^2 + \cdots + (n-1)^2}{n^2}\right] = \pi R^3 - \dfrac{\pi R^3}{6}\left(1 - \dfrac{1}{n}\right)\left(2 - \dfrac{1}{n}\right),$$

∴ $V_{半球} = \lim\limits_{n\to\infty}(V_1 + V_2 + \cdots + V_n)$

$$= \pi R^3 - \dfrac{\pi R^3}{6}\lim\limits_{n\to\infty}\left(1 - \dfrac{1}{n}\right)\left(2 - \dfrac{1}{n}\right) = \dfrac{2}{3}\pi R^3,$$

故 $V_{球} = \dfrac{4}{3}\pi r^3$。

第一节　随机抽样

一、抽签法

抽签法是由前6世纪古希腊雅典城邦著名政治改革家克里斯提尼（Cleisthe-nesis，约前570—前508）最先使用的。克里斯提尼在家族的支持和斯巴达人的帮助下，推翻了庇西特拉图之子希庇亚斯对雅典的统治。为了缓解社会矛盾，维护社会安定，适应奴隶制民主国家的发展，他提出了系列改革。其中，如何杜绝贵族拥兵自重的割据现象是最令人头疼的问题。克里斯提尼的做法是，先确定10个部落，将原来的四个氏族部落打乱分散。再将城区、沿海、内陆位置重新搭配划分为10个区域。最后，以抽签的方式将打乱的10个部落迁进新划分的十个区域。如此一来，各氏族混居一起，原来的血缘关系难以联系在一起，就顺利解决了贵族拥兵自重的难题。

在中国，抽签历史悠久，抽签也称为抓阄。先秦时期的占卜，汉唐流行的射覆，明清雅集的掣签赋诗，还有流传一千多年的小儿抓周等，都可视为"抓阄"的源流。抽签主要用于占卜——削竹为签，配以语句，于神前抽签以占吉凶、祸福。抽签最早在贵族或当权者之中流传，后流传于道观、寺庙和民间，现各地的寺庙、道观都还随处可见。抽签文化是中国古文化的重要组成部分。

二、随机数表法

为了免除因制"签"的麻烦以及一些人为的"作弊"。统计学家设计了一种"随机数表"，它是由数字 0，1，…，9 组成的表，其中每个数字都是用随机的方式决定的。理想的随机数表应按照如下的方式制作：准备 10 个大小、质地一样的球，放入一个不透明的袋子里，球上分别写上数字 0，1，… 9，将球充分"搅匀"后，从袋中抽出一个球，将球上的数字记在纸的第一行最左边的位置。把球放回去，充分"搅匀"，再抽出一个，将球上的数字记在纸的第一行左边第 2 个位置。按照这个办法无限次地重复下去。把所得数字按行、列依次排列，满了一页再排下一页，这样就可以得到一本包含多页随机数字的书，这就是随机数表。

历史上，第一个随机数表《随机抽样数》是由英国统计学家梯培特（Tippett）制作，并于 1927 年出版。该书共 26 页，含 41600 个数字，按 4 个数字一组排列，5 组成一单元，8 个单元构成一数据块，总计 260 个数据块。该书第 14 页的 5 个数据块（转录自 C. R. 劳著、石坚等译《统计真理》一书）如下：

Tippett《随机抽样数》第 14 页的 5 个数据块

```
7816   6572   0802   6314   0702   4369   9728   0198
3204   9243   4935   8200   3623   4869   6938   7481
2976   3413   2841   4241   2424   1985   9313   2322
8303   9822   5888   2410   1158   2729   6443   2943
5556   8526   6166   8231   2438   8455   4618   4445

2635   7900   3370   9160   1620   3882   7757   4950
3211   4919   7306   4916   7677   8733   9974   6732
2748   6198   7164   4148   7086   2888   8519   1620
7477   0111   1630   3404   2979   7991   9683   5125
5379   7076   2694   2927   4399   5519   8106   8501

9264   4607   2021   3920   7766   3817   3256   1640
```

5858 7766 3170 0500 2593 0545 5370 7814
2889 6628 6757 8231 1589 0062 0047 3815
5131 8186 3709 4521 6665 5325 5383 2702
9055 7196 2172 3207 1114 1384 4359 4488

7900 5870 2606 8813 5509 4324 0030 4750
3693 9212 0557 7369 7162 9568 1312 9438
0380 3338 0138 4560 4230 6496 3806 0347
0246 4469 9719 8316 1285 0357 2389 2390
7266 0081 6897 2851 4666 0620 4596 3400

9312 4779 5737 8918 4550 3994 5573 9229
6111 6098 0965 7352 6847 3034 9977 3770
2310 4476 9148 0679 2662 2062 0522 9234
9826 8857 8675 6642 5471 8820 4308 2105
6703 8248 6064 6962 0053 8188 6494 4509

现在，人们也广泛地利用计算机或计算器产生随机数字。但计算机或计算器产生的随机数字是依照确定的算法产生的数，具有周期性（周期很长），它们具有类似随机数的性质，这类随机数与梯培特（Tippett）的随机数是有区别的。因此，计算机或计算器产生的随机数通常被叫作"伪随机数"。

三、分层抽样法

分层抽样的提出者是比利时的阿道夫·凯特勒（Adolphe Quetelet，1796—1874）。他在 1853 年主持召开的第一次国际统计会议上提出，在家庭调查方面应采取"代表性"调查，但凯特勒没有给出具体的方法。挪威首任中央统计局局长凯尔（Kiaer）在 19 世纪最后 20 余年，领导了挪威全国人口和农业的普查工作，在这期间他发展了凯特勒"代表性"调查，首次提出抽样的概念，给出了"代表性抽样"的具体做法：把人群按地理、社会和经济等条件分成一些

"层"，按各层的大小依比例抽取若干样本。1895年，凯尔在国际统计学会（ISI）第五次大会上，他作了《对代表性调查的研究和经验》的报告，由于凯尔的做法是根据调查经验得出的，没有从理论层面给予证明，他的报告引来一些质疑，由此拉开了抽样方法科学性争论的序幕。

当时，代表性抽样缺乏正式的推断理论，没有办法检验估计的准确性。英国统计学家鲍利（Bowley）通过大样本调查对凯尔的成果进行研究，他提出了置信区间的概念，并认为"对于大样本，从总体中随机抽取，估计结果大致服从正态分布。总体中每个元素拥有同等被抽取机会的假设对结果是至关重要的。"鲍利的这些研究，对他在1901年说服国际统计学会（ISI）接受凯尔思想起到了决定性的作用。1903年，在柏林召开的第九届国际统计学会会议上肯定了凯尔的"代表性抽样"的方法，并建议继续研究。

随着代表性抽样方法逐步被接受，争论的焦点开始集中在如何保证样本的代表性上。德国波特基维茨（1901年）和英国鲍莱（1906年）都提出了应以概率论作为抽样的理论依据。1908年，英国戈塞特提出了小样本思想和分布理论。1923年，费希尔提出了方差分析法，完善了小样本理论，阐述了实验设计原理。1924年，国际统计学会成立"抽样方法应用研究委员会"。1925年，在罗马举行的第十六届国际统计学会会议上，发布了鲍莱的《抽样精确度的测定》和丹麦詹森的《代表性方法的实践》两个报告，首次对随机抽样和有目的抽样进行了比较研究，提出了要按照概率原理让每个单位都有被抽中机会的观点，从理论和实践上充分肯定了抽样方法的科学性。

1934年，波兰统计学家奈曼（Neyman，1894—1981）根据概率论的原理提出了置信区间的推断理论，此后又提出了分层抽样的样本最优分配原理和方法，改进了整群抽样设计，探讨了比率估计方法和双重抽样技术，研究了不等概率抽样方法并从对比研究中进一步肯定了随机抽样的优越性。至此，分层抽样的理论趋于完善。

第二节　五种统计图

一、条形图

条形图是由英国统计学家威廉·普莱费尔（William Playfair，1759—1823）首创的。他在 1786 年出版的《商业与政治图解集》中创造性地使用条形图来呈现离散数量的比较，描述了苏格兰在 1780—1781 年的进出口数据，如图 1 - 10 - 1 所示。从下面这张他的原稿中我们可以看到，横坐标表示进出口的具体数值，纵坐标表示不同的国家，这已经和我们今天所使用的条形图没什么区别了。

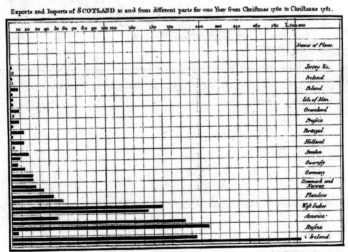

图 1 - 10 - 1

条形统计图具有以下的特点：

（1）能够使人们一眼看出各数据的大小；

（2）易于比较数据之间的差别；

（3）可以清楚地表明各种数量的多少。

二、折线图

折线图也是由威廉·普莱费尔首创的。1786 年，他绘制了英格兰在 1700—1780 年间的进出口数据的线图，如图 1 - 10 - 2 所示，被认为是历史上最早的折线图，横轴是时间刻度，年份，纵轴是数值。

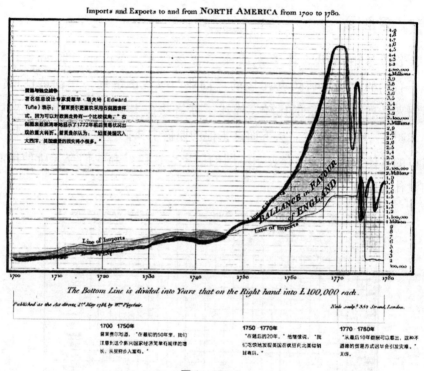

图 1 - 10 - 2

折线图不仅可以表示数量的多少，而且可以反映同一事物在不同时间里的发展变化的情况。

三、扇形图

扇形图同样是由威廉·普莱费尔首创的。1801 年，普莱费尔在他的《统计学摘要》中，用饼图描述了当时的土耳其帝国在亚洲、欧洲和非洲的领土面积的比例，如图 1 - 10 - 3 所示。这是饼图的首次亮相。

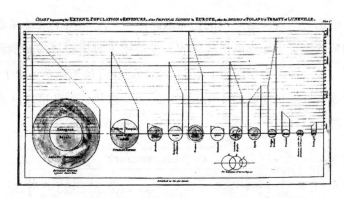

图 1 – 10 – 3

扇形图又称饼图或圆饼图。扇形统计图具有以下的特点：①用扇形的面积表示部分在总体中所占的百分比；②易于显示每组数据相对于总数的大小。其优点是可以比较清楚地反映出部分与部分、部分与整体之间的数量关系。

饼图主要体现的是比例，但由于人类对角度的感知力并不如对长度的感知力，当所有扇区大小相近时，使用饼图就无太大意义，建议用柱状图或条形图代替。

四、茎叶图

茎叶图是由英国统计学家阿瑟·鲍利（ArthurBowley）在 20 世纪初期首创的。他将数组中的数按位数进行比较，将数的大小基本不变或变化不大的位作为一个主干（茎），将变化大的位的数作为分枝（叶），列在主干的后面，这样就可以清楚地看到每个主干后面的几个数，每个数具体是多少。其优点是：一方面，从统计图上没有原始数据信息的损失，所有数据信息都可以从茎叶图中得到；另一方面，茎叶图中的数据可以随时记录，随时添加，方便记录与表示。但这种方法一开始并没有引起人们的注意。直到 1977 年统计学家约翰·图克（John W. Tukey,）在其著作《探索性数据分析》中详细介绍了茎叶图，从此茎叶图才逐渐流传开来。

五、散点图

散点图是英国数学家、天文学家约翰·赫歇尔（John Herscherl, 1792—1871）首创的。他在 1833 年发表的一篇观察双星轨道的文章中，首次使用了散点图，展现了观测时间和位置角之间的关系，这是第一个具有现代意义的散点图，如图 1 – 10 – 4 所示。

前面我们说的图表都是一维的，而散点图是一个典型的二维图表，它是由两组数据构成的多个坐标点的统计图表，主要用于数据趋势的展示和数据间相关性的说明。散点图是指在回归分析中，数据点在直角坐标系平面上的分布图，散点图表示因变量随自变量的变化而变化的大致趋势，据此可以选择合适的函数对数据点进行拟合。

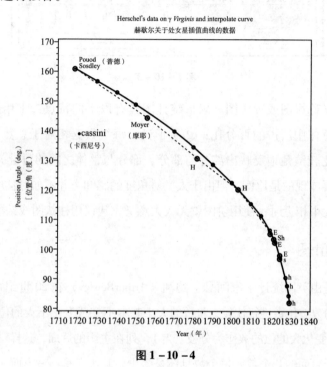

图 1 - 10 - 4

第三节 平均数、中位数和众数

平均数、中位数和众数都是统计学中的重要概念，它们都有着悠久的历史。

一、平均数

史上平均数最早是用来估计总数的。在印度流传一个故事：4 世纪，印度图潘纳（Rtuparna）发现一棵枝叶茂盛的大树长有几个大的树枝，他想估计这几个树枝上树叶和果实的数目。首先估计了根部的一个粗细中等的树枝上树叶和果实的数目，然后数出这棵树上树枝的数目，用一个树枝上树叶和果实的数目乘树枝的数目，推断出这棵树上树叶和果实的总数目。图潘纳选用粗细中等的树枝作为整棵树树枝上树叶和果实数目的代表值，这可能是对算术平均数的自觉使用，因为所选的树枝代表了其余所有树枝，其数量处于"中间"位置。后来人们估计总数时，引入了"中点值"，即取两个极端值的算术平均数。

真正使用平均值作为观测值的估计值的是丹麦大天文学家第谷。1572 年 11 月 11 日，第谷（Tycho，1546—1601）发现了仙后座中的一颗新星，这颗新星后被人们称为"第谷超新星"。后来，他奉国王之命在汶岛建造了天文观象台。经过 20 年的天文观测，第谷发现了许多天文现象，得到了很多观测数据。特别是他在 1582—1588 年期间，对某一天文量进行重复观测，得到了一组观察值。由于观测时间、气候的不同，得到的观测数据也各不相同。第谷在处理这些数据时，采用了数据分组的技巧，得到了观测数据的估计值：他先从 1582 年的天文观察数值中，挑选了 3 个数据；又把 1582—1588 年观测得到的 24 个数据，两两任意分组，分别求出其平均数，得到 12 个数据；最后求出所得的 15 个数据的平均数，作为真值估计，并以此来减小误差，这是统计史上的一次飞跃。

第谷的这一做法并没有立即被多数人所接受。为了使人们尽快接受第谷用平均数以减小误差的做法，英国辛普森专门撰写了《在应用天文学中取若干个观察值的平均的好处》一书，他用数学的视角来证明，取平均数这个做法具有很大的可靠性。高斯也支持这一观点。到了 19 世纪中叶，比利时数理统计学家阿道夫·凯特勒提出了"平均人"的思想，创立平均数定理，使得人们对平均数的认识实现了新的飞跃，把算术平均数作为一种数据处理方法，即作为一组数据的总体代表值，从真实数据走向虚拟数据，正式确立了平均数在统计学中的地位。

二、中位数

1755 年，意大利博斯科维奇（Boscovich，1711—1787）在有关测量的误差工作中首次使用了中位数。高尔顿对中位数的特征有深刻的认识，他开始使用

"最中间的值""中等的"等术语来描述中位数。1847 年，他在一次演讲中给出了中位数本质特征的描述："一个占据中间位置的物体具有这样的性质，比它多的物体的数目等于比它少的物体的数目。"可见，中位数凸显数据代表值的稳健性。到了 1822 年，高尔顿才正式第一次使用了"中位数"这个术语，一直沿用至今。

三、众数

众数的历史简单而悠久。第一个使用众数的例子出现在雅典和斯巴达的战斗之中。在前 428 年冬天，普拉铁阿人和一些雅典人被伯罗奔尼撒人和皮奥夏人包围。不久，普拉铁阿人开始出现粮食短缺，处于绝望之中，由于从雅典人那里获得援助已经没有希望了，也看不到其他安全突围的方法，普拉铁阿人便和雅典人商议弃城而去，并打算做梯子翻过敌人的城墙。由于梯子的高度要与敌人城墙的高度一样。为此，只有通过数敌人城墙上砖块的层数来计算城墙的高度。在同一时间，发动许多士兵一起数城墙上砖块的层数，有些人可能数错了，但离城墙不太远的士兵，可能会得到一个真实值，因此把出现次数最多的层数作为代表值，从而设计出梯子的高度，最后成功突围。

众数作为一个统计量，在日常生活中已司空见惯，如"少数服从多数""投票表决"等。容易发现，当一组数据呈现明显集中的趋势时，宜采用众数作为代表。众数是具有集中趋势特点的一个数值，是一组数据中出现次数最多的数据，它是一个衡量非数字类型数据的统计量。

第十一章

概　率

第一节　概率论简史

概率论是一门研究随机现象的数量规律的学科，它起源于对赌资分配问题的研究。概率论的发展经历了古典概率、分析概率和公理化概率三个阶段。

一、古典概率论

15 世纪末至 16 世纪中期，意大利的一些学者开始研究掷骰子等赌博中的一些简单问题。1494 年，意大利数学家帕乔利（Luca Pacioli，约 1445—1517）在其所著《算术、几何、比与比例集成》一书中记载了著名的"点数问题"：A、B 两人进行一场公平赌博，约定先赢得 $S = 6$ 局者获胜。但在 A 胜 $S_1 = 5$ 局且 B 胜 $S_2 = 2$ 局时，赌局因故中断，该如何合理分配赌资？帕乔利认为，该赌博最多需要进行 $2S - 1 = 11$ 局，因而赌金分配方案应为 $\dfrac{S_1}{2S-1}$ 与 $\dfrac{S_2}{2S-1}$ 之比，即按照 $\dfrac{S_1}{S_2} = \dfrac{5}{2}$ 的比例来分配赌资。

1539 年，意大利学者卡丹（Cardan，1501—1576），通过实例指出帕乔利的分配方案是错误的。他认为，对于 A 有利的情形是：若再赌 1 场 A 胜；若再赌 2 场，B 先胜 A 后胜；若再赌 3 场，B 先胜 2 场而 A 胜最后 1 场；若再赌 4 场，B 先胜 3 场而 A 胜最后 1 场。只有再赌 4 场，B 全胜时对 B 才有利。于是，他得出 B 应得 1/（1 + 2 + 3 + 4）的赌金。虽然卡丹的结论也是错误的，但他分析的过程是有意义的。卡丹不单单是位学者，还是个不折不扣的"赌鬼"，他利用自己的数学知识对当时的赌博项目——纸牌、西洋双陆棋、骰子等做了分析，最后将这些分析结果和实战经验写成了一本书：《论赌博游戏》。在这本书里面，卡丹给出了摸两颗或者多颗骰子时，在一切可能方法中有多少方法得到某一总点数等赌博技巧。他在 1576 出版的自传《我的生平》中"忏悔"："也许我根本就不值得赞美，……，我并不是每年都赌。我自己都挺羞愧，而是每天都赌。"赌博是不好的品性，但卡丹通过研究概率来提升赌博的赢率，对现代概率论有开创之功。

促使概率论的诞生也是源于一场赌局的赌金分配的讨论。1653 年的夏天，法国数学家帕斯卡在（B. Pascal，1623—1662）前往浦埃托镇度假的路上，遇到了当时的一位"赌坛老手"梅累。两人为了消除旅途的寂寞，梅累向帕斯卡提出了一个"分赌注"的问题：一次，梅累与赌友掷骰子，每人押了 32 个金币，并约定：如果梅累先掷出三个 6 点，或者赌友先掷出三个 4 点，此次赌局就结束了。当梅累掷出两个 6 点，赌友掷出一个 4 点时，梅累接到通知，要立即去陪同法国国王接见外宾，赌局无法继续下去，但就此收回各自的赌注，梅累又不甘心。赌友说，虽然梅累只需再掷出一次 6 点，就赢了，但若他再掷出两次 4 点，他也赢了。所以梅累只能分得 64 个金币的三分之二，赌友分得 64 个金币的三分之一。但梅累不同意这样的分法，他说，即使下次赌友掷出一个 4 点，他还可以赢得赌金的二分之一，即 32 个，再加上下次他还有一半希望掷出 6 点，这样又可以分得 16 个金币，所以他至少应得 64 个金币的四分之三。两人观点不一致，谁也说不服谁，由于时间紧迫，梅累只有接受赌友的分配方式。他问帕斯卡，这场未结束的赌局的赌金如何分配才是合理的。

梅累的这个问题，却难住帕斯卡了。经过了长时间的探索，他还是无法解决这个问题。1654 年，帕斯卡不得不写信给他的好友法国的业余数学家费马（P. Fermat，1601—1665），并和他展开讨论。他们相互通信不仅解决了梅累提出的问题，他们还围绕赌博中的数学问题开展了深入的研究。1655 年秋，荷兰物理学家、数学家惠更斯第一次访问巴黎，他从罗贝瓦尔（Roberval）及梅勒恩（Mylon）那里获知去年有一场关于概率问题的讨论，但不知其具体解决方法及结果。1656 年 4 月，回国后的惠更斯自己解决了这些概率问题。后来他与费马取得了联系，并探讨类似的问题。1657 年 9 月，惠更斯将他两年对概率问题的研究成果写成论文《论赌博中的计算》并收录在他老师范·舒腾（F. van Schooten，1615—1660）的著作《数学练习》的附录中。这篇文章不仅是第一篇发表的概率方面的成果，而且也是第一个把这门理论组织成由定义、公设、命题构成的一套体系，这是最早的概率论著作。

瑞士数学家雅各布·伯努利（Jacob Bernoulli，1654—1705）是真正使概率论作为一门独立数学分支的奠基人。他证明了当初由卡丹所提出的一个猜想——"大数定律"：随着试验次数的增加，某一事件出现的频率会集中在该事件的概率。伯努利定理从理论上刻画了大量经验观测中呈现的稳定性，其意义在于揭示了因偶然性的作用而呈现的杂乱无章现象中的一种规律性。在雅各布·伯努利去世8年之后的1713年，他的遗著《猜度术》出版，这是概率论诞生的标志。

继雅各布·伯努利之后，法国棣莫弗、布丰（Buffon，1707—1788）、泊松（S. D. Poisson，1781—1784），英国贝叶斯（T. R. Bayes，1702—1761）等人对概率论做出了进一步的奠基性贡献。

棣莫弗的《机会论》（1718）是概率论较早的专著之一，它首次定义了独立事件的乘法定理，给出了二项分布公式。在书中，棣莫弗不仅讨论了掷骰子和其他赌博的许多问题，如"赌徒输光"问题，著名的"点数问题"。他还考虑了有三个游戏者参与的情况。他证明了概率为0.5时的二项分布收敛于正态分布的棣莫弗—拉普拉斯定理。雅各布·伯努利的侄子丹尼尔·伯努利（Daniel Bernoulli，1700—1782）在1730年发表的《赌博法新论》把概率的研究推广到包括人寿保险和健康统计的问题。布丰在1777年发表的《或然性试验》，提出著名的"蒲丰投针问题"，突破等可能的基本事件数是有限的限制，为几何概型奠定了基础。1763年，英国数学家贝叶斯（Bayes，1701—1763）的朋友发表了贝叶斯生前的论文《论机会学说中的一个问题》，文中提出了先验概率、后验概率（即条件概率）的概念，以及计算后验概率的贝叶斯公式。

二、分析概率论

法国数学家、物理学家拉普拉斯（P. S. Laplace，1749—1827）是当时概率论的集大成者。他把微积分引入概率研究，实现了概率论研究由组合技巧向分析方法的过渡，开创了概率论发展的新阶段。1812 年，他的著作《概率的分析理论》出版，这是概率论历史上的一个里程碑。该书中明确给出了概率的古典定义，独立事件的加法、乘法法则，推广了雅各布·伯努利在大数定律方面的工作，导出了二项分布渐近于正态分布的中心极限定理（史称"棣莫弗—拉普拉斯定理"）。他将数理统计的问题看作概率论的一个分支，在人口统计、养老金、估计寿命、审判调查等方面广泛地应用了概率论，他应用极限定理解释了某一国家注册结婚数目的稳定性，死信数目的稳定性，解决了和年金有关的问题，为数理统计的诞生奠定了基础。他在第二版《概率的分析理论》（1814）的绪论——《概率的哲学导论》中提出了著名的论断："概率论终将成为人类知识中最主要的组成部分，因为人类生活中最重要的问题绝大部分正是概率问题。"拉普拉斯这些创造性的工作和成就，使他成为概率论的奠基人之一。

1837 年，泊松在论文《关于刑事案件和民事案件审判概率的研究》中，他继续研究拉普拉斯曾考虑的问题，并提出了描述随机变量的泊松分布。他指出了大数定理的本质是大量随机变量的算术平均值与它们的期望近似相等。

俄国数学家切比雪夫（P. L. Chebyshev，1821—1894）在 1866 年出版的《论均值》中推广了大数定律条件，揭示了平均值的统计稳定性（即随机的规律性），把概率论推入了一个新的阶段。他的弟子马尔科夫（A. A. Markov，1856—1922）严格证明了一般条件下的中心极限定理，削弱了中心极限定理与大数定律的条件限制，把随机变量互相独立的情况推广到变量相关的情况，研究了相关随机变量的和及平均值的性质，创建了马尔科夫链，并开创了对一种无后效性的随机过程——马尔科夫过程的研究，其研究方法和重要发现推动了概率论的新发展，促进了概率论的重要分支——随机过程论的发展。

三、公理化概率论

1889 年，法国学者贝特朗（J. L. F. Bertrand，1822—1900）在他的《概率论》一书中给出了概率论中著名的"贝特朗悖论"。同一时期还出现了许多悖论，正是这些问题促使人们思考概率论的基础问题。历史上曾出现了概率的各种定义（如古典定义、几何定义、频率定义等），每个定义都有其合理性，也都有其局限性。另外，概率论在物理、生物等领域的应用，也需要对概率论的概念、原理做出解释。1900 年，德国数学家希尔伯特在巴黎国际数学家大会上作的著名的报告中的第 6 个问题，就呼吁把概率论公理化。因此，概率论公理化问题成为当时数学及整个自然科学的最迫切的问题之一。

最先对概率论公理化进行尝试的是俄国伯恩斯坦（C. H. Bernstein，1880—1968）和奥地利米泽斯（R. von Mises，1883—1953）。1917 年，伯恩斯坦发表了一篇题为"论概率论的公理化基础"的论文，开启了概率论公理化研究。他在《概率论》（1917）中引进了概率的三个公理：可比较性公理、不相容事件公理和事件组合公理，并在这三个公理的基础之上构造了概率论公理化框架。米泽斯在著作《概率、统计和真理》（1928）之中，提出了他理论中最根本的概念——"集体"。在此基础上，他把事件的概率定义为该事件在独立重复随机试验中出现的频率的极限，并把此极限的存在性作为他的第一条公理。他的第二条公理是对于随机选取的子试验序列，事件出现的频率的极限也存在并且极限值相等，从而构建概率论的频率定义和统计定义公理化。1925 年前后，前苏联柯尔莫戈洛夫（Kolmogorov，1903—1987）开始研究独立随机变量的级数收敛问题及发散时的阶数。1926 年，他得到了大数定律适用性的充分必要条件，并证明了（弱）大数定律。他还发现：对于独立同分布随机变量，强大数定律的充分必要条件等价于弱大数定律所要求的条件，即数学期望的存在性。1928 年，前苏联辛钦（Khitchin，1894—1959）证明了"如果随机变量 ξ_1，ξ_2，…独立同分布，那么期望 $M\xi_n$ 的存在性是应用（弱）大数定律的充分必要条件"。柯尔莫戈洛夫和辛钦分别得到了关于独立随机变量与相关随机变量的普遍结果。1933 年，柯尔莫戈洛夫的经典性著作《概率论基础》（德文版）问世，他着眼于规定事件及事件概率的最基本的性质和关系，并用这些规定来表明概率的运算法则。他通过集合测度与事件概率的类比，积分与数学期望的类比，函数正交性与随机变量独立性的类比等，建立了在测度论基础上的概率论的公理化体系，使概率论变成了严格的数学分支。

值得一提的是，不同的人对概率概念的理解是不同的，因而可以建立不同的公理化系统。雷伊（Renyi）突破现实生活中大多数判断和决策受以往信息和经验的制约的认识，建立了一套条件概率公理系统。

第二节　古典概型

卡丹在《论赌博游戏》中记载了他讨论同时抛掷两枚骰子，正面向上的点数之和的分布：

$$(1,1)\quad(1,2)\quad(1,3)\quad(1,4)\quad(1,5)\quad(1,6)$$
$$(2,1)\quad(2,2)\quad(2,3)\quad(2,4)\quad(2,5)\quad(2,6)$$
$$(3,1)\quad(3,2)\quad(3,3)\quad(3,4)\quad(3,5)\quad(3,6)$$
$$(4,1)\quad(4,2)\quad(4,3)\quad(4,4)\quad(4,5)\quad(4,6)$$
$$(5,1)\quad(5,2)\quad(5,3)\quad(5,4)\quad(5,5)\quad(5,6)$$
$$(6,1)\quad(6,2)\quad(6,3)\quad(6,4)\quad(6,5)\quad(6,6)$$

显然，点数之和等于 7 的可能性最大。这是古典概型的最早的（直观）定义，也成就了卡丹成为史上最早用数学来分析赌局的人。

前面提到的帕斯卡和费马在讨论"梅累赌金分配"问题时，将问题简化为：甲、乙两人同掷一枚硬币，规定：正面朝上，甲得 1 分；反面朝上，乙得 1 分，先积满 3 分者赢得赌局。假定在甲积 2 分，乙积 1 分时，赌局因某种原因终止，问应该怎样分赌金才公平。

虽然帕斯卡和费马都解决了这个问题，但他们的思路是不同的。帕斯卡的思路是：再掷一次的话，若正面朝上，则甲获得全部赌金；若反面朝上，则两人平分赌金。因为这两种情况出现的概率是有等可能的，所以甲应该获得 $1 \times \frac{1}{2} + \frac{1}{2} \times \frac{1}{2} = \frac{3}{4}$ 的赌金，乙则应该获得 $0 \times \frac{1}{2} + \frac{1}{2} \times \frac{1}{2} = \frac{1}{4}$ 的赌金。而费马的思路是：完成赌局最多还需要两局，这两局的可能的情况是：

情况	1	2	3	4
胜者	甲甲	甲乙	乙甲	乙乙

总共只有 4 种情况，而这 4 种情况中，情况 1、2、3 中的任何一种情况发生，甲就赢得比赛；而只有情况 4 发生时，乙才赢得比赛。因此，甲应该获得 $\frac{3}{4}$ 的赌金，乙应该获得 $\frac{1}{4}$ 的赌金。

在卡丹以后的约三百年的时间里，帕斯卡、费马、雅各布·伯努利、惠更斯等数学家都在古典概率的计算、公式推导和应用等方面做了重要的工作，但他们都没有定义古典概率。直到 1812 年，拉普拉斯在《概率的分析理论》中才给出古典概率的定义：事件 A 的概率等于一次试验中有利于事件 A 的可能结果数与该事件中所有可能结果数之比。

第三节 概率的定义

古典概率的定义通过简单明了的方式定义了事件的概率，并给出了简单可行的算法。它有两个适用的条件：①可能结果总数有限；②每个结果的出现有同等可能。其中②尤其重要，它是古典概率思想产生的前提。

古典概率的定义虽然简单直观，但是适用范围有限，正如雅各布·伯努利所说："……这种方法仅适用于极罕见的现象。"因此，他通过观察来确定结果数目的比例，并且认为"即使是没受过教育和训练的人，凭天生的直觉，也会清楚地知道，可利用的有关观测的次数越多，发生错误的风险就越小"。虽然原理简单，但是其科学证明并不简单，在古典概率下，雅各布·伯努利证实了这一点，即"当试验次数愈来愈大时，频率接近概率"，这就是著名的雅各布·伯努利大数定理，这一成果收录在他的遗著《猜度术》（1713）之中。雅各布·伯努利大数定理告诉我们"频率具有稳定性"，所以可以"用频率估计概率"，而这也为以后概率的统计定义奠定了思想基础。雅各布·伯努利大数定理虽然直观反映了概率与频率的关系，但还不够严谨。给出概率严谨而科学的统计定义的是德国冯·米塞斯（R. Von Mises，1883—1953），他在1919年出版的著作《概率论基础研究》中指出：在做大量重复试验时，随着试验次数的增加，某个事件出现的频率总是在一个固定数值的附近摆动，显示出一定的稳定性，把这个固定的数值定义为这一事件的概率。

第四节　几何概型

几何概率的概念最早应该出自牛顿。虽然牛顿并未留下任何概率论专作，但在他的许多著述中却不乏概率论的思想与方法。牛顿早期数学手稿中就有关于概率定义的讨论，特别是他在1664—1666年间对惠更斯《赌博计算》所作的一份注记中，已出现几何概率概念，牛顿写道："当机会之比是无理数时，仍可用同样的方法计算期望值，设半径 AB，AC，将水平圆面分成 $ABeC$ 和 $ABdC$ 两部分，如图 1 – 11 – 1，其面积之比为 $2：\sqrt{5}$。一小球向圆心垂直下落，若它落在 $ABeC$ 部分，我赢得的概率为 a；若它落在另一部分，则赢得的概率为 b，此时期望值等于 $\dfrac{2a + \sqrt{5}b}{2 + \sqrt{5}}$。"

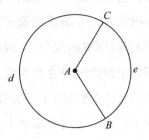

图 1 – 11 – 1

这说明牛顿引用了几何概率来处理机会的无理数比，可能是目前所了解的关于几何概率的最早记载。此外，牛顿在编年学研究《古代王国修正编年》

（1728）中借助概率原理从考古数据来推断古代王朝年代，这里不再赘述。

"布丰投针问题"对几何概型的研究有着不可估量的作用。在 1777 年的一天，法国博物学家布丰（Buffon，1707—1788）邀请他的一些好友来做了一次奇特的实验。他兴致勃勃地拿出一张纸来，纸上预先画好了一条条等距离的平行线。接着他又抓出一大把事先准备好的小针，这些小针的长度都是平行线间距离的一半。然后布丰先生宣布："请诸位把这些小针一根一根往纸上扔吧！不过，请大家务必把扔下的针是否与纸上的平行线相交的数目告诉我。"游戏结束后，布丰宣布："先生们，我这里记录了诸位刚才的投针结果，共投针 2212 次，其中与平行线相交的 704 次。总数 2212 与相交数 704 的比值为 3.142。"说到这里，布丰先生故意停了停，并对大家报以神秘的一笑，接着有意提高声调说："先生们，这就是圆周率 π 的近似值！"众人哗然，一时疑议纷纷，大家全部感到莫名其妙："圆周率 π？这可是与圆半点也不沾边的呀！"布丰似乎猜透了大家的心思，得意洋洋地解释道："诸位，这里用的是概率的原理，如果大家有耐心的话，再增加投针的次数，还能得到 π 的更精确的近似值。"这就是著名的"布丰投针问题"。布丰得出的一般结果是：如果纸上两平行线间相距为 d，小针长为 l，投针的次数为 n，所有投的针当中与平行线相交的次数为 m，那么当 n 相当大时，就有 $\dfrac{m}{n} \approx \dfrac{2l}{\pi d}$。由于针长 l 恰等于平行线间距离 d 的一半，所以

代入上面公式简化得：$\pi \approx \dfrac{n}{m}$。

布丰把"布丰投针问题"的过程和解决的方案写在了同年发表的论文《或然性试验》之中。布丰把等可能思想应用到含无穷多个事件的情况，"布丰投针问题"便成了几何概型早期的经典案例，对几何概型的发展起到了推波助澜的作用。

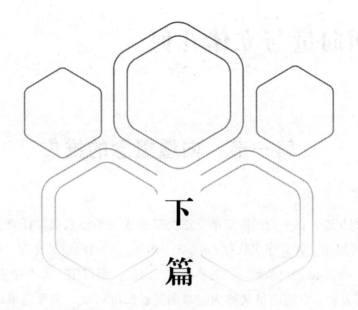

下
篇

选择性必修

第 一 章

空间向量与立体几何

第一节 向量概念的推广

我们知道，在平面内取定单位正交基底建立坐标系后，任意一个平面向量，都可以用二元有序实数对 (a_1, a_2) 表示。平面向量又称为二维向量。给定空间一个单位正交基底，任意一个空间向量，都可用三元有序实数组 (a_1, a_2, a_3) 表示。空间向量又称为三维向量。二维向量、三维向量统称为几何向量。

在实际问题中，经常会遇到一些需要用更多实数来表示的量。如表述人体发育常见指标的身高 a_1、体重 a_2、肺活量 a_3、胸围 a_4、耐力 a_5，可以用顺序排列的五个量来表示。那么，这些指标可用一个五元数组 $(a_1, a_2, a_3, a_4, a_5)$ 来表达。如果我们还需要了解人体的其他指标，如腰围 a_6、臀围 a_7、臂长 a_8、腿长 a_9、足长 a_{10} 等，连同前面的五个指标，可以用一个十元数组 $(a_1, a_2, \cdots, a_{10})$ 来表达。

一般地，n 元有序实数组 $(a_1, a_2, \cdots, a_n)$ 称为 n 维向量，它是几何向量的推广。n 维向量的全体构成的集合，赋予相应的结构后，叫作 n 维向量空间。每一个 n 元有序实数组 $(a_1, a_2, \cdots, a_n)$ 对应 n 维向量空间的一个点；反之，n 维向量空间的每一个点必有一个 n 元有序实数组 $(a_1, a_2, \cdots, a_n)$ 与之对应。对于 n 维向量，也可像几何向量一样，定义向量的长度（模），两点间的"距离"，两个向量的加法运算、减法运算、数乘运算、数量积。

设 $\vec{a} = (a_1, a_2, \cdots, a_n)$，$\vec{b} = (b_1, b_2, \cdots, b_n)$，它们在 n 维向量空间中对应的点分别为 A，B，则

（1）模长：$|\vec{a}| = \sqrt{a_1^2 + a_2^2 + \cdots + a_n^2}$；

（2）A，B 两点的"距离"：$|AB| = \sqrt{(a_1 - b_1)^2 + (a_2 - b_2)^2 + \cdots + (a_n - b_n)^2}$；

（3）向量的加法、减法运算：$\vec{a} \pm \vec{b} = (a_1 \pm b_1, a_2 \pm b_2, \cdots, a_n \pm b_n)$；

（4）数乘运算：$\lambda \vec{a} = \lambda(a_1, a_2, \cdots, a_n) = (\lambda a_1, \lambda a_2, \cdots, \lambda a_n)$；

（5）数量积：$\vec{a} \cdot \vec{b} = |\vec{a}| \cdot (\vec{b})\cos<\vec{a}, \vec{b}>$，$\vec{a} \cdot \vec{b} = a_1 b_1 + a_2 b_2 + \cdots + a_n b_n$。

运用 n 维向量可以简捷地证明著名的柯西不等式：

设 $\vec{a} = (a_1, a_2, \cdots, a_n)$，$\vec{b} = (b_1, b_2, \cdots, b_n)$，

由 $\vec{a} \cdot \vec{b} = (\vec{a}) \cdot |\vec{b}|\cos<\vec{a}, \vec{b}>$，

$\therefore |\vec{a} \cdot \vec{b}| = |\vec{a}| \cdot |\vec{b}||\cos<\vec{a}, \vec{b}>| \leqslant |\vec{a}| \cdot |\vec{b}|$，

$\therefore |\vec{a} \cdot \vec{b}|^2 \leqslant |\vec{a}|^2 \cdot |\vec{b}|^2$，即 $\left(\sum\limits_{i=1}^{n} a_i b_i\right)^2 \leqslant \sum\limits_{i=1}^{n} a_i^2 \cdot \sum\limits_{i=1}^{n} b_i^2$，

当且仅当 $\vec{a}$ 与 $\vec{b}$ 共线时，等号成立。

第二节　求空间角的向量方法

一、异面直线所成的角

设异面直线 a，b 的方向向量分别是 $\vec{m}$，$\vec{n}$，所成角的大小为 θ，则 $\cos\theta = \dfrac{|\vec{m} \cdot \vec{n}|}{|\vec{m}| \cdot |\vec{n}|}$。

二、直线与平面所成的角

设平面 α 的法向量为 $\vec{n}$，平面 α 的斜线的方向向量为 $\vec{m}$，直线与平面所成

角为 θ ，则 $\sin\theta = \dfrac{|\vec{m} \cdot \vec{n}|}{|\vec{m}| \cdot |\vec{n}|}$ 。

三、平面与平面所成的角——二面角

设二面角的两个面的法向量分别为 $\vec{m}$ ，$\vec{n}$ ，二面角的大小为 θ ，则 $\cos\theta = \dfrac{\vec{m} \cdot \vec{n}}{|\vec{m}| \cdot |\vec{n}|}$ （注意考虑二面角的类型）。

第三节　求空间距离的向量方法

一、点到平面的距离

过点 P 作平面 α 的垂线，垂足为 Q ，则线段 PQ 的长度叫作点 P 到平面 α 的距离。

已知点 P 是平面 α 外的一点，点 A 是平面 α 内的任一点，若平面 α 的法向量为 $\vec{n}$ ，则点 P 到平面 α 的距离 $d = \dfrac{|\vec{PA} \cdot \vec{n}|}{|\vec{n}|}$ 。

二、直线与平面的距离

若直线 l // 平面 α ，那么直线 l 上的任意一点到平面 α 的距离，叫作直线 l 到平面 α 的距离。

容易证明，直线上的点到平面之间的距离处处相等。由此，将直线与平面的距离转化为点到平面的距离。

三、平面与平面的距离

若平面 α // 平面 β ，那么平面 α （或平面 β ）上的任意一点到平面 β （或平

面 α) 的距离，叫作平面 α 与平面 β 的距离。

容易证明，平行平面之间的距离处处相等。由此，将平面与平面的距离转化为点到平面的距离。

四、异面直线之间的距离

直线 l 分别与异面直线 a , b 垂直且相交于 A , B , 则直线 l 叫作异面直线 a , b 的公垂线，线段 AB 的长度叫作异面直线 a , b 之间的距离。

设直线 l 是异面直线 a , b 的公垂线，E 是直线 a 上的任一点，F 是直线 b 上的任一点。利用 $\vec{n} \cdot \vec{a} = 0$, $\vec{n} \cdot \vec{b} = 0$, 求出异面直线 a , b 公垂线的方向向量为 $\vec{n}$, 那么异面直线 a , b 之间的距离 $d = \dfrac{|\overrightarrow{EF} \cdot \vec{n}|}{|\vec{n}|}$ 。

第二章
直线和圆的方程

第一节　直线的斜率

直线的斜率，表示一条直线相对于横轴的倾斜程度。下面介绍斜率概念的发展历程。

一、从几何比到直线方程

早在 17 世纪，费马在《平面与立体轨迹引论》中已经证明了二元一次方程 $ax = by$ 和 $c - ax = by$ 表示直线。但费马没有讨论方程系数的几何意义。

1826 年，哈密尔顿通过几何方法证明了坐标满足二元一次方程 $Ax + By + C = 0 \cdots (1)$ 的点的轨迹是直线。他先将（1）写成 $y = ax + b \cdots (2)$ 的形式。在斜坐标系 XAY 中，直线 BZ 分别交 X 轴和 Y 轴于点 C 和 B，已知 $AB = b$，$AC = \dfrac{b}{a}$。在 BZ 上任取一点 P，过 P 作 $PM // Y$ 轴，交 X 轴于点 M，过 B 作 $BQ // X$ 轴，交 PM 于 Q，如图 2 - 2 - 1 所示，令 $AM = x$，$MP = y$，则 $y = MQ + QP = b + QP$。

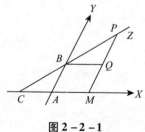

图 2 - 2 - 1

因 $\triangle PQB$ 与 $\triangle BAC$ 相似，故有 $\dfrac{PQ}{QB} = \dfrac{BA}{AC} = a$，于是得 $PQ = a \cdot QB = ax$，代入上面的等式，即得方程（1），故点 P 的坐标满足方程（1）。由点 P 的任意性知，直线 BZ 即为所求的轨迹。因此，（2）为直线的方程。他还专门对参数 a 进行了讨论。他设直线 BZ 与 X 轴所成的角为 α，直线 BZ 与 Y 轴所成的角为 $\beta - \alpha$，由正弦定理得 $a = \dfrac{\sin\alpha}{\sin(\beta - \alpha)}\cdots$（3），在直角坐标系下，$a = \tan\alpha\cdots$（4）。哈密尔顿还讨论了 α 从 0 到 π 变化时 a 的变化情况；基于 a 和 b 的符号，讨论了斜截式方程的四种情形以及点斜式和两点式。

1830 年，扬（Young，1799—1885）根据几何比，推导出过原点的直线方程 $y = ax\cdots$（5）。并说明：在直角坐标系下，a 表示直线与 x 轴夹角的正切，在斜坐标系下，a 表示直线与 x 轴和 y 轴夹角的正弦之比。还给出了 a 的两点坐标公式，推导出不过原点的直线方程 $y = ax + b$，并根据 a，b 的符号，讨论了四种不同的情形。

1831 年，拉德纳（Lardner，1793—1859）证明了方程（1）的轨迹为直线，$-\dfrac{A}{B} = \dfrac{\sin\alpha}{\sin\beta}$ 且给出结论：形如（1）的所有方程中，与 $-\dfrac{A}{B}$ 相同的方程表示平行线。书中还讨论了 $A = 0$ 或 $B = 0$ 的情形。

1836 年，美国戴维斯（C. Davies，1789—1876）利用正弦定理，先推导出在斜坐标系下的过原点的直线方程为 $y = \dfrac{\sin\alpha}{\sin(\beta - \alpha)}x\cdots$（6），进而得到一般直线方程为 $y = \dfrac{\sin\alpha}{\sin(\beta - \alpha)}x + b\cdots$（7）。在直角坐标系下，（6）和（7）分别为 $y = (\tan\alpha)x$ 和 $y = (\tan\alpha)x + b$。令 $\tan\alpha = a$，就得到了方程（5）和（2），他也讨论了 α 从 0 到 π 变化时 a 的变化情况。

从以上我们看到，19 世纪 20—30 年代，在推导直线方程或讨论一次方程所表示的轨迹时，往往采用一般的斜坐标系，并以几何比为出发点，在获得直线方程（2）和（5）之后，用（3）或（4）对 x 的系数 a 进行定量的解释，或在直线方程中直接将 x 的系数写成直线与 x 轴和 y 轴所成角的正弦之比，斜率概念并未出现。

二、从三角比到直线方程

1837 年，Hymers 讨论了在直角坐标系下的直线方程，并直接以直线与 x 轴

（正方向）所成角的正切作为出发点。如图 2 - 2 - 2 所示，P 为直线 BT 上的任意一点，设 $AB = c$，$\tan \angle PTN = m$。过 P 作 x 轴的垂线，垂足为 N，过 B 作 PN 的垂线，垂足为 Q，则 $PQ = BQ \cdot \tan \angle PBQ = AN \cdot \tan \angle PTN = mx$，故得 $y = PN = PQ + AB = mx + c$。

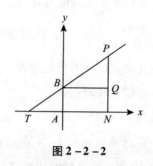

图 2 - 2 - 2

显然，在直角坐标系下的直线方程比在斜坐标系下的简单。因此，在 Hymers 之后，很多人将这种方式纷纷写入教材之中，如柯芬（Coffin，1848）、罗密士（Loomis，1851）等，都从直线与 x 轴所成角的正切出发来推导出在直角坐标系下的直线方程（2），并讨论了斜截式、两点式以及关于 a 的两点坐标公式。虽然在直角坐标系下，斜率概念呼之欲出，但还是没有出现。

三、斜率概念的出现

据考证，具有斜率意义上的"slope"一词，最早出现于 John Murray 的著作《实用测量与地形图绘制》之中，但没有立即传播开来。直到 1855 年，美国戴维斯（C. Davies，1789—1876）和佩克（W. G. Peck，1820—1892）在《数学辞典与数学科学百科全书》中给出斜率的定义："一个平面的斜率是该平面关于水平面的倾斜角，斜率一般用其正切值来表示。"这个定义比较模糊，没有说清楚斜率到底是倾斜角还是倾斜角的正切值。佩克也意识到这一点，1875 年，他编著的解析几何教科书中，首先对倾斜角进行定义："直线与 x 轴所成的角"，大小为 x 轴正方向到直线（上方）所转过的角度，范围为 $0°$ 到 $180°$，然后给出过两点 $P_1(x_1，y_1)$ 和 $P_2(x_2，y_2)$ 的直线的倾斜角公式：$\tan \theta = \dfrac{y_2 - y_1}{x_2 - x_1}$，最后将"倾斜角的正切值"称为"斜率"。他还讨论了斜率的正负值与倾斜角大小之间关系：倾斜角为锐角，斜率为正；倾斜角为钝角，斜率为负。但没有讨论斜率为零或不存在的情形。

1889 年，哈代（G. H. Hardy，1877—1947）对斜率作出了完整的讨论，他将直线方程的一般式 $Ax + By + C = 0$ 化为斜截式 $y = mx + b$，其中 $m = -\dfrac{A}{B}$，$b = -\dfrac{C}{B}$。当 $m = 0$ 时，直线与 x 轴平行，方程为 $y = b$；当 $m = \infty$ 时，表示一条与 y 轴平行的直线，因为此时对应的倾斜角为 $\dfrac{\pi}{2}$，直线方程为 $y = \infty x + b$。由于该直线与 y 轴平行，则 $b = \infty$，由此可得系数 $B = 0$，直线方程的一般式为 $Ax + C = 0$，即 $x = -\dfrac{C}{A}$。

引入倾斜角和斜率概念之后，教科书直接利用倾斜角的正切值来推导直线方程（1），并指出：a 为斜率，b 为截距，前者确定了直线的方向，后者确定了直线过 y 轴上的一点。斜率概念渐渐成为解析几何的重要概念之一，直线方程也因此建立在斜率概念的基础之上。

第二节　直线的倾斜角

倾斜角概念要比斜率概念出现得早。在 1875，佩克提出用"倾斜角的正切"来定义斜率之后，西方的教材大都用这种来定义斜率，但对倾斜角的定义互有不同。

1911 年，威格尔（Rigger）将倾斜角定义为"从 x 轴正方向沿逆时针方向转过的角"；1915 年，菲利普斯（Phillips）将倾斜角定义为"直线与 x 轴正方向的夹角"；1918 年，克劳利（Crawley）和埃文（Evan）指出，直线与 x 轴所成的角共有 4 个，其中，"从 x 轴正方向出发，且位于 x 轴上方的那个角为倾斜角"；直到 1958 年，Purcell 才将倾斜角定义为" x 轴的正方向与直线正方向（向上）的夹角"。

不同教材对倾斜角范围的界定也不尽相同。1875 年，佩克把倾斜角的范围

界定为 $[0, \pi)$；1936 年，扬（Young）、垺特（Fort）、摩岗（Morgan）等人将倾斜角范围界定为 $[0, 2\pi)$；1949 年，纳尔逊（Nelson）、弗莱（Folley）和博格曼（Borgman）等将倾斜角界定为 $\left(-\dfrac{\pi}{2}, \dfrac{\pi}{2}\right]$。但最终由于人们习惯于用最小的范围表示整体，且倾向于思维的连贯性，因而剔除了负角，最终选择了佩克的范围界定 $[0, \pi)$。

至于"为什么用正切而不用正弦或余弦来定义斜率"？这是因为在斜率成为解析几何的基本概念之前，人们已经熟悉了直线方程的斜截式、点斜式甚至两点式，知道了在直角坐标系中的斜截式方程 $y = ax + b$ 中的系数 a 是"直线与 x 轴所成角"的正切。因而，用倾斜角的正切来定义斜率，成了人们唯一的选择。

第三节　直线的方程

关于直线的方程与方程的直线的认识，经历了一个较长的过程。

1826 年，哈密尔顿（Hamilton）首次证明二元一次方程的轨迹是一条直线，直线方程表达了直线上的任意一点的横纵坐标之间的关系。1898 年，泰勒（Tanner）和艾伦（Allen）从两个点能够确定一条直线，推导出直线的两点式方程。1911 年，威格尔（Rigger）证明了直线方程是在笛卡尔坐标系下的一次式方程；1925 年，Crenshaw&Killbrew 提出关于变量 x，y 的一次式方程的图像是一条直线，也称为线性方程。由此可见，"直线方程"本身的定义也是不断完善的。在 20 世纪前后，对于直线方程的定义主要集中于：① 直线方程是一次式方程；②一次式方程图像是一条直线。直到 1949 年，纳尔逊（Nelson）、弗莱（Folley）和博格曼（Borgman）才提出"直线的方程与方程的直线"的完备性：直线上的每一个点 (x, y) 都满足关于 x，y 的一次解析式 $Ax + By + C = 0$；反之，满足解析式 $Ax + By + C = 0$ 的所有 x，y 构成的点 (x, y) 都在直线上，这样的解析式方程是直线方程。

直线方程的不同形式具有不同的推导方式。历史上，对于点斜式：汉密尔顿利用斜截式来推导（1826），拉德纳利用一般式来推导（1831），Lambent 根据两点式来推导（1897）。对于斜截式：哈密尔顿在斜坐标系中利用几何比推证出直线的一般形式，再化为斜截式（1826），Hymers 在直角坐标系下，利用直线与 x 轴（正方向）所成角的正切（三角比）来推导直线的斜截式方程（1837），Wentworth 利用斜率的定义来推证（1886）。对于两点式：汉密尔顿导出斜截式后，再在直线上任取两个不同的点，将两个点的坐标代入斜截式方程，之后相减得两点式方程（1826），柯芬利用相似三角形对应边成比例推导直线的两点式（1848），哈代利用一般式推证两点式（1889），Dowling & Turneaure 利用斜率的定义给出两点式（1914）。对于截距式：哈密尔顿利用斜截式来推导截距式（1826），Newcomb 利用平行线所截线段成比例来推导截距式（1884），哈代利用相似三角形推导截距式（1889），Tanner & Allen 根据两点式推导截距式（1898），Candy 用面积法来推导截距式（1900）。

历史上对点斜式、斜截式、两点式、截距式的不同推导实质上反映了直线方程的几种形式之间的相互转化。

第四节　点到直线距离公式的推导

点到直线距离公式是一个很重要的公式，然而很多教师和同学更多的只是重视它的应用，对于公式本身的证明却未引起足够的重视。下面我们从不同角度来推证点到直线的距离公式，供大家参考。

【问题】已知点 $P(x_0, y_0)$，直线 $l: Ax + By + C = 0$（其中 A，B 不同时为 0），求点 P 到直线 l 的距离。

若 $A = 0$ 或 $B = 0$，直线 l 与 x 轴平行或垂直，则很容易求得点 P 到直线 l 的距离。下面只考虑 $A \neq 0$ 且 $B \neq 0$ 的情形。

【方法1】（定义法）如图 2 - 2 - 3 所示，过点 P 作直线 l 的垂线，垂足为 Q，则线段 PQ 的长为点 P 到直线 l 的距离。

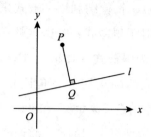

图 2 – 2 – 3

由 $PQ \perp l$ ，$k_l = -\dfrac{A}{B}$ 可知，$k_{PQ} = \dfrac{B}{A}$ ，

$\therefore$ 直线 PQ 的方程为 $y - y_0 = \dfrac{B}{A}(x - x_0)$ ，即 $Bx - Ay + Ay_0 - Bx_0 = 0$。

联立 $\begin{cases} Ax + By + C = 0, \\ Bx - Ay + Ay_0 - Bx_0 = 0, \end{cases}$ 求得 $Q\left(\dfrac{B^2 x_0 - ABy_0 - AC}{A^2 + B^2} , \dfrac{A^2 y_0 - ABx_0 - BC}{A^2 + B^2} \right)$ ，

$$d = \sqrt{\left(\dfrac{B^2 x_0 - ABy_0 - AC}{A^2 + B^2} - x_0 \right)^2 + \left(\dfrac{A^2 y_0 - ABx_0 - BC}{A^2 + B^2} - y_0 \right)^2}$$

$$= \sqrt{\dfrac{(Ax_0 + By_0 + C)^2}{A^2 + B^2}} = \dfrac{|Ax_0 + By_0 + C|}{\sqrt{A^2 + B^2}}。$$

【方法 2】（设而不求法）设点 $Q(x , y)$ ，由 $PQ \perp l$ ，所以直线 PQ 的方程

为 $y - y_0 = \dfrac{B}{A}(x - x_0)$ ，即 $A(y - y_0) - B(x - x_0) = 0 \cdots\cdots\textcircled{1}$

直线 l 可写成 $A(x - x_0) + B(y - y_0) = -(Ax_0 + By_0 + C) \cdots\cdots\textcircled{2}$

由于 $|PQ| = \sqrt{(x - x_0)^2 + (y - y_0)^2}$ ，

$\textcircled{1}^2 + \textcircled{2}^2$ 得，$(A^2 + B^2)\left[(x - x_0)^2 + (y - y_0)^2 \right] = (Ax_0 + By_0 + C)^2$ ，

即 $(A^2 + B^2)|PQ|^2 = (Ax_0 + By_0 + C)^2$ ，

所以，$d = |PQ| = \dfrac{|Ax_0 + By_0 + C|}{\sqrt{A^2 + B^2}}。$

【方法 3】（函数法）设 $M(x , y)$ 是直线 l 上的动点，则

$|PM| = \sqrt{(x - x_0)^2 + (y - y_0)^2}。$

$\therefore$ 直线 l 的方程可写成 $A(x - x_0) + B(y - y_0) = -(Ax_0 + By_0 + C)$ ，

$\because \ (A^2 + B^2)\left[(x - x_0)^2 + (y - y_0)^2\right] = A^2 (x - x_0)^2 +$

$B^2 (y - y_0)^2 + A^2 (y - y_0)^2 + B^2 (x - x_0)^2$

$$= \left[A(x - x_0) + B(y - y_0)\right]^2 + \left[A(y - y_0) - B(x - x_0)\right]^2$$

$$\geqslant \left[A(x - x_0) + B(y - y_0)\right]^2 = (Ax_0 + By_0 + C)^2,$$

$$\therefore \ |PM| = \sqrt{(x - x_0)^2 + (y - y_0)^2} \geqslant \frac{|Ax_0 + By_0 + C|}{\sqrt{A^2 + B^2}},$$

当且仅当 $A(y - y_0) - B(x - x_0) = 0$，即 $PM \perp l$ 时，

$$|PM|_{\min} = \frac{|Ax_0 + By_0 + C|}{\sqrt{A^2 + B^2}}，即 \ d = |PQ| = \frac{|Ax_0 + By_0 + C|}{\sqrt{A^2 + B^2}}。$$

【方法 4】（柯西不等式法）设 $M(x, y)$ 是直线 l 上的动点，则

$$|PM| = \sqrt{(x - x_0)^2 + (y - y_0)^2}，而 A(x - x_0) + B(y - y_0) = -(Ax_0 + By_0 + C)，$$

$$\therefore \ (A^2 + B^2)\left[(x - x_0)^2 + (y - y_0)^2\right] \geqslant \left[A(x - x_0) + B(y - y_0)\right]^2 = (Ax_0$$

$+ By_0 + C)^2,$

$$\therefore \ |PM| = \sqrt{(x - x_0)^2 + (y - y_0)^2} \geqslant \frac{|Ax_0 + By_0 + C|}{\sqrt{A^2 + B^2}},$$

当且仅当 $\dfrac{A}{x - x_0} = \dfrac{B}{y - y_0}$，即 $PM \perp l$ 时，

$$|PM|_{\min} = \frac{|Ax_0 + By_0 + C|}{\sqrt{A^2 + B^2}}，即 \ d = |PQ| = \frac{|Ax_0 + By_0 + C|}{\sqrt{A^2 + B^2}}。$$

【方法 5】（解直角三角形）如图 2 - 2 - 4 所示，过 P 作 $PN /\!/ x$ 轴，交 l 于 N。

直线 PN 的方程是 $y = y_0$ ……③

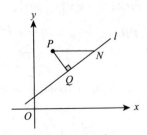

图 2 - 2 - 4

将③代入 $Ax + By + C = 0$ 得，$x = -\dfrac{By + C}{A}$，$\therefore \ N\left(-\dfrac{By_0 + C}{A}, \ y_0\right)$，

$$\therefore |PN| = |x_N - x_0| = \frac{|Ax_0 + By_0 + C|}{|A|}。$$

在 Rt$\triangle PQN$ 中，$\angle PNQ = \alpha$ 或 $\pi - \alpha$（α 为直线 l 的倾斜角），

由 $\tan\alpha = -\dfrac{A}{B} \Rightarrow \sin\alpha = \dfrac{|A|}{\sqrt{A^2 + B^2}}$，

$$\therefore d = |PQ| = |PN|\sin\alpha = \frac{|Ax_0 + By_0 + C|}{\sqrt{A^2 + B^2}}。$$

【方法 6】（等面积法）如图 2 - 2 - 5 所示，过 P 作 $PN//x$ 轴，$PR//y$ 轴，分别交直线 l 于 N，R。

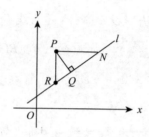

图 2 - 2 - 5

易知，$N\left(-\dfrac{By_0 + C}{A}, y_0\right)$，$R\left(x_0, -\dfrac{Ax_0 + C}{B}\right)$，

$$\therefore |PN| = \frac{|Ax_0 + By_0 + C|}{|A|}, \quad |PR| = \frac{|Ax_0 + By_0 + C|}{|B|},$$

$$|RN| = \sqrt{|PN|^2 + |PR|^2} = \frac{|AB| \cdot |Ax_0 + By_0 + C|}{\sqrt{A^2 + B^2}}。$$

在 Rt$\triangle RPN$ 中，$|PN| \cdot |PR| = |RN| \cdot |PQ|$，

$$\therefore d = |PQ| = \frac{|PN| \cdot |PR|}{|RN|} = \frac{|Ax_0 + By_0 + C|}{\sqrt{A^2 + B^2}}。$$

【方法 7】（向量模长法）$\because$ 直线 l 的法向量 $\vec{n} = (A, B)$，而 $\overrightarrow{PQ}//\vec{n}$，

$\therefore$ 设 $\overrightarrow{PQ} = \lambda\vec{n}$，由 $\overrightarrow{PQ} = (x - x_0, y - y_0)$，$\therefore x - x_0 = A\lambda$，$y - y_0 = B\lambda$，

$$|PQ| = \sqrt{(x - x_0)^2 + (y - y_0)^2} = \sqrt{A^2 + B^2}|\lambda|。$$

而 $A(x - x_0) + B(y - y_0) = -(Ax_0 + By_0 + C)$，

而 $-(Ax_0 + By_0 + C) = A(x - x_0) + B(y - y_0) = \lambda(A^2 + B^2)$

$$\Rightarrow |\lambda| = \frac{|Ax_0 + By_0 + C|}{A^2 + B^2},$$

$$\therefore |PQ| = \sqrt{A^2 + B^2} |\lambda| = \frac{|Ax_0 + By_0 + C|}{\sqrt{A^2 + B^2}}, \quad 即 \ d = |PQ| = \frac{|Ax_0 + By_0 + C|}{\sqrt{A^2 + B^2}}。$$

【方法8】（向量的投影）设 $M(x, y)$ 是直线 l 上的动点，$\therefore \overrightarrow{PM} = (x - x_0, y - y_0)$。

由直线 l 的法向量 $\overrightarrow{n} = (A, B)$，所以 $\overrightarrow{PM}$ 在 $\overrightarrow{n}$ 上投影的长度为 P 到直线 l 的距离，

$$\therefore \ d = \frac{|\overrightarrow{PM} \cdot \overrightarrow{n}|}{|\overrightarrow{n}|} = \frac{|A(x - x_0) + B(y - y_0)|}{\sqrt{A^2 + B^2}}。$$

而 $A(x - x_0) + B(y - y_0) = -(Ax_0 + By_0 + C)$，$\therefore \ d = \frac{|Ax_0 + By_0 + C|}{\sqrt{A^2 + B^2}}$。

【方法9】（转移法）如图 $2-2-6$ 所示，过 P 作直线 $m /\!/ l$，交 x 轴、y 轴于 A，B，由于"两条平行直线间的距离处处相等"，所以将问题转化为直线 m 上的特殊点 B（或 A）到直线 l 的距离。

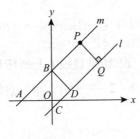

图 $2-2-6$

易知，直线 m 的方程为 $A(x - x_0) + B(y - y_0) = 0$，

$$B\left(0, \frac{Ax_0 + By_0}{B}\right), \quad C\left(0, -\frac{C}{B}\right),$$

$$\therefore \ |BC| = \left| \frac{Ax_0 + By_0}{B} + \frac{C}{B} \right| = \frac{|Ax_0 + By_0 + C|}{|B|}。$$

在 $Rt \triangle BDC$ 中，$\angle CBD = \alpha$ 或 $\pi - \alpha$（α 为直线 l 的倾斜角），由 $\tan\alpha = -\frac{A}{B} \Rightarrow |\cos\alpha| = \frac{|B|}{\sqrt{A^2 + B^2}}$，

$$\therefore \quad d = |PQ| = |BD| = |BC| |\cos\alpha| = \frac{|Ax_0 + By_0 + C|}{\sqrt{A^2 + B^2}}_{\circ}$$

【方法10】（坐标平移法）以点 $P(x_0, y_0)$ 为坐标原点建立新坐标系 $x'Py'$，如图 $2-2-7$ 所示。

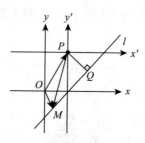

图 $2-2-7$

设 M 是直线 l 上的任意一点，它在新、旧坐标系下的坐标分别为 (x', y')，(x, y)，则 $(x', y') = \overrightarrow{PM} = \overrightarrow{OM} - \overrightarrow{OP} = (x, y) - (x_0, y_0)$，所以 $x = x_0 + x'$，$y = y_0 + y'$，

所以，直线 l 在新坐标系下的方程为 $A(x_0 + x') + B(y_0 + y') + C = 0$，

即 $Ax' + By' + Ax_0 + By_0 + C = 0$，

在新坐标系下，原点 P 到直线 l 的距离 $d = |PQ| = \frac{|Ax_0 + By_0 + C|}{\sqrt{A^2 + B^2}}_{\circ}$

【方法11】（判别式法）设 M 是直线 l 上的任意一点，以点 P 为圆心，以 $|PM| = r$ 为半径作圆，如图 $2-2-8$ 所示，则当直线 l 与圆 P 相切时，$|PM|_{\min} = |PQ|$，

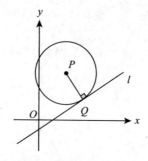

图 $2-2-8$

圆 P 的方程为 $(x - x_0)^2 + (y - y_0)^2 = r^2$。

由 $\begin{cases} Ax + By + C = 0 \\ (x - x_0)^2 + (y - y_0)^2 = r^2 \end{cases}$ ，消去 y ，化简、整理得

$$\frac{A^2 + B^2}{B^2} x^2 - 2\left(x_0 - y_0 - \frac{C}{B}\right)x + x_0^2 + \left(y_0 + \frac{C}{B}\right)^2 - r^2 = 0。$$

由 l 与圆 P 相切，

$$\therefore \Delta = 4\left(x_0 - y_0 - \frac{C}{B}\right)^2 - 4 \cdot \frac{A^2 + B^2}{B^2}\left[x_0^2 + \left(y_0 + \frac{C}{B}\right)^2 - r^2\right] = 0,$$

化简得 $r^2 = \dfrac{(Ax_0 + By_0 + C)^2}{A^2 + B^2}$ ，$\therefore d = |PQ| = \dfrac{|Ax_0 + By_0 + C|}{\sqrt{A^2 + B^2}}。$

【方法 12】（参数法）如图 2 - 2 - 3 所示，直线 l 的法向量即直线 PQ 的方向向量为 $\overrightarrow{n} = (A , B)$ ，

当 $B > 0$ 时，直线 PQ 的参数方程可设为 $\begin{cases} x = x_0 + \dfrac{A}{\sqrt{A^2 + B^2}}t \\ y = y_0 + \dfrac{B}{\sqrt{A^2 + B^2}}t \end{cases}$ （ t 为参数），

由参数的几何意义，$|t| = |PQ|。$

$\because Q$ 在直线 l 上，$\therefore A\left(x_0 + \dfrac{A}{\sqrt{A^2 + B^2}}t\right) + B\left(y_0 + \dfrac{B}{\sqrt{A^2 + B^2}}t\right) + C = 0,$

$\therefore t = -\dfrac{Ax_0 + By_0 + C}{\sqrt{A^2 + B^2}}$ ，此时 $d = |t| = |PQ| = \dfrac{|Ax_0 + By_0 + C|}{\sqrt{A^2 + B^2}}。$

当 $B < 0$ 时，直线 PQ 的参数方程可设为 $\begin{cases} x = x_0 - \dfrac{A}{\sqrt{A^2 + B^2}}t \\ y = y_0 - \dfrac{B}{\sqrt{A^2 + B^2}}t \end{cases}$ （ t 为参数），

同理可得，$t = \dfrac{Ax_0 + By_0 + C}{\sqrt{A^2 + B^2}}$ ，此时 $d = |t| = |PQ| = \dfrac{|Ax_0 + By_0 + C|}{\sqrt{A^2 + B^2}}。$

综上，$d = \dfrac{|Ax_0 + By_0 + C|}{\sqrt{A^2 + B^2}}。$

第五节 "圆"文化

古代人最早从太阳、十五的月亮得到圆的概念。尽管当时还没有圆的定义，但古人已经能利用圆的一些性质来服务生活、改善生活了。考古学研究表明，前6000年，半坡人就已经会造圆形的房顶了。前6000年前后，美索不达米亚人做出了世界上第一个轮子——圆的木轮。约在前6000—前4000年，美索不达米亚人就可以制作陶器的轮子了。到了陶器时代，许多陶器都是圆的。约在4000年前，人们将圆的木轮固定在木架上，这就成了最初的车子。

最早记载圆的性质和画法的是《墨子》。约前4世纪成书的《墨子·经说上》之经59："圆，一中同长也。"意思是说，圆有一个圆心，圆心到圆周上的点长都相等。对"59经说"："圆，规写交也。"指明了圆是用规画出的封闭图形。这个定义比希腊数学家欧几里得的定义："圆是由一条线包围成的平面图形，其内有一点与这条线上的点连接成的所有线段都相等，这个点叫圆心。"要早100年。

圆的线条明快简练、均匀对称，自古至今，人们都对圆有着特殊的情感。大到天体，小到微生物，"圆"无处不存，无所不在。人们赖以生存的太阳、月亮、地球如此，那些人们肉眼看不到的原子、粒子、核子也是如此；自然界中动物的脑袋以及眼睛、鼻孔、嘴巴等也都呈现"圆"形，植物的根、茎、叶、花、果实、种子等，也基本上没有离开"圆"的形状。所以毕达哥拉斯学派认为"一切平面图形中最美的是圆形，一切立体圆形中最美的是球形"，也难怪诗人但丁发出"圆是最美的图形"的赞叹！

一、圆对人类物质文明的影响

远古人对天宇的观察，发现茫茫天宇像一个巨大的圆锅，星球在天庭的运动，也是在画着一个又一个的圆，所以人类最早的器物也多是圆形，圆对人类物质文明的影响很大。

1. 圆在机械动力中的运用

大型机器的搬迁，甚至是整幢大厦的迁移，目前仍然是使用古老的滚筒，使其向前移动，到达指定地点。滚筒的运用是古人类智慧的产物，它可以节约90%的劳力，达到人类自身力量不能达到的境地。金字塔、神庙、巨型雕像等宏伟建筑的建造，都离不开滚筒这一运输工具。滑轮是圆形的，因其经济实惠、效能高，成了一些小作坊、小工厂在高空运物的首选工具。圆形的方向盘便于操作，感觉自然、流畅。圆形的风车将其轴心固定，风车受风力、水力作用自动操作。柴油机启动时，受叶轮的惯性作用，不停地旋转。排风扇、电风扇都是圆形的，它们在电力的作用下均匀旋转。随着圆形车轮的改造发展，从马车、自行车到汽车、火车等交通运输工具日益发达，甚至连飞机的起落架也离不开圆形轮胎。圆形的车轮滚滚向前，它们改变人类历史的进展，改造人们的生活方式和思维习惯。

2. 圆在建筑力学中的运用

很多建筑都是圆柱形的。在高空风向不定的情况下，圆柱形的建筑不仅在高空受的风力最小，具有受力合理、机械强度高等优点，而且还可以防止"风噪声""风峰"等现象。北京的天坛，作为皇帝的祭天建筑，也是以圆作为基本图形的。古罗马人最早在大型建筑中采用拱顶，在拱顶结构中，每一块石头都不会弯曲，只有石头之间有压力，拱顶才会产生侧向推力，在一系列拱顶中，侧向推力相互抵消，在设计拱顶结构的桥梁时，两端的拱顶要支撑在坚硬的岩床上。在各类基础设施建设中常常预埋着各类圆形管道，如进水管道、下水管道、煤气管道、通信管道、电力管道等，之所以设计为圆形，是因为圆形管道具有刚性，能经受内外力的挤压，不变形、不破裂；其次圆形管道衔接方便，管道畅通，不易阻塞。

3. 圆在生活中的运用

很多生活用品也都设计为圆（球）形。如陶瓷产品以圆形为主，它包括碗、盆、水缸、罐子，还有装饰品等。另外，锅、茶杯、热水瓶、硬币等都是圆形。钟表面的设计一般是圆的。为什么人们热衷于圆形物件呢？人们在制作任何东西时都会考虑到以下三个方面：一是美观，二是节省材料，三是使用方便。用同样多的材料做成的圆柱形容器，比做成的方柱形容器装的东西多。当然用同样多的材料做成的球形容器盛的东西最多。但球形容器稳定性不够，使用起来不方便。所以，人们便把大多数的容器做成圆柱形，可以说是两全其美的做法。圆拱门、圆窗、圆桌，甚至是各种圆形的小物件，圆的美和韵味，都被设计师们一一运用到设计中了。

4. 圆在生态中的表现

台风以滚动的方式在海面、陆地上移动。粒子以旋转的方式在地面上传播。激流以漩涡的方式滚滚向前。在平静的水面上，丢下一粒小石子，湖面上荡漾起环形水波纹，从中心向外扩散，形成一系列的同心圆。随着波的传播，这些圆的周长递增，而对应的振幅递减。海啸是一种长周期的水波。波在三维空间中的传播可以形成球面波，产生一系列同心球。从太阳出发射向地球的阳光就是一个球面波，根据球面波的几何性质反推出在太阳表面的辐射强度。利用这个方法，可以获得 9300 万英里以外的太阳的信息。紫外线、X 射线、γ 射线波长较短，红外线、微波、无线电波波长较长，它们都以球面波的方式传播。

一根直径只有 20 多厘米的竹子却能长到 30 米高，风吹雨打也不会折断，它的奥秘就在于用最少的材料造了最好的结构；同时它还采用了结节结构，用以层层加固；并采用了一节比一节细的生长方式。世界著名建筑师贝律铭设计的高 315 米、共 70 层的中银大厦是一项成功的"仿竹杰作"。树干长成圆形是为了减少水分和能量的散发，果实长成球形是为了避免病虫害。

二、圆对人类精神文明的影响

精神文化（或观念文化）是人类在社会生活中形成的人的心理以及进一步加强形成的理论化、系统化的观念形态，包括人们的心理和社会意识形态两个层次。"举头望明月，低头思故乡""月上柳梢头，人约黄昏后""人有悲欢离合，月有阴晴圆缺"。古代诗人、词人常常借圆月抒发情怀，把对亲人的思念寄托在皓皓明月。道家的太极图是用"圆"组合而成的，如图 2-2-9 所示。阴阳作为事物运动的两个方面，既是互相对立的，又是相互统一的。如果没有对立的彼方存在，此方本身也就失去了存在的意义。如虚与实、外与内、气与神、柔与刚、动与静等都是互相对立着

图 2-2-9

的。但阴阳的对立只存在于它们的互相依存和互相联系之中，反过来说，它们的互相依存和互相联系只存在于它们的互相对立之中。

中国古代著名的思想家、政治家、教育家孔子提倡的"中庸之道"，要人们不卑不亢、不进不退、不偏不倚，讲究调和折中，也正是"圆"的再现。"圆，一中同长也。"即从其周边任意一点到中心点的距离相等，因而没有角、没有棱、没有刺，故不易伤人，也不易自损，所以很得人心。自古以来，许多说教都是围绕这个"圆"字展开的，如"忍一时风平浪静，退一步海阔天空"，其核心内容都是告诫人们不要轻易伤害他人，这完全可以用一个"圆"字加以诠释。"圆"没有前后，也分不出上下与左右，更谈不上方向与正反，也许正是由于"圆"的这些特性才决定了它广泛存在于世间，深受人们的青睐。

圆是最美的造型。它具有丰满、规整、匀称、平稳、富于韵律感的特点。在文艺作品中圆更是耀眼夺目，美不胜收。舞蹈演员的基本动作就是一个又一个的圆，她们的一招手、一抬足，亦是在空间里画着一条又一条的圆弧形。就连那舞台上的灯光也照射的是一个圆，舞蹈演员就是在这个圆内翩翩起舞。瓷器讲究珠圆玉润，戏曲讲究字正腔圆，古代文论作品讲究"圆通"，高僧坐化被称为"圆寂"。

三、圆对人类行为方式的影响

行为文化是人类处理个人和他人、个体和群体之间关系的文化产物，包括人们的行为方式、个人对社会事务的参与方式，以及作为这些方式的固定化、程式化的社会经济制度、政治法律制度。

圆具有均匀对称、不偏不倚、公正公平客观的品质，因此国际上重大会议都以圆桌会议的形式举行，此举在于不分大国、小国，强国、弱国，国家之间一律平等。"天道曰圆，地道曰方"（《大戴礼记·曾子天圆》）。内方外圆的做人准则，表达一种对自己严格，对他人宽容的风范，并且以礼相待，以理服人，团结一切可以团结的人，不迁就，不逢迎。没有规矩，不成方圆。凡事都有规范，只有在法律框架内，人们才能参与各种社会事务活动。只有建章立制，才能安邦治国，政治家们以政治上的圆熟手腕统治国家、地区，达到安抚民众、稳定政局、发展经济、提高人民的物质文化水平的目的。人们以各种圆形物质装饰自己的身体，如戒指、手镯、耳环等。表达人们向往美好的生活。

第六节　圆对数学的发展

"圆"具有举足轻重的地位，它不仅影响了人类的物质文明、精神文明和行为习惯。就数学而言，它还是推动数学发展的动力之一。

一、艾·米奎尔（A. Miquel）圆

1. 三角形中的"Minqule 点"

1838 年，英国数学家艾·米奎尔（A. Minqule）博士证明了如下问题：如图 2－2－10 所示，D，E，F 分别为 $\triangle ABC$ 的边 BC，CA，AB 上不同于顶点的任意一点，则 $\triangle AEF$，$\triangle BDF$，$\triangle CDE$ 的外接圆相交于一点 M。后来，人们称点 M 为 D，E，F 对于 $\triangle ABC$ 的"Minqule 点"。

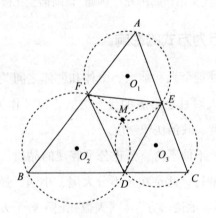

图 2－2－10

特别地，当 D，E，F 分别为 $\triangle ABC$ 的边 BC，CA，AB 上的三条高的垂足时，"Minqule 点"就是 $\triangle ABC$ 的垂心，O_1，O_2，O_3 分别为 AM，BM，CM 的中点。点 O_1，O_2，O_3 称为欧拉点。

2. 完全四边形中的"米奎尔点"。

1839 年，A. Minqule 博士发现并证明了完全四边形的"米奎尔点"。如图

2 - 2 - 11 所示，直线 ABF，ADE，BCE，FCD 构成完全四边形 $ABCDEF$。则 $\triangle BCF$，$\triangle CDE$，$\triangle ABE$，$\triangle ADF$ 的外接圆交于一点 M，则点 M 叫完全四边形 $ABCDEF$ 的"米奎尔点"。他还发现了完全五边形中的"Minqule 点"与"Minqule 圆"：完全五边形（五角星）的五个角上的"Minqule 点"M，N，P，Q，K 共圆，这个圆称为"Minqule 圆"，如图 2 - 2 - 12 所示。

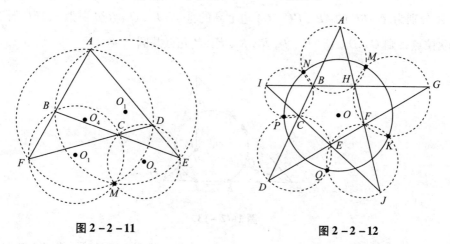

图 2 - 2 - 11　　　　　　　　　　图 2 - 2 - 12

1871 年，英国数学家 William Kingdon　Clifford 在四点共圆的基础上，将 Minqule 定理推广到任意完全 n 边形（$n \geqslant 4$），建立了 Clifford 链定理。

值得一提的是，1993 年江泽民总书记在接见我国获国际数学奥林匹克（IMO）大奖的选手时，提供了"Minqule 圆"，此后他又与著名数学家陈省身、中科院张景中院士等讨论过这个问题。2000 年 12 月 20 日在濠江中学参观时，曾即席提出"五点共圆"问题：在任意五角星的五个角上分别作三角形的外接圆，求证：这五个外接圆与五角星外的五个交点共圆。

我国数学工作者在 20 世纪初就引进了 Miquel 定理并对它进行了深入探讨。陈圣德教授在《数学通报》1964 年第 11 期上发表《关于五边形的密克圆》一文对 Miquel 第 2 定理进行了论证和引申。我国数学家周毓麟院士于 1954 年 12 月发表了一篇题为《连环定理》的著名论文，该文除独立发现 Clifford 定理外，还对欧氏几何的共圆点、共点圆问题做了统一处理，得到了一条囊括全局的普遍性定理，将"Minqule 点"与"Minqule 圆"工作推到登峰造极的程度。

二、九点共圆

三角形三边的中点、三高的垂足和三个欧拉点（连接三角形各顶点与垂心所得三线段的中点）九点共圆。

如图 2-2-13 所示，D，E，F 分别为 $\triangle ABC$ 的 AB，BC，CA 边的中点，G，J，K 分别为 $\triangle ABC$ 的 AB，BC，CA 边上高的垂足，P，Q，R 分别为 $\triangle ABC$ 的三个欧拉点，则 G，D，Q，E，J，R，K，F，P 九点共圆。

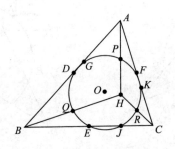

图 2-2-13

九点圆是几何学史上的一个著名问题。1804 年，英国人贝佳敏·贝凡（Benjamin Beven）在英国杂志《数学杂纂》（Mzthematics Repository）上发表了九点圆问题。1820 年，作为好友的法国数学家彭赛列（Ponce let，1788—1867）和吉哥尼（Gergonne，1771—1859）联名在《热尔岗年刊》发表的一篇论文中，给出了九点共圆的证明，使九点圆问题成为九点共圆定理。1822 年，德国爱尔兰根大学预科学校的年轻教师费尔巴哈（K. W. Feuerbach，1800—1834）出版《直角三角形一些特殊点的性质》一书，书中讨论了三角形内心、外心和垂心的性质及其位置关系，证明了九点共圆。在此基础上，他还获得了九点圆的一些重要特性，比如：①三角形的九点圆的半径是三角形的外接圆半径之半；②九点圆的圆心在欧拉线上，且恰为垂心与外心连线的中点；③三角形的九点圆与三角形的内切圆、三个旁切圆均相切（费尔巴哈定理）；④九点圆是一个垂心组（即一个三角形三个顶点和它的垂心，共四个点，每个点都是其他三点组成的三角形的垂心，共 4 个三角形）共有的九点圆，所以九点圆共与四个内切圆、十二个旁切圆相切。

因九点共圆与欧拉点有关，彭赛列与吉哥尼第一个证明，费尔巴哈讨论了它的一系列性质，因此九点共圆的这个圆又称为欧拉圆、彭赛列圆、费尔巴哈圆。

三、八点共圆

1994 年，数学家 Louis Brand 提出了八点圆。在四边形 $ABCD$ 中，$AC \perp BD$，E，F，G，H 分别是边 BC，CD，DA，AB 的中点，P，Q，M，N 分别是 E，F，G，H 在对边上的射影，则 E，M，N，F，P，G，H，Q 八点共圆，如图 2-2-14 所示。

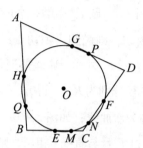

图 2-2-14

四、阿波罗尼奥斯圆

古希腊数学家阿波罗尼奥斯发现："平面内到两个定点的距离之比为常数 $k(k \neq 1)$ 的点的轨迹是圆。"这就是著名的阿波罗尼圆。

五、圆与圆锥曲线

1. 由圆生成三种圆锥曲线

【方式1】如图 2-2-15 所示，给定圆 $O: x^2 + y^2 = r^2(r > 0)$，点 $A(a, 0)$，$B(b, 0)$（其中 $b \neq 0$，$b \neq a$）是 x 轴上的两个定点，P 是圆 O 上的一个动点，Q 是 P 在 y 轴上的射影，直线 AP 与 BQ 的交点为 M，则

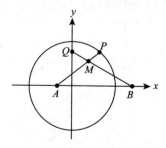

图 2-2-15

当 $|a-b| = r$ 时，点 M 的轨迹为抛物线。当 $|a-b| > r$ 时，若 $b \neq$ $\dfrac{a^2 - r^2}{2a}$，点 M 的轨迹为椭圆；若 $b = \dfrac{a^2 - r^2}{2a}$ 时，点 M 的轨迹为圆。当 $|a-b| <$ r 时，点 M 的轨迹为双曲线。

【方式 2】如图 2-2-16，已知圆 F_1、圆 F_2 的半径分别为 R，r，$|R-r| <$ $|F_1F_2| < R + r$，动圆 M 与圆 F_1、圆 F_2 中的一个内切、一个外切，则点 M 的轨迹为椭圆（若圆 F_1、圆 F_2 内切，则椭圆去掉切点；若圆 F_1、圆 F_2 相交，则椭圆去掉两圆的交点；若圆 F_1、圆 F_2 外切，则轨迹退化为一个点）；如图 2-2-17 所示，已知圆 F_1、圆 F_2 的半径分别为 R，r，$|F_1F_2| > |R-r|$，动圆 M 与圆 F_1，圆 F_2 都外切，则点 M 的轨迹为双曲线；如图 2-2-18 所示，已知定点 F、定直线 l，F 不在 l 上，动圆 M 恒过 F 且与直线 l 相切，则点 M 的轨迹为抛物线。

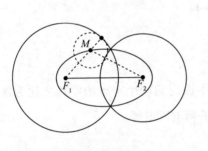

图 2-2-16

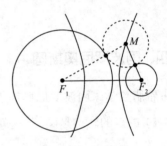

图 2-2-17

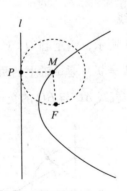

图 2-2-18

2. 由圆生成椭圆和双曲线的两种方式

（1）已知定点 F_1，F_2，以 F_1 为圆心，$2a$ 为半径作圆，点 P 为圆 F_1 的动点，直线 PF_1 与直线 PF_2 相交于点 M，则当 $|F_1F_2| < 2a$ 时，点 M 的轨迹为椭圆，如图 2-2-19 所示；当 $|F_1F_2| > 2a$ 时，点 M 的轨迹为双曲线，如图 2-2-20 所示。

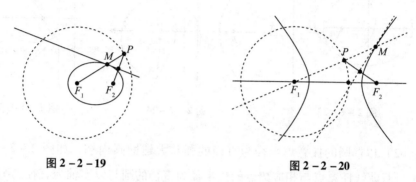

图 2-2-19　　　　　　　　　　图 2-2-20

（2）已知 $x^2 + y^2 = a^2$，$x^2 + y^2 = b^2 (a > b > 0)$，点 P 为大圆上的动点，连接 OP 交小圆于 Q，过 P 且垂直于 x 轴的直线与 Q 且垂直于 y 轴的直线相交于 M，则点 M 的轨迹为椭圆，如图 2-2-21 所示；已知 $x^2 + y^2 = a^2$，$x^2 + y^2 = b^2 (a > b > 0)$，点 P 为大圆上的动点，过小圆与 x 轴交点的切线与直线 OP 相交于 Q'，大圆在点 P 处的切线与 x 轴的交点为 P'，过 Q' 作垂直于 y 轴的直线与过 P' 垂直于 x 轴的直线相交于 M，则点 M 的轨迹为双曲线，如图 2-2-22 所示。

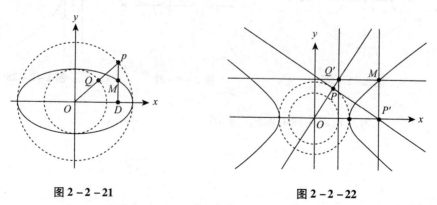

图 2-2-21　　　　　　　　　　图 2-2-22

3. 圆锥曲线相关的量与圆的关系

（1）以椭圆任意焦点弦为直径的圆与相应准线相离，如图 2-2-23 所示；

以双曲线任意焦点弦为直径的圆与相应准线相交，如图 2 - 2 - 24 所示；以抛物线任意焦点弦为直径的圆与相应准线相切，如图 2 - 2 - 25 所示。

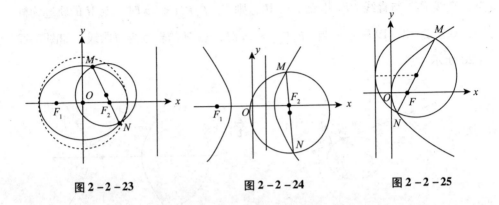

图 2 - 2 - 23   图 2 - 2 - 24   图 2 - 2 - 25

（2）以椭圆的任意焦半径为直径的圆与大辅助圆内切，如图 2 - 2 - 26 所示；以双曲线任意点与相应焦点的焦半径为直径的圆与以实轴为直径的圆外切，如图 2 - 2 - 27 所示；以抛物线任意焦半径为直径的圆与过顶点且与对称轴垂足的直线相切，如图 2 - 2 - 28 所示。

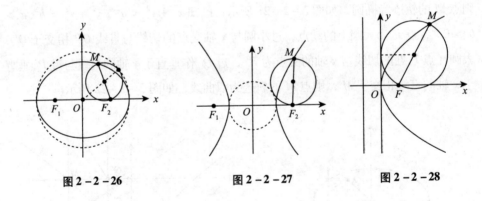

图 2 - 2 - 26   图 2 - 2 - 27   图 2 - 2 - 28

（3）互为共轭双曲线的四焦点共圆。

圆锥曲线

第一节　圆锥曲线简史

一、圆锥曲线的起源

　　圆锥曲线的起源与发展，古希腊人功不可没！前 5 世纪—前 4 世纪，古希腊巧辩学派的数学家提出了"化圆为方""立方倍积"和"三等分任意角"三大尺规作图问题。当初，他们并不知道这是不可能解决的问题，所以努力想解决这些问题。虽然他们没能解决这三大问题，但是却获得了不少意外的成果。古希腊数学家希波克拉底在求解"立方倍积"问题时，将问题归结为：求一线段与它的二倍长线段之间的双重比例中项问题，即在 a 与 $2a$ 之间确定 x，y 满足 $a:x = x:y = y:2a$。梅内克缪斯（Menaechmus，约前 380—前 320）是最早研究满足 $a:x = x:y = y:2a$ 曲线的古希腊学者。他指出，通过这些曲线的交点可以确定 x 和 y，从而解决"立方倍积"问题（Coolidge，1968）。这就相当于要解方程组 $\begin{cases} x^2 = ay, \\ y^2 = 2ax \end{cases}$ 或 $\begin{cases} x^2 = ay, \\ xy = 2a^2 \end{cases}$ 或 $\begin{cases} y^2 = 2ax, \\ xy = 2a^2. \end{cases}$ 这相当于求两条抛物线的交点或一条抛物线和一条双曲线的交点坐标。在梅内克缪斯时期，古希腊数学家在研究平面与圆锥面相截时发现了与"立方倍积"问题中一致的结果。他们用垂直于圆锥母线的平面与圆锥面相截，当圆锥顶角分别为锐角、钝角和直角时，就分别得到后来所称的椭圆、双曲线和抛物线，如图 2 - 3 - 1 所示。至此，圆锥曲线闪亮登场。

图 2 – 3 – 1

在梅内克缪斯之后，古希腊的亚里士塔欧（Aristaeus，约前370—前300）和欧几里得对圆锥曲线都有深入研究。亚里士塔欧和欧几里得都已经知道：平面上到定点和定直线的距离之比等于常数的动点轨迹为圆锥曲线，但并没有给出完善的证明。

二、锥曲线的发展

古希腊许多数学家都研究过圆锥曲线。其中，阿波罗尼的成就最为杰出，他总结了前人的成就，提出了自己的创见。他改进了梅内克缪斯时期数学家的做法：用一个平面去截一个对顶的圆锥曲面，当平面不与圆锥母线平行且只与一个圆锥斜截时所得到的曲线叫"亏曲线"（椭圆），当平面与两个圆锥都相截时所得到的曲线叫"超曲线"（双曲线），当平面与圆锥母线平行时所截得的曲线叫"齐曲线"（抛物线）。阿波罗尼斯用统一的方式引出三种圆锥曲线后，对圆锥曲线的定义、性质、作法等都做了系统的研究，其研究成果汇集在著作《圆锥曲线》之中，《圆锥曲线》共8卷，487个命题，代表了希腊演绎几何的最高成就，以致后代学者在千余年间对圆锥曲线的性质几乎没有插足的余地。

在阿波罗尼之后，帕普斯（Pappus，约290—350）在《数学汇编》中用几何方法证明了欧几里得《面轨迹》中的一个引理：平面上到定点和定直线的距离之比等于常数的动点轨迹为圆锥曲线，常数大于、等于和小于1时，轨迹分别为双曲线、抛物线和椭圆。这是阿波罗尼的《圆锥曲线》中所没有的，是非常重要的贡献。他在《数学汇编》中还研究了亚里士塔欧和欧几里得没有完全解决的"三线轨迹"和"四线轨迹"问题。"三线轨迹"：给定三条直线，若动点到其中两条直线的距离乘积与到第三条直线距离的平方之比等于常数，则该点的轨迹为圆锥曲线。"四点轨迹"：给定四条直线，若动点到其中两条直线的距离乘积与到另两条直线的距离乘积之比等于常数，则该点的轨迹也是圆锥曲线。这也是亚里士塔欧和欧几里得没有完全解决的轨迹问题。

帕普斯之后的1300多年，整个数学界对圆锥曲线的研究没有什么进展。

第二节　解析几何发展简史

一、解析几何诞生的背景

从 14 世纪开始的文艺复兴运动使得欧洲的生产方式及航海、贸易等有了迅速的发展，对运动的研究逐步成为当时自然科学的中心问题。法国奥雷姆是第一个从数学的角度研究物体运动的人，他在《论形态幅度》中用几何图形来表示运动：取一横线（经线），其上的点表示时刻，一端在横线上的竖直线段（纬线）表示每一时刻的速度，随着时间的变化，竖直线段的另一端点形成一条直线或曲线（顶点线），直线或曲线下的面积表示运动物体所经过的距离。此后的两百年间，两个量之间的动态关系没有根本上的突破。到了 16 世纪，对运动与变化的研究完全成为自然科学的中心问题。特别是 1609 年德国的开普勒发现行星是绕太阳沿椭圆轨道运行的，太阳处在这个椭圆的一个焦点上；意大利物理学家伽利略得出物体斜抛运动的轨道是抛物线，突破了静态圆锥曲线的观念，这些成果为变量数学的诞生提供了参考。

二、解析几何创立的思路

近代数学的显著标志是把变量和函数引入数学，这是由常量数学过渡到变量数学的转折点。变量数学的第一个里程碑是解析几何的发明。解析几何的基本思想是在平面上引进"坐标"的概念，并借助这种坐标在平面上的点和有序实数对 (x, y) 之间建立一一对应的关系。每一对实数 (x, y) 都对应于平面上的一个点；反之，每一个点都对应于它的坐标 (x, y)。以这种方式可以将一个代数方程 $f(x, y) = 0$ 与平面上一条曲线对应起来。尽管奥雷姆借用了"经度""纬度"这两个地理学术语（相当于横坐标与纵坐标）来描述他的图线，给出了一个变量依赖另一个变量变化规律的几何表示，但他还未形成清晰的坐标与函数图像的概念，没有给出任何"顶点线"的方程，也从未根据两个变量的方程来研究曲线的性质。

真正发明解析几何的是笛卡尔（R. Descartes，1596—1650）与费马（P. de Fermat，1601—1665）。虽然他们工作的出发点不同，但却殊途同归。

法国哲学家、数学家笛卡尔试图建立起一种普通的数学，使算术、代数和几何统一起来。"我决心放弃那些仅仅是抽象的几何，这就是说，不再去考虑那些仅仅是用来练习思维的问题。我这样做，是为了研究另一种几何，即目的在于解释自然现象的几何。"1637年，笛卡尔发表哲学著作《更好地指导和寻求真理的方法论》（简称《方法论》），《几何学》是《方法论》附录。他在《几何学》中，通过具体的实例，给读者展现出一个从建立坐标系和方程到研究方程的循序过程，表达了他的新思想和新方法：

（1）用有序数对表示点的坐标；（坐标的观念）

（2）把互相关联的两个未知数的代数方程，看成平面上的一条曲线。（方程的观念）

有了坐标系和曲线方程的思想，笛卡尔又提出了一系列新颖的想法，如曲线的次数与坐标轴选择无关；坐标轴选取应使曲线方程尽量简单；利用曲线的方程表示来求两条不同曲线的交点；曲线的分类等。

关于笛卡尔创立解析几何的灵感存在两个传说。一个传说讲，笛卡尔终身保持着在耶稣会学校读书期间养成的"晨思"习惯，他在一次"晨思"时，看见一只苍蝇正在天花板上爬，他突然想到，如果知道了苍蝇与相邻两个墙壁的距离之间的关系，就能描述它的路线，这使他头脑中产生了关于解析几何的最初闪念。另一个传说是，1619年冬天，笛卡尔随军队驻扎在多瑙河畔的一个村庄，在圣马丁节的前夕（11月10日），他做了三个连贯的梦。笛卡尔后来说正是这三个梦向他揭示了"一门奇特的科学"和"一项惊人的发现"，虽然他从未明说过这门奇特的科学和这项惊人的发现是什么，但这三个梦从此成为后来每本介绍解析几何的诞生的著作必提的佳话，它给解析几何的诞生蒙上了一层神秘色彩。人们在苦心思索之后的睡梦中获得灵感与启示不是不可能的。但笛卡尔之所以能创立解析几何，主要是他艰苦探索、深刻思考"任何问题⇒数学问题⇒代数问题⇒方程求解"，运用科学的方法，同时批判地继承前人的成就的结果。

与笛卡尔同步研究的还有费马，费马工作的出发点是竭力恢复失传的阿波罗尼奥斯的著作《论平面轨迹》。为此，他在 1629 年出版了一本著作《论平面和立体的轨迹引论》，书中清晰地阐述了费马的解析几何原理，指出："只要在最后的方程中出现两个未知量，我们就有一条轨迹，这两个量之一的末端描绘出一条直线或曲线。直线只有一种，曲线的种类则是无限的，有圆、抛物线、椭圆等"。费马在书中还提出并使用了坐标的概念，将二元代数方程与几何曲线对应起来，把几何问题翻译为代数的语言——方程，再从方程的解出发，研究以方程的解为坐标的点所对应曲线的性质，即通过对方程的研究来揭示图形的几何性质。

需要指出的是，笛卡尔和费马最初所用的坐标系不是我们熟悉的直角坐标系，而是斜坐标系。同时他们所用的坐标系没有负轴，横、纵坐标都局限于正数。直到 1655 年，英国数学家沃利斯（J. Wallis，1616—1703）引进负的纵、横坐标，改进了笛卡尔、费马的坐标系，得到了完整的圆锥曲线的方程，并用这些方程直接推导出了圆锥曲线的几何性质，充分显示出了坐标方法的巨大力量。

笛卡尔解决的是已知曲线（图形）求方程，费马则是通过方程研究曲线（图形）的性质，这正是解析几何的两大基本问题。他们从不同的角度建立了代数与几何的联系，笛卡尔的研究表明曲线上的点的坐标都是所求方程的解，费马的研究表明以这个方程的解为坐标的点都在曲线上。由此，笛卡尔与费马珠联璧合地建立起了曲线与方程的理论：在坐标系中，如果曲线 C（看作点的集合或符合某种条件的点的轨迹）上的点与一个二元方程 $F:f(x,y)=0$ 的实数解之间建立了如下关系：①曲线上的点的坐标都是这个方程的解；②以这个方程的解为坐标的点都在曲线上，那么方程 F 叫作曲线 C 的方程，曲线 C 叫作方程 F 的曲线。

笛卡尔和费马站在方程的高度，认识到方程既是未知数与已知数的关系式，同时更是两个变量间的关系式，把方程与曲线等量齐观。他们创立的解析几何真正有意义地建立起代数与几何的本质联系，形成了解析几何的核心思想——数形结合。与此同时，变量与方程的思想也相伴而随。数形结合思想反映了客观事物之间的联系，变量与方程的思想反映了运动变化与相对静止的辩证关系。这些思想和方法不仅深刻影响了数学的发展，还深刻影响着人们对待事物的观点与处理问题的方法。难怪恩格斯给出了"数学中的转折点是笛卡尔的变数。有了变数，运动进入了数学，有了变数，辩证法进入了数学，有了变数，微分和积分也就立刻成为必要的了"的高度评价！

18世纪，牛顿、约翰·伯努力（Johann Bernoulli 1700—1782）和赫尔曼等先后提出不同的坐标系，其中影响深刻的是极坐标系，这些工作促进了坐标系的系统化进程。随着坐标系的系统化，关于圆锥曲线性质研究的结论也逐渐系统化起来。欧拉在1745年出版了被誉为解析几何发展史上的重要著作《无穷分析引论》，其中系统地研究了圆锥曲线的各种情形，并通过坐标变换证明了一定可以把任何圆锥曲线化为某种标准形式。欧拉之后，三维解析几何的研究蓬勃开展，由圆锥曲线导出了圆锥曲面。19世纪以来，解析几何受到分析学和各种科学的影响，内容发展得非常丰富，不仅在理论上达到了极高峰，在实际中也得到了充分的运用。

三、解析几何在中国的传播

最早将椭圆知识传入我国的，是意大利传教士利玛窦（M. Ricci，1552—1610），他在1583年带来了一幅用椭圆投影绘制的椭圆形标准地图，这是中国最早的椭圆形地图（杨泽忠，2004）。1673年，比利时传教士南怀仁（F. Verbiest，1623—1688）在《灵台仪象志》第十六卷中，用到了我们熟悉的"两钉一线"的椭圆画法和"到两定点距离之和为常数"（白尚恕，1964）。之后，圆锥曲线在中国的传播主要是由于天文历法的需要，主要涉及椭圆作图法、计算椭圆的周长和面积等，但并没有系统完整的论述。1856年，晚清数学家李善兰（1811—1882）与英国传教士艾约瑟（J. Edkins，1823—1905）翻译了整套关于圆锥曲线的著作《圆锥曲线》（三卷），完整详细地介绍了西方对圆锥曲线的研究，自此，圆锥曲线在我国广泛传播开来（汪晓勤、韩祥临，2002）。

第三节 椭圆及其标准方程

一、椭圆定义史

我们知道，圆锥曲线起源于"立方倍积"问题。梅内克缪斯时期，希腊人利用垂直于母线的平面去截顶角分别为直角、钝角和锐角的正圆锥，得到抛物线、双曲线和椭圆。阿波罗尼斯改进前人的做法，从一个对顶（直圆或斜圆）圆锥得到所有的圆锥曲线，并给它们以正式的命名。他在其著作《圆锥曲线》第 3 卷中通过八个命题的推证之后，获得了椭圆的焦半径性质，即椭圆上的点到两焦点的距离之和为定值。

1579 年，意大利的蒙蒂（G. del Monte，1545—1607）在其《球体投影理论》中，把椭圆定义为：到两定点的距离之和为定长的点的轨迹，改变了以往"圆锥曲线是平面与圆锥的截线"的定义方式。1720 年，法国数学家洛必达（M. de L'Hospital，1661—1704）在《圆锥曲线分析》中继承了蒙蒂对椭圆的定义，他还给出了椭圆方程的推导。

蒙蒂对椭圆的定义尽管比欧几里得的"平面上到定点和定直线的距离之比等于常数的动点轨迹为圆锥曲线，常数大于、等于和小于 1 时，轨迹分别为双曲线、抛物线和椭圆"要晚得多（以帕普斯完整证明算起），但蒙蒂的定义是直接建立在阿波罗尼斯获得的椭圆的焦半径性质基础上的，显然要早于前者，这也许就是"平面上到两定点距离之和等于常数的动点轨迹是椭圆"被称为第一定义，而"平面上到定点和定直线的距离之比等于常数 $e(0 < e < 1)$ 的点轨迹为椭圆"被称为第二定义的原因吧。

蒙蒂把椭圆定义出来之后，并未得到及时的认可，因为大家认可的是古希腊人的平面截圆锥的事实。直到 1822 年，比利时数学家旦德林（Germinal Dandelin）利用圆锥的两个内切球，直接在圆锥上作出椭圆截面的焦点，导出椭圆的焦半径性质，从而填平了古希腊截面定义和蒙蒂新定义之间的鸿沟。

二、椭圆标准方程的推导

设 $M(x,y)$ 是椭圆上任意一点，焦点 F_1，F_2 的坐标分别是 $(-c,0)$，$(c,0)$，如图 2-3-2 所示。由椭圆的定义可得：$\sqrt{(x+c)^2+y^2}+\sqrt{(x-c)^2+y^2}=2a\cdots(\bigstar)$

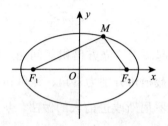

图 2-3-2

从历史的角度看，化简方程（★）有如下方法：

【方法1】和差法之一

法国数学家洛必达在其遗著《圆锥曲线分析》（1720）中给出的椭圆方程的推导方法：

由方程（★）及 $|MF_1|+|MF_2|=2a$，

令 $|MF_1|=\sqrt{(x+c)^2+y^2}=a+m$，则 $|MF_2|=\sqrt{(x-c)^2+y^2}=a-m$，

$\therefore (x+c)^2+y^2=(a+m)^2$ …… (1)，

$(x-c)^2+y^2=(a-m)^2$ …… (2)，

(1) - (2)，得 $4cx=4am \Rightarrow m=\dfrac{cx}{a}$ …… (3)，

把 (3) 代入 (1)，得 $(x+c)^2+y^2=\left(a+\dfrac{cx}{a}\right)^2$。

化简、整理，得 $y^2=\dfrac{b^2}{a^2}(a^2-x^2)$，其中 $b^2=a^2-c^2$。

注：洛必达称该方程用长短轴之比完美地表达了椭圆的性质，但他并没有把方程化成我们今天的标准形式。利用洛必达的方法，可以得到椭圆的焦半径公式：

$|MF_1| = a + \dfrac{cx}{a}$ ，$|MF_2| = a - \dfrac{cx}{a}$ ，即 $|MF_1| = a + ex$ ，$|MF_2| = a - ex$ 。

【方法 2】余弦定理法

18 世纪英国数学家斯蒂尔（R. Steell）在《圆锥曲线论》（1754）中给出的推导方法：

$\because \sqrt{(x + c)^2 + y^2} + \sqrt{(x - c)^2 + y^2} = 2a$ ，即 $|MF_1| + |MF_2| = 2a$ 。

过 M 作 $MG \perp x$ 轴，设 $\angle MF_2F_1 = \theta$ 。令 $|MF_2| = m$ ，则 $|MF_1| = 2a - m$ ，如图 2 - 3 - 3 所示。

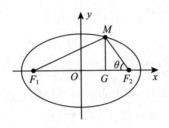

图 2 - 3 - 3

在 $\triangle MF_1F_2$ 中，由余弦定理得，

$(2a - m)^2 = m^2 + 4c^2 - 4cm\cos\theta \cdots\cdots (4)$ ，

而 $\cos\theta = \dfrac{c - x}{m} \cdots\cdots (5)$ ，

把（5）代入（4），得 $4a^2 - 4am + m^2 = m^2 + 4c^2 - 4c(c - x)$ ，

解得 $m = \dfrac{a^2 - cx}{a}$ ，

在 $\triangle MGF_2$ 中，由勾股定理得，$m^2 = y^2 + (c - x)^2$ ，

即 $m^2 = \dfrac{a^4 - 2a^2cx + c^2x^2}{a^2} = y^2 + (c - x)^2$ ，

整理得 $(a^2 - c^2)x^2 + a^2y^2 = a^2(a^2 - c^2)$ ，

由 $a > c > 0$ ，令 $b^2 = a^2 - c^2$ ，得

$b^2x^2 + a^2y^2 = a^2b^2$ ，即 $\dfrac{x^2}{a^2} + \dfrac{y^2}{b^2} = 1 (a > b > 0)$ 。

【方法 3】平方差法

19 世纪，英国数学家赖特（J. M. F. Wright）在《圆锥曲线之代数体系》中使用了"平方差法"（Wright，1836）。

令 $|MF_1| = r_1$，$|MF_2| = r_2$，则 $r_1 + r_2 = 2a$ ······ （6），

而 $r_1^2 = (x + c)^2 + y^2$ ······ （7），

$r_2^2 = (x - c)^2 + y^2$ ······ （8），

（7） – （8），得 $r_1^2 - r_2^2 = (r_1 + r_2)(r_1 - r_2) = 4cx$ ······ （9）。

把 （6） 代入 （9） 得，$r_1 - r_2 = \dfrac{2cx}{a}$ ······ （10），

由 （6）（10）） 得，$r_1 = a + \dfrac{cx}{a}$，$r_2 = a - \dfrac{cx}{a}$ ······ （11），

把 （11） 代入 （7） 或 （8），化简整理得

$(a^2 - c^2)x^2 + a^2 y^2 = a^2(a^2 - c^2)$，以下同法 2。

【方法4】和差法之二

19 世纪，Jackson（1850） 和 Robinson（1862）改进了洛比达的推导。

$\because (x + c)^2 + y^2 = (a + m)^2$ ······ （1），

$(x - c)^2 + y^2 = (a - m)^2$ ······ （2），

（1） – （2），得 $4cx = 4am \Rightarrow m = \dfrac{cx}{a}$ ······ （3），

（1） + （2），得 $c^2 + x^2 + y^2 = a^2 + m^2$ ······ （12），

把 （3） 代入 （12），得 $c^2 + x^2 + y^2 = a^2 + \dfrac{c^2 x^2}{a^2}$，

化简、整理，得 $(a^2 - c^2)x^2 + a^2 y^2 = a^2(a^2 - c^2)$，以下同法 2。

【方法5】有理化方法之一

俄罗斯教育出版社出版的数学教科书（ATahcrh，2006）采用了有理化方法，但不再引入新的参数。

$\because \sqrt{(x + c)^2 + y^2} + \sqrt{(x - c)^2 + y^2} = 2a$ ······ （★），

$\therefore \sqrt{(x + c)^2 + y^2} - \sqrt{(x - c)^2 + y^2} = \dfrac{2cx}{a}$ ······ （13）。

联立 （★）（13） 得，$\sqrt{(x + c)^2 + y^2} = a + \dfrac{cx}{a}$，

两边平方整理，得 $(a^2 - c^2)x^2 + a^2 y^2 = a^2(a^2 - c^2)$，以下同法 2。

注：（13） 式可以化为，$\dfrac{\sqrt{(x + c)^2 + y^2} - \sqrt{(x - c)^2 + y^2}}{x} = \dfrac{2c}{a} = 2e$。该

式给出了椭圆的又一本质属性，即"椭圆上动点到两焦点的距离之差与该点到椭圆的短轴所在直线距离的之比是一个常数（$2e$）"。同时，联立（★）和（13），即得焦半径公式：$|MF_1| = a + ex$，$|MF_2| = a - ex$。

【方法6】两次平方法之一

现行教材采用的方法是"两次平方法"。这种方法是英国数学家萨尔蒙在1855年首创的。

由 $\sqrt{(x+c)^2 + y^2} + \sqrt{(x-c)^2 + y^2} = 2a$，得 $\sqrt{(x+c)^2 + y^2} = 2a - \sqrt{(x-c)^2 + y^2}$，

两边平方，化简、整理得，$a^2 - cx = a\sqrt{(x-c)^2 + y^2}$ ……（14）。

两边再平方，化简、整理得，

$(a^2 - c^2)x^2 + a^2 y^2 = a^2(a^2 - c^2)$，以下同法2。

注：（14）式可以变形为，$\dfrac{\sqrt{(x-c)^2 + y^2}}{\dfrac{a^2}{c} - x} = \dfrac{c}{a}$，该式说明，动点 $M(x,y)$

到定点 $F(c,0)$ 的距离与到定直线 $x = \dfrac{a^2}{c}$ 的距离之比为常数 $e = \dfrac{c}{a}(a > c > 0)$

的点的轨迹，即椭圆的第二定义。由此说明椭圆的第一定义与第二定义是等价的。

在教学的实践中，我们先采用萨尔蒙的"两次平方法"为主，因为两次平方法虽然比较繁复，但却具有通性通法，即介绍了如何化简含有两个根式的一般方法。课后，让学生研究椭圆标准方程推导的其他方法。前面的方法中，除了余弦定理法之外，其余方法都出现了，而且还出现了新方法。

【方法7】两次平方法之二

都江堰中学高2023届3班杨浩楠同学给出的证法：

∵ $\sqrt{(x+c)^2 + y^2} + \sqrt{(x-c)^2 + y^2} = 2a$，两边直接平方，得

$(x+c)^2 + y^2 + 2\sqrt{(x+c)^2 + y^2} \cdot \sqrt{(x-c)^2 + y^2} + (x-c)^2 + y^2 = 4a^2$，

∴ $\sqrt{(x+c)^2 + y^2} \cdot \sqrt{(x-c)^2 + y^2} + x^2 + y^2 + c^2 = 2a^2$（15）。

整理得，$\sqrt{(x+c)^2 + y^2} \cdot \sqrt{(x-c)^2 + y^2} = 2a^2 - (x^2 + y^2 + c^2)$，

两边平方得，$(x^2 + y^2 + c^2)^2 - 4x^2 c^2 = 4a^4 - 4a^2(x^2 + y^2 + c^2) +$

$(x^2 + y^2 + c^2)^2$，

∴ $(a^2 - c^2)x^2 + a^2y^2 = a^2(a^2 - c^2)$，以下同法2。

注：（15）式可化为，$\sqrt{(x+c)^2+y^2} \cdot \sqrt{(x-c)^2+y^2} + x^2 + y^2 = a^2 + b^2$，结合 $|MF_1| = \sqrt{(x+c)^2+y^2}$，$|MF_2| = \sqrt{(x-c)^2+y^2}$，$|MO|^2 = x^2 + y^2$ 可得 $|MF_1| \cdot |MF_2| + |MO|^2 = a^2 + b^2$，此式反映了椭圆的又一本质属性，即"椭圆上动点到两焦点的距离之积与它到椭圆中心距离的平方之和为定值 $a^2 + b^2$"。

将焦半径公式 $|MF_1| = a + ex$，$|MF_2| = a - ex$ 代入③，可得 $|MO| = \sqrt{b^2 + ex^2}$。如果我们类比"连接圆上的点与圆心的线段叫作圆的半径"，定义"连接椭圆上的点与椭圆中心的线段叫作椭圆的半径"，那么 $|MO| = \sqrt{b^2 + ex^2}$ 式给出了椭圆半径的计算方法。

【方法8】配凑法

都江堰中学高 2023 届 3 班黄天宇同学的思路：

考虑到已知式为 $\sqrt{(x+c)^2+y^2} + \sqrt{(x-c)^2+y^2} = 2a$，如果能配出 $\sqrt{(x+c)^2+y^2} - \sqrt{(x-c)^2+y^2}$ 这样的式子，就可以使用平方差公式，直接将左边的根式消去，于是便有了如下的证法：

∵ $\sqrt{(x+c)^2+y^2} + \sqrt{(x-c)^2+y^2} = 2a$ ……（★），

∴ $\sqrt{(x+c)^2+y^2} - \sqrt{(x-c)^2+y^2} = 2a - 2\sqrt{(x-c)^2+y^2}$ ……（16）。

（★）×（16），得 $\sqrt{(x-c)^2+y^2} = a - \dfrac{cx}{a}$，

两边平方，化简得，$(a^2 - c^2)x^2 + a^2y^2 = a^2(a^2 - c^2)$，以下同法2。

【方法9】换元法

都江堰中学高 2023 届 3 班杨浩楠同学的另一种证法：

将 $\sqrt{(x+c)^2+y^2} + \sqrt{(x-c)^2+y^2} = 2a$ 化为

$$\frac{\sqrt{(x+c)^2+y^2}}{2a} + \frac{\sqrt{(x-c)^2+y^2}}{2a} = 1。$$

令 $\dfrac{\sqrt{(x+c)^2+y^2}}{2a} = \cos^2\alpha$，$\dfrac{\sqrt{(x-c)^2+y^2}}{2a} = \sin^2\alpha$，则

$(x + c)^2 + y^2 = 4a^2 \cos^4 \alpha \cdots\cdots$①,

$(x - c)^2 + y^2 = 4a^2 \sin^4 \alpha \cdots\cdots$②,

两式相减，得

$$cx = a^2(2\cos^2\alpha - 1) \Rightarrow \frac{cx}{a^2} + 1 = 2\cos^2\alpha = \frac{\sqrt{(x + c)^2 + y^2}}{a},$$

即 $\sqrt{(x + c)^2 + y^2} = \frac{cx}{a} + a$，两边平方，化简得

$(a^2 - c^2)x^2 + a^2 y^2 = a^2(a^2 - c^2)$，以下同法2。

第四章

数　列

第一节　数列发展简史

当人类祖先需要用一组数有序地表达一类事物、记录某个变化过程时，数列也就应运而生了。20 世纪 50 年代在扎伊尔的 Isliango 发掘出前 9000—前 6500 年的骨具（Fauvel，1987），如图 2 - 4 - 1 所示，被认为是人类原始数学活动的一种证据。如果骨具上每一组刻痕代表一个数字，那么，三行刻痕分别构成三个数列：

9，19，21，11；

19，17，13，11；

7，5，5，10，8，4，6，3。

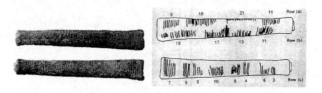

图 2 - 4 - 1

数列的历史源远流长，在中国、巴比伦、古希腊、古印度、阿拉伯等国家的数学史中都有数列的主题。

中国著名古书《庄子·天下篇》中"一尺之棰，日取其半，万世不竭"既是哲学道理，也蕴含了数列知识。《易经》中有"是故《易》有太极，是生两仪；两仪生四象，四象生八卦"。约成书于 1 世纪的《九章算术》衰分章、均输章、盈不足章中都有等差数列、等比数列相关问题，而且给出了递增等差数

列的求和公式 $S_n = \left[a_1 + \dfrac{(n-1)d}{2}\right]n$ 和递减等差数列的求和公式 $S_n = \left[a_1 - \dfrac{(n-1)d}{2}\right]n$。5 世纪的《张丘建算经》则给出了另一求和公式 $S_n = \dfrac{n(a_1 + a_n)}{2}$。

北宋的沈括（1031—1095）在《梦溪笔谈》卷十八 "隙积术" 中给出了：一个上底宽是 a 个物体、长是 b 个物体，下底宽是 c 个物体、长是 d 个物体，高 n 层的长方台形垛积（如图 2 - 4 - 2 所示）的物体个数总数 S 的一个公式：

$$S = \frac{n}{6}\left[(2b+d)a + (2d+b)c\right] + \frac{n}{b}(c-a)。$$

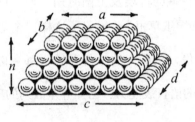

图 2 - 4 - 2

虽然沈括没有解释其公式的来源，但这却开启了中国古代对高阶等差数列的研究。沈括之后，南宋的杨辉在《详解九章算法》中明确给出了一些高阶等差数列的求和公式。元代数学家朱世杰在《四元玉鉴》中给出了一系列所谓 "三角垛" 公式：

菱草垛：$\displaystyle\sum_{r=1}^{r=n} r = 1 + 2 + \cdots + n = \frac{1}{2!}n(n+1)$；

三角垛：$\displaystyle\sum_{r=1}^{r=n} \frac{1}{2!}r(r+1) = \frac{1}{3!}n(n+1)(n+2)$；

撒星形垛：$\displaystyle\sum_{r=1}^{r=n} \frac{1}{3!}r(r+1)(r+2) = \frac{1}{4!}n(n+1)(n+2)(n+3)$。

这样，朱世杰以前一个级数的和作为新级数的一般项，就得到了 p 阶等差级数求和的一般公式：$\displaystyle\sum_{r=1}^{r=n} \frac{1}{p!}r(r+1)\cdots(r+p-1) = \frac{1}{(p+1)!}n(n+1)\cdots(n+p)$。

朱世杰的《四元玉鉴》中还包括有其他一些更复杂的垛积公式。

约前 2700 年，苏美尔泥板 MS3047 上已经出现了等比数列。古巴比伦时期的泥板 ISTO3826 上载有等比数列 9，9^2，9^3，…9^{10}。在泥板 MS3037 上，载有递减等比数列 12^{12}，12^{11}，12^{10}，…，12。泥板 M8631 则记录了这样一个等比数列问题（Friberg，2005）：从 1 麦粒（苏美尔和古巴比伦最小的重量单位）开始，每天加倍，那么经过 30 天后，财产增加到多少？泥板 MS1844（约前 2050年）上记载着如下问题的解法（Friberg，2005）：七兄弟分财产，最小的得 2，后一个比前一个多得 $\frac{1}{6}$，问所分财产共有多少？七兄弟所得构成一个首项为 2、公比为 $\frac{7}{6}$、项数为 6 的等比数列。

1889 年在遗址拉罕挖掘的古埃及王国时期（El－Lahun）的纸草书（约公元前 1800 年，称为"加罕纸草书"）记载了这样一个等差数列问题（汪晓勤，2010）：将 100 分成 10 份，从最大的一份开始，每一份比前一份少 $\left(\frac{2}{3}+\frac{1}{6}\right)$，求各份的大小。用现在的语言表述为：已知等差数列的项数 $n=10$，$S_n=100$，公差 $d=-\frac{5}{6}$，求各项。

在古埃及的《莱茵得纸草书》（前 1650）中，记载了一张财产表（汪晓勤，2010）如图 2－4－3 所示。这是一个等比数列 7，7^2，7^3，7^4 的求和问题，其中左边两栏就是 2801×7 的具体算式。

1	2801	房屋	7
2	5602	猫	49
4	11204	老鼠	343
	19607	麦穗	2401
		容积	16807
		总数	19607

图 2－4－3

古希腊毕达哥拉斯（Pythagoras，约前 580—前 500）学派的形数：三角形数、正方形数、五边形数、六变形数等都是典型的数列问题；前 3 世纪欧几里得的《几何原本》中利用比例推导了等比数列求和公式；1 世纪尼可麦丘（Nicomachus，60—120）则发现了立方数与奇数之间的奇妙关系，从而为三次幂和公式的导出提供了钥匙；3 世纪丢番图在《论多边形数》中则用几何方法证明了等差数列的 $S_n = \dfrac{n(a_1 + a_n)}{2}$。

早在前 2000 年左右，在印度巧陀梵文文献中就已经出现过等差数列。如《泰提利耶本集》中含等差数列：1，3，5，…，33；2，4，6，…，20；4，8，12，…；10，20，30，…等。《蛙伽萨尼耶本集》含有等差数列：4，8，12，16，…，48。古印度国王奖励国际象棋的发明者达依尔的故事脍炙人口，这一故事反映的就是等比数列的求和问题。

阿拉伯阿尔·卡克希（al – Karkhi，953—1029）在《代数之荣耀》一书中运用了"倒序相加法"推导了 $1 + 2 + \cdots + n = \dfrac{n(n + 1)}{2}$，并将这种方法用于一般等差数列 $\{a_n\}$，得到求和公式 $S_n = \dfrac{n(a_1 + a_n)}{2}$。他还用几何的方法首次证明了 $1^3 + 2^3 + \cdots + n^3 = \left[\dfrac{n(n + 1)}{2}\right]^2$。犹太人阿尔·萨马瓦尔（al – Samawal，1130 —1180）在《代数之光彩》中用代数的方法得到 $1^2 + 2^2 + \cdots + n^2 = \dfrac{1}{6}n(n + 1)(2n + 1)$。

第二节　递推关系

我们知道，递推关系是给出数列的重要方式。在中国、巴比伦、古埃及、古希腊的著作中都有递推思想的体现。如中国道家的"一尺之捶，日取其半，万世不竭""太极生两仪，两仪生四象，四象生八卦"。前面提到过古埃及的《莱茵得纸草书》（前 1650）中记载的一张财产表也体现了等比数列 7，7^2，…，7^n，…的前 n 项和 S_n 的递推关系 $S_n = (1 + S_{n-1}) \times 7$。19 世纪英国数学史家鲍尔在《数学游戏与欣赏》中记载了"汉诺塔游戏"。该游戏源于印度一个古老传说：据说在贝那拉斯（位于印度北部）的大庙里，大殿的圆穹标志着世界的中心。圆穹下放着个大铜盘，铜盘里固定着三根细似蜂腰的宝石针，每根针三尺高。上帝在创造世界的时候，在其中的一根针上穿放了64个赤金盘，最大的盘子在最下边紧坐在铜盘上，往上去一个比一个小，这就是梵天塔。长老们日夜不停地按照不可违反的婆罗门法规，把金盘从一根宝石针转移到另一根宝石针上。法规是这样的：值班的祭司每次只能转移一个金盘，并且只能转移到下边没有比它小的金盘的宝石金针上。当64个金盘从上帝所穿的宝石针上全部被转移到另一根宝石针上时，汉诺塔、大庙以及婆罗门人将统统化为灰烬，同时一声霹雳，世界也将化为乌有。转移 n 个金盘所需的最小移动次数 a_n 满足递推关系 $a_1 = 1$，$a_n = 2a_{n-1} + 1$。约1世纪，毕达哥拉斯学派的尼可麦丘的《算术引论》中记载了正整数的许多性质，其中一个结果是：前 n 个奇数之和等于第 n 个平方数，即 $1 + 3 + 5 + \cdots + (2n - 1) = n^2$，这显然是递推的结果。

虽然递推思想由来已久，但使递推思想具有现代递推雏形的是犹太学者多诺罗（R. S. Ben Abraham Donnolo）。946年，他在注释《创造之书》时，证明了 n 个字母的全排列 $n!$ 其思路为：单个字母不能构成一个单词。两个字母（一个在前，一个在后，以及相反的情形）构成两个单词，因为1的两倍是2。三个字母构成单词数为2的3倍，即6。4个字母构成的单词数为6的4倍，即24 ……依次算到任意多个字母的情形。双字母单词的首字母可换两次；对每一个三字母单词的首字母，另两个字母可构成两个双字母单词——故总共有3乘2即6个单词；对每一个四字母单词的首字母，另三个字母有6种排列，故总共有4乘6即24个单词；对每一个五字母单词的首字母，另四个字母有24种排列，故共有5乘24即120个单词，等等。

13世纪初，意大利斐波那契在1202年的著作《算盘全书》中给出了许多递推数列问题。其中，最著名的当属斐波那契数列：假设有一对初生兔子（一雌一雄），要一个月才到成熟期，而一对成熟兔子每个月会生一对兔子（一雌一雄），那么由一对初生兔子开始，到第12个月（一年）会有多少对兔子？

给出具有现代意义的数列递推关系的人是犹太人本·吉尔森（B. Gerson，1288—1344）。他在1321年出版的著作《数之书》中，证明 n 个不同元素的全

排列数 $n!$ 时，给出了命题 63：如果 n 个不同元素的排列数为某个固定的数，那么 $n+1$ 个不同元素的排列数为该数与 $n+1$ 的乘积。用现在的数学语言表达为 $a_{n+1} = (n+1)a_n$，这是历史上第一个递推关系。

第三节 等差（比）数列的通项公式

我们知道，教材采用归纳的方法给出了等差数列 $\{a_n\}$ 的通项公式 $a_n = a_1 + (n-1)d$，后又用数学归纳法进行了证明归纳的正确性（选择性必修第二册 P46），即"归纳—证明"的方法。从历史的角度看，采用归纳的方法得到等差数列通项公式可追溯到前 1 世纪成书的《周髀算经》之卷三中的"七衡图"。卷三将日行轨道按季节不同分成七个同心圆：内一衡直径 238000 里，两衡间距 $\dfrac{d}{2} = 19833\dfrac{1}{3}$ 里，则次二衡直径 $277666\dfrac{2}{3}$ 里、次三衡直径 $317333\dfrac{1}{3}$ 里、次四衡直径 357000 里、次五衡直径 $396666\dfrac{2}{3}$ 里、次六衡直径 $436333\dfrac{1}{3}$ 里、次七衡直径 47600 里。易知，七衡图的直径构成一个等差数列 $\{a_n\}$，设公差为 d，由 $a_1 = 238000$，$d = 39666\dfrac{2}{3}$，则次二衡、次三衡、……次七衡依次为 $a_2 = a_1 + d$，$a_3 = a_1 + 2d$，$\cdots$，$a_7 = a_1 + 6d$。显然，从中可归纳出一般等差数列的通项公式 $a_n = a_1 + (n-1)d$。

约成书于 1 世纪的《九章算术》均输章第 17 题："今有金箠，长五尺。斩本一尺，重四斤；斩末一尺，重二斤。问次一尺各重几何。"相当于已知等差数列的项数 $n=5$，首项 $a_1 = 2$，末项 $a_5 = 4$，求其余项。刘徽在《九章算术注》中称："今本末相减，余即四差之凡数也。以四约之，即得每尺之差。"此即 $d = \dfrac{a_n - a_1}{n-1}$。由此可见，刘徽已经能灵活使用等差数列的通项公式。

对于等差数列 $\{a_n\}$ 的通项公式的推导，除了利用"归纳—证明"方法外，还可以采用下列的方法：

由等差数列的定义，可知 $a_2 - a_1 = d$ ，$a_3 - a_2 = d$ ，……，$a_n - a_{n-1} = d$ ，以上 $n - 1$ 各式子相加，得 $a_n - a_1 = (n - 1)d$ ，即 $a_n = a_1 + (n - 1)d$ ，这种推导出等差数列 $\{a_n\}$ 的通项公式的方法俗称"累加法"。

对于等比数列的通项公式 $\{a_n\}$ 的通项公式 $a_n = a_1 q^{n-1}$ 除了用"归纳—证明"的方法外，还可以用类似"累加法"的"累乘法"来推导：

由等比数列的定义，可知 $\dfrac{a_2}{a_1} = q$ ，$\dfrac{a_3}{a_2} = q$ ，…，$\dfrac{a_n}{a_{n-1}} = q$ ，

以上 $n - 1$ 各式子相乘，得 $\dfrac{a_n}{a_1} = q^{n-1}$ ，即 $a_n = a_1 q^{n-1}$ 。

不难发现，推导等差数列的通项公式利用"累加法"，推导等比数列的通项公式利用"累乘法"，由于等"比"又称等"商"，其间体现了"和、差、积、商"的和谐之美。

第四节　等差数列的求和公式

我们都知道，教材上推导等差数列前 n 项和的方法是"倒序相加法"，很多人都认为"倒序相加法"是高斯发明的。这主要源于高斯小时候的故事：

大约在十岁时，他的老师在算术课上出了一道很复杂的题：把 1 到 100 的整数写下来，然后把它们加起来。这对刚学习加法的学生来说，是一道不折不扣的难题。可当老师刚叙述完题目不久，高斯就把写着答案的小石板交上去了。起初老师毫不在意这一举动，心想这小家伙又在捣乱，这么快就交上来，谁知道写了些什么呢？等全班学生的小石板都交上来之后，老师批阅才发现，全班只有这位飞快交卷的高斯一个人做对，大吃一惊，而更使老师惊讶不已的是高斯的解法：$1 + 100 = 101$，$2 + 99 = 101$，$3 + 98 = 101$，…，$49 + 52 = 101$，$50 + 51 = 101$，一共有 50 对和为 101 的数目，所以答案是 $50 \times 101 = 5050$。

　　这个故事是真实的，因为高斯在晚年时，总喜欢讲他小时候的事，我们也许会怀疑故事的真实性，但许多人都证实了他所谈的故事。或许是因为高斯后来的成就太高，被誉为历史上伟大的数学家之一的缘故，人们将"倒序相加法"的发明权归功于高斯。但事实并非如此，从历史的角度看，"倒序相加法"在高斯之前早已有之。

　　中国数学古籍《九章算术》盈不足章第 19 题："今有良马与驽马发长安至齐。齐去长安三千里。良马初日行一百九十三里，日增十三里。驽马初日行九十七里，日减半里。良马先至齐，复还迎驽马。问几何日相逢及各行几何？"术曰：假令十五日，不足三百三十七里半。令之十六日，多一百四十里。以盈、不足维乘假令之数，并而为实。并盈不足为法。实如法而一，得日数。不尽者，以等数除之而命分。

　　关于良马和驽马 15 日共行里数，南北朝时期刘徽在《九章算术注》中给出的解法是："求良马行者：十四乘益疾里数而半之，加良马初日之行里数，以乘十五日，得良马十五日之凡行。求驽马行者：以十四乘半里，又半之，以减驽马初日之行里数，以乘十五日，得驽马十五日之凡行。"若令良马初日之行里数为 a_1，益疾里数（即每日增加的里数）为 d，则良马 n 日共行日数为 $S_n = \left[a_1 + \dfrac{(n-1)d}{2} \right] n$；令驽马初日之行里数为 a_1，减迟里数（即每日减少的里数）为 d，则驽马 n 日共行日数为 $S_n = \left[a_1 - \dfrac{(n-1)d}{2} \right] n$。

　　由此可见，中国至迟在 1 世纪就已经知道递增和递减等差数列的求和公式了。虽然刘徽使用是"盈不足术"的推导方法，但如果我们联系前 1 世纪的《周髀算经》卷三之中"七衡图"隐含的等差数列通项公式的归纳，那么我们有理由相信：至迟在刘徽时代，中国数学家就已经掌握了"倒序相加法"。

　　如果这个理由还不成立，那么我们可以通过成书于 5 世纪的《张丘建算经》卷上第 23 题的解答来说明。《张丘建算经》卷上第 23 题："今有女子不善织，日减功，迟。初日织五尺，末日织一尺，今三十日织讫。问织几何？"这是已知等差数列的首末两项及项数，求前 n 项和的问题。《张丘建算经》的解法是"术曰：并初末日尺数，半之，余以乘织讫日数，即得。"用现在的公式表示为

$S_n = \dfrac{n(a_1 + a_n)}{2}$。虽然《张丘建算经》中没有提及其推导，但他肯定已经知道了"倒序相加法"的推导。大家都知道，中国古代数学具有算法化倾向，即更多是强调算法，而非具体的推导过程。

另外，北宋的沈括（1031—1095）在《梦溪笔谈》卷十八"隙积术"已经系统研究过高阶等差数列的求和公式，他不可能不知道"倒序相加法"！况且民间还流传着沈括"数酒坛"故事。

3世纪丢番图在《论多边形数》中，用几何方法证明了等差数列的 $S_n = \dfrac{n(a_1 + a_n)}{2}$，如图 2 - 4 - 4 所示。

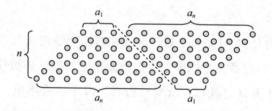

图 2 - 4 - 4

显然，丢番图的推导方法是典型的"倒序相加法"，只是他是从面积的角度来考虑的。

阿拉伯数学家阿尔·卡克希（al - Karkhi，953—1029）在《代数之荣耀》一书中运用了"倒序相加法"推导了 $1 + 2 + \cdots + n = \dfrac{n(n + 1)}{2}$，并将这种方法用于一般等差数列 $\{a_n\}$，得到求和公式 $S_n = \dfrac{n(a_1 + a_n)}{2}$。他还用几何的方法首次证明了 $1^3 + 2^3 + \cdots + n^3 = \left[\dfrac{n(n + 1)}{2}\right]^2$。

由此观之，"倒序相加法"并非高斯所创。但年仅10岁的高斯不可能通晓上述历史古籍中的方法，他凭借他的聪明才智发现了"倒序相加法"，让人折服，这或许才是人们把"倒序相加法"发明权归功于高斯的真正原因。

而让世人了解"倒序相加法"原理并广为使用的，是英国数学家华里司（W. Wallace，1768—1843）。他在为《大英百科全书》所写的长篇辞条"代数学"之中，给出了类似于我们今天的"倒序相加法"，推导了等差数列求和公式：因与首末两项等距的两项之和与首末两项之和相等，所以 $a_1 + a_n = a_2 + a_{n-1} = \cdots = a_{n-1} + a_2 = a_n + a_1$，于是得到 $(a_1 + a_n) + (a_2 + a_{n-1}) + \cdots (a_{n-1} + a_2) + (a_n + a_1) = n(a_1 + a_n)$，从而有 $S_n = \dfrac{1}{2}n(a_1 + a_n)$。

第五节 等比数列的求和公式

对于等比数列 $\{a_n\}$，当公比 $q = 1$ 时，它是一个常数数列，显然，其前 n 项和为 $S_n = na_1$；当公比 $q \neq 1$ 时，其前 n 项和公式 $S_n = \dfrac{a_1(1 - q^n)}{1 - q} = \dfrac{a_1 - a_n q}{1 - q}$。

对于公比 $q \neq 1$ 时，等比数列 $\{a_n\}$ 的前 n 项和公式的推导，教材采用的是"错位相减法"。这种方法是欧拉发明的，他在 1765 年出版的《代数学基础》中，按照从特殊到一般的思路来研究等比数列 $\{a_n\}$ 的求和。他先讨论特殊数列 $1，2，2^2，\cdots，2^n$ 和 $1，3，3^2，\cdots，3^n$ 的求和，然后再研究一般数列 $a，aq，aq^2，\cdots，aq^n$ 的求和。"错位相减法"不仅是推导公比不为 1 的等比数列前 n 项和公式的重要方法，而且也是求解形如 $\{(an + b) \cdot q^n\}$ 型数列（即一个等差数列和一个等比数列对应项乘积构成的新数列，俗称差比数列）的前 n 项和的重要方法。

除了欧拉的"错位相减法"外，历史上还有其他精彩绝伦的推导方法：

【方法 1】比例法。前 3 世纪，古希腊欧几里得在《几何原本》中利用比例性质推导出了等比数列 $\{a_n\}$ 的前 n 项求和公式。

由 $\dfrac{a_2}{a_1} = \dfrac{a_3}{a_2} = \dfrac{a_4}{a_3} = \cdots = \dfrac{a_n}{a_{n-1}} = \dfrac{a_{n+1}}{a_n} = q$，得

$$\dfrac{a_2 - a_1}{a_1} = \dfrac{a_3 - a_2}{a_2} = \dfrac{a_4 - a_3}{a_3} = \cdots = \dfrac{a_{n+1} - a_n}{a_n} = q - 1，$$

由等比定理得 $\dfrac{a_{n+1} - a_1}{a_1 + a_2 + a_3 + \cdots + a_{n-1} + a_n} = \dfrac{a_1 q^n - a_1}{S_n} = q - 1$,

所以 $S_n = \dfrac{a_1 - a_n q}{1 - q} = \dfrac{a_1(1 - q^n)}{1 - q}(q \neq 1)$ 。

【方法2】递推法。古埃及《莱茵得纸草书》中记载的一张财产表体现了等比数列 7 , 7^2 , $\cdots$, 7^n , $\cdots$ 的前 n 项和 S_n 的递推关系 $S_n = (1 + S_{n-1}) \times 7$ 。借用这种思路,可以简捷地推导等比数列 $\{a_n\}$ 的前 n 项和公式:

$a_1 + a_2 + \cdots + a_{n-1} + a_n = a_1 + q(a_1 + a_2 + \cdots + a_{n-1})$,

即 $S_n + a_{n+1} = a_1 + qS_n$,

所以 $S_n = \dfrac{a_1 - a_{n+1}}{1 - q} = \dfrac{a_1(1 - q^n)}{1 - q}(q \neq 1)$ 。

【方法3】掐头去尾法。法国拉克鲁瓦(S. F. Lacroix,1765—1843)在其《代数学基础》中采用了"掐头去尾"的方法来推导等比数列 $\{a_n\}$ 的前 n 项和公式。

由 $S_n = a_1 + a_1 q + a_1 q^2 + \cdots + a_1 q^{n-1}$ 得

$S_n - a_1 = a_1 q + a_1 q^2 + \cdots + a_1 q^{n-1} = q(a_1 + a_1 q + \cdots + a_1 q^{n-2}) = q(S_n - a_1 q^{n-1})$,

所以 $S_n = \dfrac{a_1(1 - q^n)}{1 - q}(q \neq 1)$ 。

对于等比数列 $\{a_n\}$ 的前 n 项和公式的推导,我们可以借鉴历史,加以创新,还有如下方法:

(1)结合比例法和掐头去尾法来推导。

因 $\dfrac{a_2}{a_1} = \dfrac{a_3}{a_2} = \dfrac{a_4}{a_3} = \cdots = \dfrac{a_n}{a_{n-1}} = q$,

由等比定理得 $\dfrac{a_2 + a_3 + a_4 + \cdots + a_n}{a_1 + a_2 + a_3 + \cdots + a_{n-1}} = q$,

即 $\dfrac{S_n - a_1}{S_n - a_n} = q$, 解得 $S_n = \dfrac{a_1 - a_n q}{1 - q}$ 。

(2)利用累加法来推导。

由 $a_{n+1} = qa_n$, 得 $a_n - a_{n+1} = (1 - q)a_n$,

当 $q \neq 1$ 时, $a_n = \dfrac{a_n - a_{n+1}}{1 - q}$, 所以

$$S_n = a_1 + a_2 + a_3 + \cdots + a_{n-1} + a_n$$

$$= \frac{a_1 - a_2 + a_2 - a_3 + \cdots + a_n - a_{n+1}}{1 - q}$$

$$= \frac{a_1 - a_{n+1}}{1 - q} = \frac{a_1 - a_n q}{1 - q}$$

$$= \frac{a_1(1 - q^n)}{1 - q} \text{。}$$

（3）利用公式 $1 - q^n = (1 - q)(1 + q + q^2 + \cdots + q^{n-1})$ 来推导。

当 $q \neq 1$ 时，$S_n = a_1 + a_1 q + a_1 q^2 + \cdots + a_1 q^{n-1}$

$$= a_1(1 + q + q^2 + \cdots + q^{n-1}) = \frac{a_1(1 - q^n)}{1 - q} \text{。}$$

（4）利用递推法来推导。

$$S_n = a_1 + q(a_1 + a_2 + \cdots + a_{n-1}) = a_1 + q S_{n-1}(n \geqslant 2),$$

设 $S_n + x = q(S_{n-1} + x)(n \geqslant 2)$，易得 $x = \dfrac{a_1}{q-1}(q \neq 1)$，

所以 $S_n + \dfrac{a_1}{q-1} = q\left(S_{n-1} + \dfrac{a_1}{q-1}\right) = q^2\left(S_{n-2} + \dfrac{a_1}{q-1}\right) = \cdots = q^{n-1}\left(S_1 + \dfrac{a_1}{q-1}\right)$。

由 $S_1 = a_1$，所以 $S_n + \dfrac{a_1}{q-1} = q^{n-1}\left(a_1 + \dfrac{a_1}{q-1}\right) \Rightarrow S_n = \dfrac{a_1(1 - q^n)}{1 - q}(q \neq 1)$。

（5）利用构造辅助数列法来推导。

由 $S_n - S_{n-1} = a_n = a_1 q^{n-1}(n \geqslant 2)$，

设 $S_n + x q^n = S_{n-1} + x q^{n-1}(n \geqslant 2)$，易知 $x = \dfrac{a_1}{q-1}(q \neq 1)$，

即 $S_n + \dfrac{a_1}{q-1}q^n = S_{n-1} + \dfrac{a_1}{q-1}q^{n-1}(n \geqslant 2)$，所以 $\left\{S_n + \dfrac{a_1}{q-1}q^n\right\}$ 是常数列。

由于首项是 $a_1 + \dfrac{a_1}{q-1}q = \dfrac{a_1}{1-q}$，所以 $S_n + \dfrac{a_1}{q-1}q^n = \dfrac{a_1}{1-q}$，

即 $S_n = \dfrac{a_1(1 - q^n)}{1 - q}(q \neq 1)$。

第六节   数学归纳法

数学归纳法是重要的数学方法。对于与自然数有关的数学命题 $P(n)$，如果证得：

（1）正整数 n 允许取得的第一个值 n_0，$P(n_0)$ 正确，

（2）假设 $P(k)$ 正确（ $k \geqslant n_0$ ），则必有 $P(k+1)$ 也正确，

那么就证明了 $P(n)$ 对于所有不小于 n_0 的正整数都正确，这就是数学归纳法。

一般认为，归纳推理可以追溯到前 6 世纪的毕达哥拉斯时代，甚至更早。最有力的例证是毕达哥拉斯学派用小石子摆出的"形数"，几乎都是通过有限个特殊情况而作出一般结论的。其间，有明显的推理过程，不过这种推理只是简单的枚举。毕达哥拉斯学派的这种归纳推理只是一种寻求结论的手段，其结论也不一定可靠。

可靠的归纳推理当属欧几里得对素数个数无穷的证明：假定素数是有限的，不妨设有限的 n 个素数为 p_1，p_2，$\cdots$，p_n，构造一个新自然数 $a = p_1 \cdot p_2 \cdots p_n + 1$。若 a 是素数，则它比全部给出的 n 个素数都要大，因此是一个新的素数，这与假设有 n 个素数矛盾；若它不是素数，它必能被一素数整除，但它被已知全部的 n 个素数 p_1，p_2，$\cdots$，p_n 除都有余数 1，故整除 a 的素数必定是这 n 个素数以外的新的素数，但是这又与假设有 n 个素数的条件矛盾。

欧几里得也许还没有自觉意识到，这个包括着归纳步骤和传递步骤的推理，其证明过程蕴涵了现代的数学归纳法。欧几里得以后，数学归纳法的论证思想，曾在关于级数求和以及从 n 个东西中取 r 个组合数的表示上得到应用。

犹太人莱维·本·吉尔森在《数之书》中的命题 63 给出了递推关系："如果 n 个不同元素的排列数为某个固定的数，那么 $n+1$ 个不同元素的排列数为该数与 $n+1$ 的乘积。"之后，他证明了 n 个不同元素的排列数为

$n!$，其思路为：设 n 个元素为 a，b，c，d，$\cdots$，e，它们的排列数为 t。在 a，b，c，d，$\cdots$，e 的每一个排列前插入第 $n+1$ 个元素 f，得 t 个不同排列；以 f 代替 e，则 a，b，c，d，$\cdots$，f 的排列数为 t。在每一个排列前插入 e，得 t 个不同排列。因此 a，b，c，d，$\cdots$，e,f 的排列数为 $(n+1)t$。由此证明 n 个元素的全排列数为 $P_n = 1 \times 2 \times 3 \times \cdots \times n$。因为两个元素的全排列数是 $2 = 1 \times 2$，三个元素的全排列数是 $3P_2 = 3 \times 2 = 1 \times 2 \times 3$，如此以至无穷。吉尔森在该书中，用同样的方法还证明了 $(1 + 2 + \cdots + n)^2 = 1^3 + 2^3 + \cdots + n^3$。吉尔森证明排列数公式和三次幂和公式，总是先证明完成归纳步骤所必需的递推公式，然后再给出第一步中的验证，他的方法已接近今天的数学归纳法。

1575 年，意大利莫若里可（F. Maurolico，1497—1575）在其著作《算术》中，用同样的方法证明了尼可麦丘的命题：$1 + 3 + 5 + \cdots + (2n - 1) = n^2$。因为 $n^2 + (2n + 1) = (n + 1)^2$，所以第一个平方数 1 加上第二个奇数 3 得第二个平方数 4；第二个平方数 4 加上第三个奇数 5 得第三个平方数 5；同样，第三个平方数 9 加上第四个奇数 7 得第四个平方数 16；反复应用 $n^2 + (2n + 1) = (n + 1)^2$，依次后推，直到无穷，从而命题获证。但莫若里可与吉尔森一样，也没有明确提出归纳假设。

直到 1654 年，法国数学家帕斯卡在《论算术三角形》中，证明算术三角形性质 12 时，第一次利用了现代意义上的数学归纳法。帕斯卡首先引入两条引理：

引理 1　命题在第二条底边上正确。

引理 2　如果命题在任一底边上正确，那么它在下一条底边上必也正确。

帕斯卡说，如果证得这两条引理，也就证明了命题在所有底边上的正确性，因为由引理 1，命题在第二条底边上是正确的，因而由引理 2，命题在第三条底边上也是正确的，再应用引理 2，命题在第四条底边上也是正确的，如此下去，以至无穷。帕斯卡的证明方法与今天的数学归纳法已没有什么差别，他所提出的两个引理正是数学归纳法的两个步骤。帕斯卡没有给出这种递推证明方法的名称。19 世纪，德·摩根在为《便士百科全书》（1833—1858）所写的关于数学证明的词条里，给出了"数学归纳法"这一名称。后来，德国戴德金

（R. Dedekind，1831—1916）在 1887 年发表的一篇文章里使用了"完全归纳法"之名。到了 20 世纪，"数学归纳法"这个名称渐渐被普遍使用，成了固定术语。

第七节　谷神星的发现

1766 年德国有一位名叫提丢斯（J. D. Titius，1729—1796）的中学数学教师发现了下面的数列：

3，6，12，24，48，96，192，……

在这个数列的前面加上 0，即：

0，3，6，12，24，48，96，192，……

然后再把每个数字都加上 4 就得到了下面的数列：

4，7，10，16，28，52，100，196，……

再把每个数都除以 10 最后得到：

0.4，0.7，1，1.6，2.8，5.2，10，19.6，……

令提丢斯惊奇的是他发现这个数列的每一项都与当时已知的六大行星（水星、金星、地球、火星、木星、土星）到太阳的距离比例（地球到太阳的距离定为 1 个单位）有着一定的联系。德国柏林天文台台长波德（Johann Elect Bode，1747—1826）深知这一发现的重要意义，他于 1772 年公布了提丢斯的发现（被称为"提丢斯—波德定则"）。当时，人们还没有发现天王星、海王星，以为土星就是距太阳最远的行星。1781 年，英籍德国人赫歇尔（Herschel，1738—1822）在接近 19.6 的位置上（即数列中的第八项）发现了天王星。从此，人们就对这一定则深信不疑了。根据提丢斯的发现，在数列的第五项即 2.8 的位置上也应该对应一颗行星。于是许多天文学家和天文爱好者怀着极大的热情，踏上了寻找这颗新行星的征程。在 1801 年新年的晚上，意大利天文学家皮亚齐在提丢斯—波得定则 2.8 的位置上发现了一个非常小的行星，后来命名为"谷神星"。有趣的是，当皮亚齐想进一步观察这颗小行星时，他却病倒了。等到他恢复健康再想寻找这颗小行星时，它却不知去向了。于是，天文学家对皮亚齐发现"谷神星"就有了不同的看法，并产生了持续数月之久的争论。这引起了高斯的关注：既然天文学家通过观察找不到谷神星，那么能否通过数学方法找到它呢？于是，高斯创立了一种新的行星轨道计算理论，他依据皮亚齐的观测资料，只用了一个小时就算出了谷神星的轨道形状，并指出了它将于何时出现在哪一片天空里。1801 年 12 月 31 日夜，德国天文爱好者奥伯斯在高斯预言的时间里发现了"谷神星"。

第八节　斐波那契数列

一、斐波那契数列

斐波那契在著作《算盘全书》（1202）中，提出了一个有趣的问题：假设有一对初生兔子（一雌一雄），要一个月才到成熟期，而一对成熟兔子每个月会生一对兔子（一雌一雄），如果老兔子都不死去，那么由一对初生兔子开始，到第 12 个月（一年）会有多少对兔子？我们来推算一下，如图 2 - 4 - 5 所示。

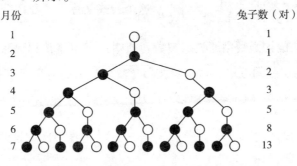

注：○ 表示未成熟的兔子，● 表示成熟的兔子

图 2 - 4 - 5

第一个月：只有 1 对小兔；第二个月：小兔子在长成但不会生殖，仍然只有 1 对兔子；第三个月：这对兔子生了一对小兔，这时共有 2 对兔子；第四个月：老兔子又生了一对小兔，而上个月出生的小兔还未成熟，这时共有 3 对兔子；第五个月：这时已有两对兔子可以生殖（原来的老兔和第三个月出生的小兔），于是生了两对小兔，这时共有 5 对兔子；⋯⋯如此推算下去，我们就得到从第一个月、第二个月、⋯、第十二月的兔子的对数，如此继续下去，就得到数列

1、1、2、3、5、8、13、21、34、55、89、144、⋯

这就是著名的斐波那契数列。

其实，斐波那契数列开始并不著名。到了 1634 年，奇拉特发现了斐波那契数列的递推关系：$F_{n+2} = F_{n+1} + F_n$，$F_1 = F_2 = 1$。斐波那契数列这才引起了人们的极大兴趣。因为有了这个递推关系，就很容易计算的兔子对数，比之前的逐步推算简单多了！

1680 年，意大利天文学家卡西尼（Cassini，1625—1712）发现了下面关于斐氏数列项间重要的关系式：$F_{n+1}F_{n-1} - F_n^2 = (-1)^n (n \in \mathbf{N}^*)$

1753 年，西姆松（R. Simson，1667—1768）发现了斐氏数列中前后两项 F_n 和 F_{n+1} 之比 F_n / F_{n+1} 是连分数：$\cfrac{1}{1 + \cfrac{1}{1 + \cfrac{1}{\ddots}}}$ 的第 n 个渐近分数。

19 世纪，法国比内（Binet，1786—1856）给出了斐波那契数列的通项表达式：$F_n = \dfrac{1}{\sqrt{5}} \left[\left(\dfrac{1 + \sqrt{5}}{2} \right)^n - \left(\dfrac{1 - \sqrt{5}}{2} \right)^n \right]$。这个公式又称为"比内公式"。

1884 年，法国拉姆利用斐波那契数列证明：应用辗转相除法的步数不大于较小的那个数的位数的五倍，这是斐波那契数列最早的应用。"斐波那契数列"之名是由法国鲁卡斯（Lucas，1842—1891）命名的。他在 1876 年发现：方程 $x^2 - x - 1 = 0$ 的两个根 $x_1 = \dfrac{1 + \sqrt{5}}{2}$，$x_2 = \dfrac{1 - \sqrt{5}}{2}$ 的任何次方幂的线性组合都满足关系式：$F_{n+1} = F_n + F_{n-1}$。他还发现并证明了：一个数整除 F_n 和 F_m 的充要条件是这个数是 F_d 的因子，其中 d 是 m 和 n 的最大公约数。

二、斐波那契数列的性质

斐波那契数列自诞生以来，经过历代数学家和数学爱好者的研究和探索，发现了它的许多有趣的性质，这里仅列举一些中学易于理解的性质。

（1）递推关系：$F_{n+2} = F_{n+1} + F_n$；

（2）通项公式：$F_n = \dfrac{1}{\sqrt{5}}\Big[\Big(\dfrac{1+\sqrt{5}}{2}\Big)^n - \Big(\dfrac{1-\sqrt{5}}{2}\Big)^n\Big]$；

（3）当 $n \to \infty$ 时，$\dfrac{F_n}{F_{n+1}} \to \dfrac{\sqrt{5}-1}{2}$，$\dfrac{F_{n+1}}{F_n} \to \dfrac{\sqrt{5}+1}{2}$；

（4）若 n 为偶数时，$\dfrac{F_n}{F_{n+1}} + \dfrac{F_n}{F_{n+2}} + \dfrac{1}{F_{n+1}F_{n+2}} = 1$；

（5）前 n 项和：$\sum\limits_{k=1}^{n} F_k = F_{n+2} - 1$；

（6）前 n 项的平方和：$\sum\limits_{k=1}^{n} F_k^2 = F_n F_{n+1}$；

（7）前 n 项的立方和：$\sum\limits_{i=1}^{n} F_i^3 = \dfrac{1}{10}\big[F_{3n+2} + (-1)^{n+1}6F_{n-1} + 5\big]$；

（8）奇数项的和：$S_{奇} = \sum\limits_{k=1}^{n} F_{2k-1} = F_{2n}$；

（9）偶数项的和：$S_{偶} = \sum\limits_{k=1}^{n} F_{2k} = F_{2n+1} - 1$；

（10）$\sum\limits_{i=1}^{2n-1} F_n F_{n+1} = F_{2n}^2$；$\sum\limits_{i=1}^{2n} F_n F_{n+1} = F_{2n+1}^2 - 1$。

三、斐波那契数列通项公式的推导

已知数列 $\{F_n\}$ 满足 $F_{n+2} = F_{n+1} + F_n$，$F_1 = F_2 = 1$，求 F_n 的表达式。

【方法1】特征方程法（线性代数解法）

线性递推数列 $F_{n+2} = F_{n+1} + F_n$ 的特征方程为：

$x^2 - x - 1 = 0$，解得 $x_1 = \dfrac{1+\sqrt{5}}{2}$，$x_2 = \dfrac{1-\sqrt{5}}{2}$。

设 $F_n = c_1 x_1^n + c_2 x_2^n$，由 $F_1 = F_2 = 1$，

$$\therefore \begin{cases} F_1 = \dfrac{1+\sqrt{5}}{2}c_1 + \dfrac{1-\sqrt{5}}{2}c_2 = 1, \\[3mm] F_1 = \left(\dfrac{1+\sqrt{5}}{2}\right)^2 c_1 + \left(\dfrac{1-\sqrt{5}}{2}\right)^2 c_2 = 1 \end{cases} \Rightarrow \begin{cases} c_1 = \dfrac{1}{\sqrt{5}}, \\[3mm] c_1 = -\dfrac{1}{\sqrt{5}}, \end{cases}$$

$$\therefore F_n = \frac{1}{\sqrt{5}}\left[\left(\frac{1+\sqrt{5}}{2}\right)^n - \left(\frac{1-\sqrt{5}}{2}\right)^n\right]。$$

这也是很多竞赛书籍上所采用的推导方法，下面给出一个初等的推导方法：

【方法 2】 设常数 p，q，满足 $F_{n+2} - pF_{n+1} = q\,(F_{n+1} - pF_n)$

则 $F_{n+2} = (p+q)F_{n+1} - pqF_n$，又 $F_{n+2} = F_{n+1} + F_n$，

比较两式，可得 $p + q = 1$，$pq = -1$，

解得 $p = \dfrac{1+\sqrt{5}}{2}$，$q = \dfrac{1-\sqrt{5}}{2}$ 或 $p = \dfrac{1-\sqrt{5}}{2}$，$q = \dfrac{1+\sqrt{5}}{2}$。

当 $p = \dfrac{1+\sqrt{5}}{2}$，$q = \dfrac{1-\sqrt{5}}{2}$ 时，$F_{n+2} - \dfrac{1+\sqrt{5}}{2}F_{n+1} = \dfrac{1-\sqrt{5}}{2}\left(F_{n+1} - \dfrac{1+\sqrt{5}}{2}F_n\right)$，

由 $F_1 = F_2 = 1$，

$$\therefore F_2 - \frac{1+\sqrt{5}}{2}F_1 = \frac{1-\sqrt{5}}{2}。$$

$\therefore$ 数列 $\left\{F_{n+1} - \dfrac{1+\sqrt{5}}{2}F_n\right\}$ 是以 $\dfrac{1-\sqrt{5}}{2}$ 为首项，公比为 $\dfrac{1-\sqrt{5}}{2}$ 的等比数列。

因此，$F_{n+1} - \dfrac{1+\sqrt{5}}{2}F_n = \left(\dfrac{1-\sqrt{5}}{2}\right)^n$，即 $F_{n+1} = \dfrac{1+\sqrt{5}}{2}F_n + \left(\dfrac{1-\sqrt{5}}{2}\right)^n$ ……①

令 $F_{n+1} - x\left(\dfrac{1-\sqrt{5}}{2}\right)^{n+1} = \dfrac{1+\sqrt{5}}{2}\left[F_n - x\left(\dfrac{1-\sqrt{5}}{2}\right)^n\right]$，

即 $F_{n+1}\dfrac{1+\sqrt{5}}{2}F_n - \sqrt{5}x\left(\dfrac{1-\sqrt{5}}{2}\right)^n$ ……②

比较①②得，$-\sqrt{5}x = 1 \Rightarrow x = -\dfrac{1}{\sqrt{5}}$，

所以 $F_{n+1} + \dfrac{1}{\sqrt{5}}\left(\dfrac{1-\sqrt{5}}{2}\right)^{n+1} = \dfrac{1+\sqrt{5}}{2}\left[F_n + \dfrac{1}{\sqrt{5}}\left(\dfrac{1-\sqrt{5}}{2}\right)^n\right]$，

$F_1 = 1$，

$$\therefore F_1 + \frac{1}{\sqrt{5}}\left(\frac{1-\sqrt{5}}{2}\right) = \frac{1}{\sqrt{5}} \cdot \frac{1+\sqrt{5}}{2},$$

$\therefore \left\{F_n + \frac{1}{\sqrt{5}}\left(\frac{1-\sqrt{5}}{2}\right)^n\right\}$ 是以 $\frac{1}{\sqrt{5}} \cdot \frac{1+\sqrt{5}}{2}$ 为首项，$\frac{1+\sqrt{5}}{2}$ 为公比的等比数列。

所以 $F_n + \frac{1}{\sqrt{5}}\left(\frac{1-\sqrt{5}}{2}\right)^n = \frac{1}{\sqrt{5}} \cdot \left(\frac{1+\sqrt{5}}{2}\right)^n,$

即 $F_n = \frac{1}{\sqrt{5}}\left[\left(\frac{1+\sqrt{5}}{2}\right)^n - \left(\frac{1-\sqrt{5}}{2}\right)^n\right]$。

当 $p = \frac{1+\sqrt{5}}{2}$，$q = \frac{1-\sqrt{5}}{2}$ 时，同理可得相同的结果。

四、斐波那契数列的多种形态

斐波那契数列在自然界、生活中……也存在。16 世纪，开普勒研究过植物生长过程中叶、花、果在茎上的排列顺序问题（即"叶序'问题）。他发现：植物的叶子在茎上的排列，对同一种植物来说是有一定规则的。他把位于茎周同一母线位置的两片叶子称为叶子的生长的一个周期，那么对于同一品种的植物而言，（每个周期叶子绕的圈数）÷（每个周期内的全部叶子数）是一个常数（记为 W）。不同的植物的 W 值不同。如榆树的叶子排列在茎的相对两翼（对称地排列），即它一周期有两片叶子，且一周期叶子仅绕一圈，故 $W = \frac{1}{2}$；山毛榉的叶子从第三片开始循回，故 $W = \frac{1}{3}$；樱桃（橡树等）的 $W = \frac{2}{5}$，梨树的 $W = \frac{3}{8}$，柳树的 $W = \frac{5}{13}$，……把这些值写在一起：$\frac{1}{2}$，$\frac{1}{3}$，$\frac{2}{5}$，$\frac{3}{8}$，$\frac{5}{13}$，……不难发现：这些分数的分子、分母都恰好各自组成一个斐波那契数列。

开普勒还研究"蜂房问题"。一只蜜蜂从蜂房 A 出发，想爬到第 1、2、3、…、n 号蜂房，如图 2-4-6 所示，但只允许它自左向右爬（不许反向倒走），那么它爬到各号蜂房的路线数也恰好构成一个斐波那契数列。

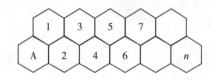

图 2 – 4 – 6

事实上，蜜蜂从蜂房 A 出发，爬到 1 号蜂房有 1 条线路，爬到 2 号蜂房有 2 条线路（ $A \to 2$ 或 $A \to 1 \to 2$ ），…，蜜蜂爬到 n 号蜂房的线路有两类：一类是不经过 $n-1$ 号蜂房，直接从 $n-2$ 号蜂房进入 n 号蜂房；另一类是经过 $n-1$ 号蜂房，如图 2 – 4 – 7 所示。从 A 爬到 $n-2$ 号蜂房有 a_{n-1} 条线路，从 A 爬到 $n-1$ 号蜂房有 a_n 条线路，这样蜜蜂从 A 爬到 n 号蜂房的线路有 $a_{n-1} + a_n = a_{n+1}$ 条。显然，数列 $\{a_n\}$ 是斐波那契数列。

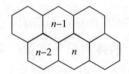

图 2 – 4 – 7

在生活中，如果要上一个 n 阶的楼梯，若允许每次登一阶或两阶，那么一共有多少种不同的走法呢？

由于一步最多走两个台阶，因此要到达第 n 级台阶，与前面研究过的"蜂房问题"一样有两种方案：一是先走到第 $n-1$ 级台阶上，然后走 1 级台阶跨到最上方；二是先走到第 $n-2$ 级台阶上，然后一步走两级台阶跨到最上方。因此，对于楼梯的台阶数为 1，2，3，4，…时，上台阶的方式数恰好也是斐波那契数列：

1，2，3，5，8，13，21，34，55，89，144，…

波兰数学家史坦因豪斯（Steinhaus，1887—1972）在其名著《数学万花筒中》中提出了这样一个问题：一棵树一年后长出一条新枝；新枝隔一年后成为老枝，老枝可以每年长出一条新枝。如此下去，十年后树枝将有多少？这个问题只是斐波那契数列问题的变化而已，即树枝的繁衍方式是按照斐波那契数列增加的，如图 2 – 4 – 8 所示。

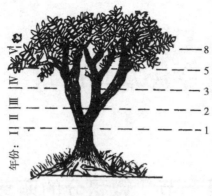

图 2 - 4 - 8

斐波那契数列诞生 800 多年来，人们在各个领域都发现了斐波那契数列。尤其是 19 世纪开始，人们发现了斐波那契数列在计算机、物理、化学等领域的应用，这个古老的数列焕发了新的青春。1963 年，斐波那契协会在美国成立，并创刊《斐波那契季刊》，用以刊登与斐波那契数列相关的研究成果。

第五章
一元函数的导数及其应用

第一节 微积分的萌芽

微积分的萌芽源于对无限与运动的哲学思考，也源于对任意封闭的平面曲线围成图形面积和任意封闭的空间曲线包围成立体图形体积的计算实践，这方面的工作，古希腊和中国做出了重要贡献。

一、古希腊早期微积分思想

斯多葛（Stoics）学派的创始人芝诺（Zeno，约前490—前425）提出了四个悖论：二分法、阿基里斯追龟、飞矢不动、运动场。其中"二分法"和"阿基里斯追龟"涉及无穷运算问题；"飞矢不动"则是一个典型的导数问题。

德谟克利特斯（Democritus，约前460—前370）是古希腊原子论学派的代表人物。他认为宇宙间的万物可以看成由不可再分的原子构成，原子虽然不能再分但仍有内部结构。这显然蕴含了朴素的微分和积分思想。谟克利特斯用原子论思想第一次猜测出圆锥和棱锥的体积分别等于和它们同底同高的圆柱和棱柱体积的三分之一。安提丰（Antiphon，前426—前373）提出的"穷竭法"是极限理论最早的表现形式。欧多克斯（Eudoxus，约前400—前347）进一步研究原子论和穷竭法，为了计算曲边形的面积和体积，他提出了具有现代意义的极限运算的雏形：如果对于任意的正整数 n ，等式 $\dfrac{b_n}{a_n} = k$（常数）成立，且当 $n \to \infty$ 时，$a_n \to A$ ，$b_n \to B$ ，则有 $\dfrac{B}{A} = k$ 。他用这个方法证明了德谟克利特斯对求圆锥和棱锥体积的公式的猜想。

阿基米德对穷竭法也做出了重要贡献，他在《圆的度量》《论圆柱和球》《抛物线求积》《论螺线》等著作中，应用了穷竭法，并引用了近似现代微积分中的"大和"与"小和"概念，并且他用这种方法计算出了球的体积和表面积、抛物线弓形的面积以及一些旋转体的体积等数学问题。

二、中国早期微积分思想

作为微积分学基础的极限理论来说，中国毫不逊色于西方。春秋时期老子的《道德经》第六十四章中的"合抱之木，生于毫末；九层之台，起于累土；千里之行，始于足下"包含了积分思想。春秋末期战国初期的墨子的著作《墨经·经上》说："穷，或有前不容尺也。""或不容尺有穷，莫不容尺无穷也。"反映了有穷、无穷的概念。《庄子·天下篇》中的"至大无外，谓之大一；至小无内，谓之小一。无厚，不可积也，其大千里。天与地卑，山与泽平。"体现无穷大量与无穷小量的概念。"一尺之棰，日取其半，万世不竭"，明确提出了无限可分性（微分）和极限思想。

三国时的数学家刘徽提出了"割圆术"——"割之弥细，所失弥少；割之又割，以至于不可割，则与圆周合体而无所失矣。"这就包含着微积分中"无限细分，无限求和"的思想方法，他从圆内接正六边形做起，令边数成倍地增加，逐步推求圆内接正 12 边形、正 24 边形、……，直到正 3072 边形，用这个正 3072 边形面积来逼近圆面积，就得到 π 的较精确的值 3.1416。

第二节　微积分的孕育

15 世纪到 17 世纪上半叶，随着文艺复兴的不断深入，社会、经济、科学、贸易、航运和科学技术的迅猛发展，许多的科学问题逐步显露了出来，这些问题归结起来，主要集中在以下四类：

第一类是已知物体移动的距离表为时间的函数的公式，求物体在任意时刻的速度和加速度；反过来，已知物体的加速度表为时间的函数的公式，求速度和距离；第二类是求曲线的切线；第三类问题是求函数的最大值和最小值问题；第四类问题是求长度、面积、体积和重心。

对这四类问题的讨论和研究，所形成的数学思想和方法的成熟和发展，孕育了微积分的诞生。

开普勒在 1615 年的著作《测量酒桶的新立体几何》中，发展了古希腊的原子论方法：用无数个同维小元素之和来确定曲边形的面积及旋转体的体积。虽然开普勒用无数个同维无穷小之和计算面积和体积的方法并不严格，但他"化曲为直"和"微小元求和"的思想，对积分学很富有启发性。意大利卡瓦列里（Cavalieri，1598—1647）在他的《用新方法促进的连续不可分量的几何学》（1635）中利用不可分量方法给出了幂函数定积分公式。

法国费马于 1636 年提出了一个相当于近代定积分的积分法：用统一的矩形条分割曲线形，用矩形面积近似地代替曲边形面积，利用曲线方程求出矩形面积，并以其构成的几何级数之和近似地得到曲线面积，然后对和取极限使近似值转化为精确值。费马还把这种积分法用于求弧长：把曲线长视为微小线段长之和，再把线段长度之和转化为求曲线围成的面积来获得结果。费马在 1637 年发表了《求最大值和最小值的方法》，记述了一个求曲线切线的方法，为求曲线的切线开创了新方法。但他没有通过割线移动来决定切线，也没有通过计算斜率的极限来求切线。帕斯卡改进费马的做法，采取等分 x 轴上的区间，引入无穷小概念，把无穷小概念也应用于"微分三角形"，以此说明可以用直线代替曲线，这对牛顿、莱布尼茨产生了很大的影响。

英国沃里斯在 1656 年发表《无穷的算术》，使卡瓦列里、费马的不可分法得到系统的推广。他用数学的语言把几何方法算术化，使无限的概念以解析的形式出现，开辟了用级数表示函数的道路，使得无限算术代替了有限算术，这对确立微积分奠定了重要的思想基础。

牛顿的老师巴罗（I. Barrow，1630—1677）在《几何学讲义》（1670）中，把"求切线"和"求积"作为互逆问题联系起来，使用帕斯卡的"微分三角形"思想来求曲线的切线。他第一个认识到 $\frac{\Delta y}{\Delta x}$ 对于决定切线有重大意义，于是将微分三角形和费马的方法结合起来，从而得到了比费马的积分法更优越的方法。

第三节 微积分的产生

由于历史的局限性，微积分的先驱们所关注的是具体几何特有的解答方法，而没有将这些具体方法中蕴含的优越性、创造性和普遍性提炼出来形成统一的方法，这个工作是由牛顿和莱布尼茨各自独立完成的。

一、牛顿的工作

牛顿在前人创造性研究的基础上，从物理学的角度研究微积分。他为了解决运动问题，创立了一种和物理概念直接联系的数学理论。牛顿认为，任何运动都存在于空间，依赖于时间，因而他把时间作为自变量，把和时间有关的改变量作为流量。同时，他还把几何图形的线、角、体都看作力学位移的结果。即一切改变量都是流量。牛顿将流量的变化率称为"流数"。他把这种方法称为"流数术"。牛顿的"流数术"基本上包括三类问题。

（1）已知流量之间的关系，求它们的流数的关系，这相当于微分学。

（2）已知表示流数之间的关系的方程，求相应的流量间的关系。这相当于积分学，牛顿意义下的积分法不仅包括求原函数，还包括解微分方程。

（3）"流数术"应用范围包括计算曲线的极大值、极小值，求曲线的切线和曲率，求曲线长度及计算曲边形面积等。

牛顿已完全清楚上述（1）与（2）两类问题中运算是互逆的运算，于是建立起微分学和积分学之间的联系。

牛顿的有关"流数术"的主要著作是《求曲边形面积》《运用无穷多项方程的计算法》和《流数术和无穷极数》。由于他在 1665 年 5 月 20 日的一份手稿中提到"流数术"，因而有人把这一天作为微积分诞生的时间。

二、莱布尼兹的工作

莱布尼茨创立微积分的途径与方法与牛顿是不同的。莱布尼茨是经过研究曲线的切线和曲线包围的面积，运用分析学方法引进微积分概念、得出运算法则的。莱布尼兹把微积分称为"无穷小算法"，他的微积分符号最初在1675年的手稿中使用。1684年他在《教师学报》杂志上发表了微分法的论文《一种求极大值、极小值和切线的新方法，它也适用于无理量，以及这种新方法的奇妙类型的计算》，这是历史上最早发表的关于微积分的文章。1686年他在该杂志上又发表了最早的积分法的论文《潜在的几何与不可分量和无限的分析》，讨论了微分与积分的关系，使用了积分符号"∫"，符号的发明使得微积分的表达更加简便。此外，他还发现了微分与积分之间的互逆关系，将微分与积分运算联系在了一起。

从始创微积分的时间说牛顿比莱布尼茨大约早10年，但从正式公开发表的时间说牛顿却比莱布尼茨要晚，他的工作直到1687年《自然哲学的数学原理》出版才被世人所知。由此引发了数学史上一场关于微积分创立的优先权问题的激烈争论。英国皇家学会为此成立了专门的评判委员会，经过长时间的调查，裁定牛顿与莱布尼兹各自独立地创立了微积分。

第四节　微积分的严格化

微积分学在牛顿与莱布尼茨的时代逐渐建立成型，但是任何新的数学理论的建立，在起初都是会引起一部分人的极力质疑，微积分学同样也是。由于早期微积分学的建立的不严谨性，许多不安分子就找漏洞攻击微积分学，其中最著名的是英国主教贝克莱针对求导过程中的无穷小（Δx 既是0，又不是0）展开的对微积分学的进攻，由此引发了第二次数学危机。第二次数学危机的关键问题就是无穷小量究竟是不是零。这涉及函数的连续性以及极限的概念问题。

第一个在这方面做出大胆尝试的数学家是捷克波尔查诺（B. P. J. N. Bolzano, 1781—1848），他给出了连续函数定义的现代表述，导数等概念的合理定义，他还用集合方法第一个给出了连续函数处处不可导的例子，遗憾的是他的工作长期不为人所注意。法国柯西在他的系列著作《工科大学分析教程》（1821）、《无穷小计算教程概论》（1823）、《微积分讲义》（1829）中，给出了微积分的一系列严格定义。首先，他把无穷小量看作极限为 0 的变量，从而一举改变了长期以来无穷小量"似 0 又非 0"的模糊状况。在此基础上，他给出了连续、微分、积分、导数等一系列概念的严格定义。柯西正确地表述并严格地证明了微积分基本定理、中值定理等微积分中的一系列重要定理。柯西的工作是微积分走向严格化的关键一步。但他对极限定义借助了几何直观并不严谨。

直到 19 世纪后，实数理论和集合论得到了空前发展，在魏尔斯特拉斯（Weierstrass，1815—1897）、戴德金和康托尔等人的努力下，分析学严格化的历史任务终于画上了圆满的句号，终结了长达三百年的"各方混战"，使得分析学成为像欧氏几何一样拥有坚实牢固基础的严密科学，分析的时代也达到了空前的高潮，各分支的发展也愈加繁荣。

第 六 章

计数原理

第一节 排列组合简史

排列与组合问题的历史可以上溯到中国殷周之际的占卜术，比较完整的文字记载则见于《易经》，书中称："易有太极，是生两仪，两仪生四象，四象生八卦。""两仪"可用两种基本符号阳爻"—"和阴爻"－－"表示，每次取两个，就有 $2^2 = 4$ 种不同的排列，称为"四象"；每次取三个，共有 $2^3 = 8$ 种不同的排列，称为"八卦"；若每次取六爻，则可得 $2^6 = 64$ 种不同的排列，叫作"六十四卦"。这是一种特殊的排列问题。

在古印度，前 6 世纪，苏斯鲁塔的医学论文中给出了六种不同的味——苦、酸、咸、涩、甜和辣，在其中分别取 1，2，3，4，5，6 种的组合方法有 63 种。6 世纪，瓦哈米希拉给出了稍大一些的组合数，"如果 16 个一组的物体以 4 种不同方式变化，那么结果是 1820"。9 世纪，马哈维拉（Mahavira）给出了计算组合数的方法：$C_n^r = \dfrac{n(n-1)\cdots(n-r+1)}{r!}$。1150 年，婆什迦罗在他的《丽罗娃底》中给出一次从 n 件物品中取 r 件的排列（可重复或不重复）数和组合（不重复）数 C_n^r 的算法，还给出了总个数为 n 的 m 种物品（其中第 i 种物品的个数为 r_i）的排列数 $\dfrac{n!}{r_1! \cdot r_2! \cdots r_m!}$（$r_1 + r_2 + \cdots r_m = n$）。婆什迦罗还发现了组合数性质：$C_n^r = C_n^{n-r}$。

前 3 世纪的希腊哲学家克里西普（Chrusippus，约前 250—前 207）曾发现 10 个公理的不同排列数超过 1000000。中世纪，意大利博伊修斯（A. M. S. Boethius，约 480—524）给出了 n 件物品中一次取 2 件的组合数公式，

相当于今天的 $C_n^2 = \dfrac{n(n-1)}{2}$。

有关排列与组合的内容，在不迟于 8 世纪的犹太人的数学文献《创造之书》（作者不详）中，给出了 22 个希伯来字母的全排列：两个字母可构成两个单词，三个字母可构成 6 个单词，4 个字母可构成 24 个单词，5 个字母可构成 120 个单词，6 个字母可构成 720 个单词，7 个字母可构成 5040 个单词，依次计算下去……946 年，多诺罗在注释《创造之书》时，证明了 n 个字母的全排列 $n!$。

13 世纪末，阿拉伯伊本·阿尔巴拿（Ibn al-Banna，1256—1321）在《算术运算概论》及其自注中给出并证明了 n 个元素的全排列 A_n^n，一次从 n 个元素中取 r 个排列数 A_n^r 和组合数 C_n^r 的公式，其中 $C_n^r = \dfrac{n(n-1)(n-2)\cdots(n-r-1)}{r!}$ 以及 $C_n^r = \dfrac{(n-r+1)}{r}C_n^{r-1}$。

14 世纪，法国犹太本·吉尔森在著作《数之书》（成书于 1321 年）中，深入研究了组合问题，同样给出并证明了 n 件物品的全排列数以及一次取 r 件的排列和组合数。法国奥雷姆给出了从 6 件物品中一次取 1 件、2 件、3 件、4 件和 5 件的组合数之和。

文艺复兴时期的欧洲，许多数学著作中都出现了组合问题和法则。如帕西沃里在《算术、几何、比例和比例性概论》（1494）中给出了如何求坐在一桌的任何多个人的全排列数。英国巴克莱（W. Buckley）在《记忆算术》（1567）中给出了求 n 件物品一次取 r 件的组合数的特例。而法国数学家布丢在《算法》（1559）中，不仅讨论了四骰子的组合数问题，而且还研究了带有若干可转动圆柱的组合锁问题。在同一时期，阿拉伯柯多维罗（Rabbi Moses Cordovero，1522—1570）对排列和组合也有论述，并应用了若干一般公式。

17 世纪，法国数学家帕斯卡在《论算术三角形》中将他的算术三角形应用于组合理论，其主要结果是：

（1）在底边有 n 个单元的算术三角形中，第 r（$1 \leqslant r \leqslant n$）行的所有单元之和为 n 件物品中一次取 r 件的组合数。即 $C_{n-1}^0 + C_n^1 + C_{n+1}^2 + \cdots + C_{n-1}^{n-r} = C_n^r$；

（2）n 件物品中一次取 1 个、2 个、$\cdots$、n 个的组合数之和为 $C_n^1 + C_n^2 + \cdots +$

$C_n^n = 2^n - 1$;

（3）n 件物品中一次取 r 个的组合数为算术三角形第 $n + 1$ 条底边上位于第 $r + 1$ 行的单元。

即 $C_n^r = \dfrac{(r + 1)(r + 2)(r + 3)\cdots n}{(n - r)!}$ 或 $C_n^r = \dfrac{n(n - 1)(n - 2)\cdots(n - r + 1)}{r!}$ 。

帕斯卡和英国沃利斯最早使用"组合"（combination）这一术语。同时期的法国舒腾（F. van Schooten，1615—1660）先取 4 个字母 a, b, c, d ，列出其中 1 个、2 个、3 个和 4 个的所有可能的组合共有 15 种；再取 5 个字母，共得 31 种组合。最后他得出结论：取 n 个字母中 1，2，3，$\cdots$，n 个的所有可能的组合，总数为 $2^n - 1$ 。

德国数学家莱布尼茨在 1666 年发表的论文"论组合的艺术"中，构造了一个类似于帕斯卡三角的数表，并利用它来求组合数。他还证明了定理：若 n 是素数，则 n 个元素中一次取 r 个的组合数能被 n 整除。英国沃利斯在其《代数学》（1685）附录"论组合、排列与除不尽部分"中不仅计算了不重复字母的全排列数，而且还计算了有重复字母的排列数。

雅各·贝努利在《猜想的艺术》第二部分中的"论排列和组合"，证明了一组元素的不重复或有重复的全排列数以及 n 个元素中一次取 r 个的组合数与排列数公式。贝努利首次创用"排列"（permutation）这一术语。

1713 年，法国蒙莫尔提出了一个问题："把 n 张信纸与 n 个已写好相应地址的信封任意打乱，问：至少有一封信装对的情况有多少种？"瑞士数学家丹尼尔·伯努利（Danid Bernoulli，1700—1782）提出了等价命题：把 n 张信纸与 n 个已写好相应地址的信封任意打乱，问："所有信纸全都装错了信封的情况有多少种？"这就是著名的错位排列问题。欧拉对这一问题情有独钟，称之为"组合论中的妙题"，而且他也为问题的解做出了非常巧妙的解释。

第二节 二项式定理简史

二项式定理最初用于开高次方。早在前 3 世纪，古希腊数学家欧几里得在《几何原本》卷 II 中给出了如下命题："任意分一线段成两段，则整段上的正方形等于两分段上的正方形与两分段所构成矩形的二倍之和。"这就是著名的完全平方公式：$(a+b)^2 = a^2 + 2ab + b^2$。我国的《九章算术》提出了世界上最早的多位正整数开平方、开立方的一般程序。对于三次以上开方问题，直到 11 世纪中叶，才有所突破。北宋的贾宪在《释锁算书》中给出了"开方作法本原图"，如图 2 - 6 - 1 所示，解决了 6 次及以下开方问题。图 2 - 6 - 1 为六次幂的二项式系数表，其中第 i 层即为 $(a+b)^{i-1}$ 展开式的系数。1261 年，杨辉在《详解九章算法》中引用了此图，并注明了此图出自贾宪的《释锁算书》。贾宪的著作已经失传，而杨辉的著作流传至今，所以今称此图为"贾宪三角"或"杨辉三角"。14 世纪初，朱世杰在其《四元玉鉴》（1303）中复载此图，并增加了两层，添上了两组平行的斜线，如图 2 - 6 - 2 所示。

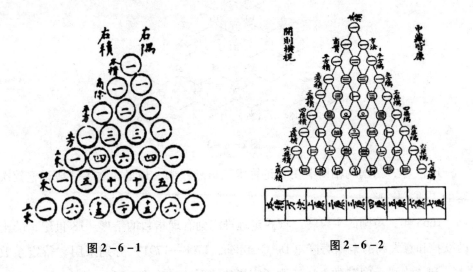

图 2 - 6 - 1   图 2 - 6 - 2

在阿拉伯，10 世纪，阿尔·卡拉吉（AL‑Karaji，953—1029）已经知道二项式系数表的构造方法：每一列中的任一数等于上一列中同一行的数加上该数上面一数。12 世纪，伊朗数学家奥马·海亚姆（Omar Khayyam，1048—1122）将印度人的开平方、开立方运算进行了推广。13 世纪，波斯天文学家、数学家、哲学家纳绥尔丁·图西（Nasir Din Tusi，1201—1274）在其《算板与沙盘算法集成》（1265）中给出了高次开方的近似公式，并用到了二项式系数表。15 世纪，阿拉伯数学家阿尔·卡西在其《算术之钥》（1427）中介绍了任意高次开方法，并给出了九次幂的二项式系数表，还给出了二项式系数表的两种构造方法：一种是利用公式 $C_n^r = C_{n-1}^{r-1} + C_{n-1}^r$，另一种与贾宪的方法完全相同。

在欧洲，13 世纪，德国的约丹努斯（N. Jordanus，1225—1260）在一本未出版的算术书中给出了一张与贾宪三角一样的 11 层二项式系数表。

16 世纪，许多数学家的书中都载有二项式系数表。1527 年，在德国数理天文学家阿皮亚努斯（P. Apianus，1495—1552）出版的一部算术书的扉页上出现了一张二项系数表，如图 2‑6‑3 所示。1544 年，德国斯蒂菲尔（M. Stifel，1486—1567）在《整数算术》中给出了直到 16 次的二项系数表，并引入"二项系数"这一术语。

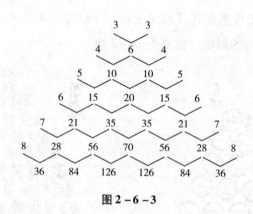

图 2 ‑ 6 ‑ 3

1654 年，法国的帕斯卡在《论算术三角形》中，最早建立了一般正整数次幂的二项式定理。

1665 年，英国的牛顿将二项式定理推广到有理指数的情形。18 世纪，瑞士的欧拉和意大利的卡斯蒂隆（De Castillon，1708—1791）分别采用"待定系数法"和"先异后同"的方法证明了实指数情形的二项式定理。

第七章

随机变量及其分布列

第一节 条件概率

条件概率是由英国数学家贝叶斯提出来的。1763 年，贝叶斯的朋友发表了他生前的论文《论机会学说中的一个问题》，贝叶斯在文中提出了先验概率、后验概率（即条件概率）的概念，以及计算后验概率的贝叶斯公式。

先验概率是指根据以往经验和分析得到的概率，它往往作为"由因求果"问题中的"因"出现。先验概率分为以下两类：利用过去历史资料计算得到的先验概率，称为客观先验概率；当历史资料无从取得或资料不完全时，凭人们的主观经验来判断而得到的先验概率，称为主观先验概率。

后验概率是指在得到"结果"的信息后重新修正的概率，是"执果寻因"问题中的"因"。后验概率是基于新的信息，修正原来的先验概率后所获得的更接近实际情况的概率估计。先验概率和后验概率是相对的。如果以后还有新的信息引入，更新了现在所谓的后验概率，得到了新的概率值，那么这个新的概率值被称为后验概率。

贝叶斯公式是建立在条件概率的基础上寻找事件发生的原因（即在大事件 A 已经发生的条件下，分割中的小事件 B_i 的概率），设 B_1，B_2，…是样本空间的一个划分，则对任一事件 A 都有 $P(B_i|A) = \dfrac{P(B_i)P(A|B_i)}{\displaystyle\sum_{j=1}^{n} P(B_j)P(A|B_j)}$。

第二节　两点分布

随机变量的概念是由俄国数学家切比雪夫在 19 世纪中叶提出来的。他在 1866 年出版的《论均值》中推广了大数定律条件，揭示了平均值的统计稳定性，即随机的规律性。他的弟子马尔科夫把随机变量互相独立的情况推广到变量相关的情况，研究了相关随机变量的和及平均值的性质，开创了对一种无后效性的随机过程，其研究方法和重要发现推动了概率论的发展，特别是促进了概率论的重要分支——随机过程论的发展。

对于只有两个可能结果的随机试验，用 A 表示"成功"，用 $\bar{A}$ 表示"失败"，定义随机变量 $X = \begin{cases} 1, & A \\ 0, & \bar{A} \end{cases}$，如果 $P(A) = p$，$P(\bar{A}) = 1 - p$，则称随机变量 X 服从两点分布或 $0 \sim 1$ 分布。

两点分布的期望 $EX = p$，方差 $DX = 0$。

把只有两个可能结果的试验称为"伯努利试验"。这是为纪念雅各布·伯努利对概率发展的贡献而命名的。

第三节　二项分布与超几何分布

一、二项分布

帕斯卡和费马在解决了"赌金分配"问题之后，进一步拓展研究了意大利数学家帕乔利提出的"点数问题"（1494）：如果 A，B 两人在赌博中，获胜的

概率都是 $\dfrac{1}{2}$，设在 A 需赢得 a 局才能获胜，B 需赢得 b 局才能获胜的情况下，赌博继续进行下去，他们各自的获胜概率如何计算呢？

记 A 最终取胜的概率为 $e(a,b)$。帕斯卡先从简单的情况入手，对 a,b 赋予一些特殊值，得到三个边界条件：（1）$e(0,n)=1(n>0)$；（2）$e(n,0)=0$ $(n>0)$；（3）$e(n,n)=\dfrac{1}{2}$。在进行简单的赋值之后，帕斯卡敏锐地发现了适用一般情况的规律，并给出了表达式：$e(a,b)=\dfrac{1}{2}(a-1,b)+\dfrac{1}{2}(a,b-1)$。

帕斯卡借助三角形的性质猜想：$e(a,b)=\displaystyle\sum_{i=0}^{b-1}C_{a+b-1}^{i}\left(\dfrac{1}{2}\right)^{a+b-1}$。

帕斯卡的猜想显然是合理的，赌博最多只要进行 $a+b-1$ 局就会结束，因此若假设赌博继续进行 $a+b-1$ 局，则只要 B 获胜的局数不超过 $b-1$ 次，A 就将获胜。因此，帕斯卡的猜想反映了二项分布中不利事件发生不超过 $b-1$ 次的概率之和。

而费马则假设 A 最终取得胜利。因此，再进行的赌博局数可能为 a，$a+1$，$\cdots$，$a+b-1$，而 B 取得胜利的局数为 $i=0,1,2,\cdots,b-1$。若 B 胜 i 局，则到 A 最终取胜时赌博又进行 $a+i$ 局，则其中 $a+i-1$ 局中 A 胜了 $a-1$ 局，而第 $a+i$ 局必为 A 胜。所以 $e(a,b)=\displaystyle\sum_{i=0}^{b-1}C_{a-1+i}^{a-1}\left(\dfrac{1}{2}\right)^{a+i}$。

虽然帕斯卡和费马给出的结果形式不同，但是两个结果实际上是等价的。之后，詹姆斯·伯努利在《推测的艺术》（1713）的第一部分中，规定了相互独立的事件同时发生的概率乘法法则：一系列相互独立且成功概率不同的事件 $A_1,A_2,A_3,\cdots$，其概率分别为 $p_1,p_2,p_3,\cdots$，则在一个给定的顺序的一系列成功的概率为 $p_1p_2p_3\cdots$。他还在《推测的艺术》中给出：若 n 次试验且每次试验成功概率均为 p，则如果按给定顺序成功 m 次，失败 $n-m$ 次，那么概率是 p^mq^{n-m}；如果不规定成功和失败的次数，成功 m 次失败 $n-m$ 次的概率为

$$\dfrac{n\cdot(n-1)\cdot(n-2)\cdots(n-m+1)}{1\cdot2\cdot3\cdots m}\cdot\dfrac{b^mc^{n-m}}{a^n}\ 或$$

$$\dfrac{n\cdot(n-1)\cdot(n-2)\cdots(m+1)}{1\cdot2\cdot3\cdots(n-m)}\cdot\dfrac{b^mc^{n-m}}{a^n}。$$

其中，a 代表试验的次数，b 代表试验成功的次数，c 代表试验失败的次数，

且 $a = b + c$。这本质上已经是著名的二项分布的表达形式了，只是形式不够简洁。二项分布的简洁形式是由棣莫弗给出的：在 n 重伯努利试验中，若每次试验中事件 A 发生的概率为 $p(0 < p < 1)$，用 X 表示事件 A 发生的次数，则 X 的概率分布列为 $P(X = k) = C_n^k p^k (1 - p)^{n-k}$，其中 $k = 0，1，2，\cdots，n$。

只有两个可能结果的试验，是伯努利试验。而詹姆斯·伯努利又解决了 n 重伯努利试验的概率计算问题。因此，二项分布又称为伯努利分布，记作 $X \sim B(n，p)$。

二项分布的数学期望为 $EX = np$，方差为 $DX = np(1 - p)$。

二、超几何分布

假定一批产品共有 N 件，其中有 M 件次品，从 N 件产品中随机抽取 n 件（不放回），用 X 表示抽取的 n 件产品中的次品数，则随机变量 X 的概率分布列为 $P(X = k) = \dfrac{C_M^k C_{N-M}^{n-k}}{C_N^k}$，$k \in 0，1，2，\cdots，\min\{n，M\}$。若随机变量 X 具有这种概率分布，则称随机变量 X 服从超几何分布。

超几何分布的数学期望为 $EX = n \cdot \dfrac{M}{N}$，方差为 $DX = \dfrac{nM(N-n)(N-M)}{N^2(N-1)}$。

至于为什么取名为超几何分布，主要是因为在 $P(X = k)$ 表达式中随着 k 依次取 $0，1，2，\cdots，\min\{n，M\}$ 时，$P(X = k)$ 构成了一个超几何级数。"超几何级数"一词首先被约翰·怀尔斯（John Wallis，1616—1703）在 1655 年《无穷算术》中首次使用，该级数的每一项与前一项之比是关于下标的函数。

三、超几何分布与二项分布的联系

若随机变量 X 服从超几何分布，即 $P(X = k) = \dfrac{C_M^k C_{N-M}^{n-k}}{C_N^k}$，并假设 $\lim\limits_{N \to \infty} \dfrac{M}{N} = p$，其中 $0 < p < 1$。则我们可以得到

$$P(X = k) = \frac{C_M^k C_{N-M}^{n-k}}{C_N^k} = \frac{M!}{k!(M-k)!} \cdot \frac{(N-M)!}{(n-k)!(N-M-n+k)!} \cdot \frac{n!(N-n)!}{N!}$$

$$= C_n^k \cdot \frac{M(M-1)\cdots(M-k+1)}{N(N-1)\cdots(N-k+1)} \cdot \frac{(N-M)\cdots(N-M+k+1)}{(N-k)\cdots(N-n+1)}。$$

由于 $\lim\limits_{N \to \infty} \dfrac{M}{N} = p$ ，$\lim\limits_{N \to \infty} \dfrac{N-M}{N} = 1-p$ ，

则可以得到 $\lim\limits_{N \to \infty} \dfrac{M(M-1)\cdots(M-k+1)}{N(N-1)\cdots(N-k+1)} = p^k$ ，

$\lim\limits_{N \to \infty} \dfrac{(N-M)\cdots(N-M+k+1)}{(N-k)\cdots(N-n+1)} = (1-p)^{n-k}$ ，

因此我们有 $\lim\limits_{N \to \infty} P(X=k) = \lim\limits_{N \to \infty} \dfrac{C_M^k C_{N-M}^{n-k}}{C_n^k} = C_N^k p^k (1-p)^{n-k}$ 。

故当 N 足够大时，超几何分布逼近了二项分布。

从超几何分布和二项分布所代表的实际意义来看，我们假设次品总数 M 占产品总数 N 的比例一定，也就是说抽到次品的概率是确定的，并且当产品总数 N 足够多，抽取的产品数 n 比较少时，我们进行有放回的抽取小球和无放回的抽取，抽到次品的概率几乎是一样的，也就是说从所有产品抽取 n 个小球出来，可以看作是一件一件抽取出来的，即可以看作是 n 次独立重复试验，这样超几何分布在极限意义下（总小球数 N 足够多时）逼近二项分布。

第八章

成对数据的统计分析

第一节　最小二乘法的历史

　　最小二乘法源于误差理论的研究。早在 17 世纪初，开普勒在著作《和谐的世界》中提出了一些建模的原则，其中有一条是"模型选择的最终标准是其与观测数据的符合程度"，这实质上蕴含了误差概率理论的问题，但他并没有使之明确化。伽利略是第一位提出观测误差这个概念，并对之有所讨论的学者，他在 1632 年出版的著作《关于两个主要世界系统的对话——托雷密和哥白尼》中就讨论了随机误差及其分布的问题。虽然他并未提出这个名词，但他提出了对随机误差及分布的真知灼见，如：①大多数观测值都聚集在真值周围；②正负误差有同等出现的机会；③随机误差的分布曲线应当关于真值对称；④随机误差的分布曲线在真值两边单调衰减至 0，大误差出现的机会较小，很大误差出现的机会几乎为 0。他的这些观点对后来的研究者影响很大，后来的研究者在研究误差理论时，基本都遵循③④两个基本点。

　　1755 年，辛普森在一封题为《在应用天文学中取若干个观测值的平均值的好处》的信中指出："通常天文学家们对取平均值的做法并不大能接受，他们认为，应选择其中那个'谨慎地观测'所得的值，这比平均值要可靠。"辛普森在假定没有系统误差的情况下，用数学的方法证明了：取算术平均的误差取小值的机会，比一次观测误差取小值的机会大。于是，辛普森用平均值来代替真值这个未知参量，使问题得以简化。

　　1760 年，意大利博斯科维奇（R. G. Boscovich，1711—1787）在研究 n 个观测数据的误差时，提出假设：设 x_1，x_2，$\cdots$，x_n 是 n 个观测数据，如果能找到一

个数 x，使 x 和这 n 个观测数据的偏差 $x - x_1$，$x - x_2$，$\cdots$，$x - x_n$ 尽可能地小，那么此时误差就是最小。博斯科维奇显然认识到：不能把 n 个偏差直接相加，因为这些偏差有正有负，如果直接相加，就会正负相消，不能反映总体的情况。于是，他考虑了偏差的绝对值之和 $D = \sum_{i=1}^{n} |x - x_i|$，如果找到了一个数 x，使得 $D = \sum_{i=1}^{n} |x - x_i|$ 最小即可。

这就是所谓的最小一乘法。最小一乘法的好处在于：n 个观测数据满足 $x_1 < x_2 < \cdots < x_n$，要使 $D = \sum_{i=1}^{n} |x - x_i|$，显然，$x$ 取 x_1，x_2，$\cdots$，x_n 它们的中位数是合理的。如果数据中有个别异常值，它对算术平均的影响可能很大，但对样本中位数可能没有影响或影响不大。这就保证了这种方法受到其少量异常值的影响愈小，则其稳健性愈好。但由于计算上的困难，这方法后来没有得到重视。直到 20 世纪 50 年代，发现了用线性规划求解最小一乘的方法。特别是计算机的出现，理论研究上的突破，以及它在某些领域，特别是计量经济应用上的良好表现，最小一乘法才逐渐又回到应用者的视野，并开始被重视起来。

1805 年，法国勒让德的著作《计算慧星轨道的新方法》出版。该书有 80 页，包含 8 页附录，最小二乘法就包含在这个附录中。勒让德没有像前人（如欧拉、梅耶等）那样去构造出 k 个方程去求解。他认识到关键不在于使某一方程严格符合，而在于要使误差以一种更平衡的方式分配到各个方程。即对于 n 个观测数据 x_1，x_2，$\cdots$，x_n，他寻求这样的 x 值，使得 $E = \sum_{i=1}^{n} (x - x_i)^2$ 达到最小，这就是最小二乘法。"二乘"就是"平方"的意思[1]。显然，最小二乘法在简化运算上有无可比拟的优越性。勒让德在其著作中，对最小二乘法的优点有所阐述：使误差平方和达到最小，在各方程的误差之间建立了一种平衡，从而防止了某一极端误差（对决定参数的估计值）取得支配地位，这有助于揭示系统的更接近真实的状态。

与勒让德同时代的高斯，他跳出"把随机误差的分布曲线 f 作为一个函数而

---

[1] 人民教育出版社，课程教材研究所，中学数学课程教材研究中心．普高中教科书数学：选择性必修第三册（A）[M]．北京：人民教育出版社，2020：110.

要设法找出一些条件去决定它"的思维定势，直接提出"公理"：在多次观测中取平均是天然合理的。由此出发，再配合他的"极大似然"的想法，创立正态误差理论。高斯的正态误差理论发表于1809年的著作《关于绕日行星运动的理论》中。在该书末尾，他写了一节有关"数据结合"的问题，以极其简单的手法导出了误差分布—正态分布，并用最小二乘法加以验证，并声称他自1799年以来就使用这个方法。由此，引发了一场"最小二乘法优先权"之争。近代学者经过对原始文献的研究，认为两人可能是独立发明了最小二乘法。尽管高斯比勒让德早10年使用这个原理，但勒让德确实是第一个公开发表最小二乘法的。不过，高斯由误差函数推导出这个方法并详尽阐述了最小二乘法的理论依据，把最小二乘法推进得更远，这或许是现今教科书和著作中，多把这个发明权归于高斯的原因。

第二节　回归与相关

　　尽管高斯对误差正态分布的提出，以及与之相伴的最小二乘法和中心极限定理一般形式的诞生对后世的影响极大。但在很长一段时期，误差论和统计学被看成是两个不相干的领域，致使高斯的误差理论与正态分布在应用中并没有广阔的舞台。

　　首先把正态分布应用舞台拓展出去的是凯特勒（A. Quetelet，1796—1874），他将与正态曲线有关的工作分为两个方面：一是把误差理论应用到新的领域，二是提出了"平均人"的概念。前者的灵感来源于人口普查，后者则是使统计方法获得广泛应用的理论基础。二者相辅相成，共同构成了凯特勒思想的根基。他首次强调了正态分布的用途，并将以它为基础的统计方法应用到天文学、数学、物理学、生物学、社会统计学及气象学等研究范围，在他的影响下，正态分布获得了普遍认可和广泛应用。

　　在凯特勒的启发下，高尔顿（A. Ualton，1822—1911）对正态分布怀有浓厚的兴趣，他与凯特勒一样，相信正态曲线是"适用于无数情况"的一般法则。他引进了"统计尺度"的概念，把非数量性指标（如智力）数量化，从而使数据能够进行计算和比较，并指出"同一物种若其某数量性指标（如身高）可用正态曲线拟合，则其他指标也可用正态分布拟合。"这种思想在心理学和教育学中出现了很多追随者。

高尔顿首先发现亲子两代身高数据服从同一正态分布，这引发了他两方面的考虑：①按照中心极限定理所述，正态分布是由大量微小因素的影响而形成的，但众所周知遗传是一个显著性因素，这应如何解释？②身高作为一种遗传性状，其优势传递给下一代，应出现两极分化的态势，但子代身高稳定的正态分布与此相悖。这成为他相关回归思想产生的萌芽，带着这些困惑，他开始对由实验和抽样得来的数据进行统计分析。高尔顿首先借助两个类比实验，分别回答了这两个问题。

第一个是"正态漏斗"实验。他利用许多小球从漏斗中落下，途经有规律安置的障碍物，最终形成的正态曲线为例，以及在途中安插适当的阀门，形成大小不同的球源，继续下落，最终仍形成正态分布的结果，指出遗传作为一个显著性因素，仍可以分解为大量微小因素作用的叠加，这就与中心极限定理相一致了。

第二个是种豌豆试验。1875 年，他挑选了大小不同的豌豆种子，并分派不同的人去种。1877 年，他对亲子两代的数据分别进行分析，得到重大发现：相同大小的种子的后代仍符合正态分布，且方差与种子大小无关；子代的平均与母代的大小有对应关系，且有向母代平均线性收缩的趋势，总朝着一般平均数发展，这就初步回答了子代均值与母代一样的原因。

1885 年，高尔顿为进一步验证他的解释，成立了一个"人体测量实验室"。他征集了 205 对夫妇及他们的 928 个成年子女的身高数据，并进行了统计分析。他把父母的平均身高作为母代变量 x，把子代变量记为 y（其中，女子身高乘以 1.08），并把相应的数据绘制成二维的，就发现相等强度的数据点出现在一条椭圆曲线上。于是问题就转化为去寻找一个 $(x，y)$ 的二维分布，来解释这一现象。在数学家狄克逊的帮助下，他很快得到了二维正态分布的答案。1886 年，高尔顿发表了《遗传身高向平均身高的回归》的论文，文中正式提出了"回归"这个概念，指出父子之间的身高有显著的相关性；父代身材高，则子代的平均身材也高；但是从子代的组别观察中，发现有退步现象，即"回归"到父代平均数。1888 年，高尔顿发表了统计史上第一篇有关相关系数值的论文《自然遗传》，文中提出了中位数、四分位数、百分位数及四分位偏差等概念，引进了回归直线，文中还用到了一种用图形估计相关系数值的方法。

高尔顿提出的回归和相关思想是开创性的，使之成为相关回归理论的奠基者，但他的工作做得还不够彻底。后来，埃奇沃思（F. Y. Edgeworth，1846—1926）和卡尔·皮尔逊（K. Pearson，1857—1936）等一批学者加入到研究中来，使回归和相关理论得到了完善与发展。埃奇沃思不仅给出了常见的样本相关系数值的公式，还赋予"回归"以纯数学的意义，为这一方法的广泛应用奠定了基础。皮尔逊则系统整理和完善了当时的已有成果。用极大似然法对相关系数的估计问题做了改进，并把相关回归方法运用到生物测量数据，推动了这一方法在生物领域的应用。

回归分析法和相关分析法是统计学中的两种重要方法，前者用于由一个变量的变化去推测另一个变量的变化，后者研究随机变量间的相关关系。回归与相关的发现，为统计方法增添了重要的工具，推动了统计学的应用和发展，标志着统计学描述时代的结束和推断时代的开始。随着时代的发展，"回归"一词的内涵得到了极大扩展，它可以泛指在任何情况下自变量与因变量之间的统计关系。回归分析、相关分析也在科学研究的各个方面得到广泛应用，成为探索变量之间关系的重要方法。[①]

第三节　线性回归方程的推导

已知满足一元线性回归模型的两个变量的 n 对样本数据为 (x_1, y_1)，(x_2, y_2)，$\cdots$，(x_n, y_n)，求回归直线方程 $\hat{y} = bx + a$ 的过程中，有以下几个问题需要明晰：

---

① 人民教育出版社，课程教材研究所，中学数学课程教材研究中心 . 普高中教科书数学——选择性必修第三册（A）[M] . 北京：人民教育出版社，2020：122 – 123.

（1）如果点 $(x_i，y_i)(i = 1，2，\cdots，n)$ 都在直线 $\hat{y} = bx + a$ 上，则 $(x_i，y_i)(i = 1，2，\cdots，n)$ 具有确定关系。但因 n 对样本数据是观测数据，总是存在误差，因而点 $(x_i，y_i)(i = 1，2，\cdots，n)$ 不可能都在直线 $\hat{y} = bx + a$，那么如何刻画 n 个散点与直线 $\hat{y} = bx + a$ "从整体上" 的接近程度？

（2）为什么点 $(x_i，y_i)(i = 1，2，\cdots，n)$ 到直线 $\hat{y} = bx + a$ 的距离之和 $\sum\limits_{i=1}^{n} d_i$ 可以用 (x_i, y_i) 到直线 $\hat{y} = bx + a$ 的竖直距离之和 $\sum\limits_{i=1}^{n} |bx_i + a - y_i|$ 来刻画？

（3）教材上说"在实际应用中，因为绝对值使得计算不方便，所以人们通常用各散点到直线竖距离的平方之和 $Q = \sum\limits_{i=1}^{n} (y_i - bx_i - a)^2$ 来刻画'整体接近的长度'"，用各散点到直线竖距离的平方之和来刻画"整体接近的长度"的合理性如何揭示？

（4）教材上的推导是比较复杂的，而且技巧性很强，能否优化？

对于（1），利用 n 个散点与直线 $\hat{y} = bx + a$ 的"距离"之和来刻画 n 个散点与直线 $\hat{y} = bx + a$ "从整体上"的接近程度，这比较好理解，在此不再赘述。

对于（2），由点 $(x_i，y_i)$ 到直线 $\hat{y} = bx + a$ 的距离为 $d_i = \dfrac{|bx_i + a - y_i|}{\sqrt{b^2 + a^2}}$，

所以

$$\sum\limits_{i=1}^{n} d_i = \sum\limits_{i=1}^{n} \frac{|bx_i + a - y_i|}{\sqrt{b^2 + a^2}} = \frac{1}{\sqrt{b^2 + a^2}} \sum\limits_{i=1}^{n} |bx_i + a - y_i|。$$

要使 $\sum\limits_{i=1}^{n} d_i$ 最小，只需 $\sum\limits_{i=1}^{n} |bx_i + a - y_i|$ 最小。

即点 $(x_i，y_i)(i = 1，2，\cdots，n)$ 到直线 $\hat{y} = bx + a$ 的距离之和可以用 $(x_i，y_i)$ 到直线 $\hat{y} = bx + a$ 的竖直距离之和来刻画。

对于（3），算术平均数与方根平均数不等式可知

$$\frac{\sum\limits_{i=1}^{n} |bx_i + a - y_i|}{n} \leqslant \sqrt{\frac{\sum\limits_{i=1}^{n} (bx_i + a - y_i)^2}{n}}，$$

即 $\sum\limits_{i=1}^{n} |bx_i + a - y_i| \leqslant \sqrt{n \sum\limits_{i=1}^{n} (bx_i + a - y_i)^2}。$

当且仅当 $|bx_1 + a - y_1| = |bx_2 + a - y_2| = \cdots = |bx_n + a - y_n|$ 时，等号成立。

如果 $Q = \sum_{i=1}^{n}(y_i - bx_i - a)^2$ 可以取到最小值 Q_0，那么 $\left(\sum_{i=1}^{n}|bx_i + a - y_i|\right)_{max}$ $\leqslant \sqrt{nQ_0}$。即是说，$\left(\sum_{i=1}^{n}|bx_i + a - y_i|\right)_{max}$ 不超过 $\sqrt{nQ_0}$，于是可以用 $Q = \sum_{i=1}^{n}(y_i - bx_i - a)^2$ 来刻画 n 个散点与直线 $\hat{y} = bx + a$ "从整体上" 的接近程度。

对于（4），用导数来研究。

记 $f(a) = \sum_{i=1}^{n}(a + bx_i - y_i)^2$，则 $f'(a) = 2\sum_{i=1}^{n}(a + bx_i - y_i) = 2[na - \sum_{i=1}^{n}(bx_i - y_i)] = 2n[a - (b\bar{x} - \bar{y})]$，

由 $f'(a) > 0 \Rightarrow a > b\bar{x} - \bar{y}$，$f'(a) < 0 \Rightarrow a < b\bar{x} - \bar{y}$，

所以 $f(a)$ 在 $(b\bar{x} - \bar{y}, +\infty)$ 上递增，在 $(-\infty, b\bar{x} - \bar{y})$ 递减，

所以，当 $a = b\bar{x} - \bar{y}$，即 $\bar{y} = b\bar{x} + a$ 时，

$f(a)_{min} = f(b\bar{x} - \bar{y}) = \sum_{i=1}^{n}[b(x_i - \bar{x}) - (y_i - \bar{y})]^2$。

令 $g(b) = \sum_{i=1}^{n}[b(x_i - \bar{x}) - (y_i - \bar{y})]^2 = \sum_{i=1}^{n}(x_i - \bar{x})^2 b^2 - 2\sum_{i=1}^{n}(x_i - \bar{x})(y_i - \bar{y})b + \sum_{i=1}^{n}(y_i - \bar{y})^2$，

$g'(b) = 2\sum_{i=1}^{n}(x_i - \bar{x})^2 b - 2\sum_{i=1}^{n}(x_i - \bar{x})(y_i - \bar{y})$。

由 $g'(b) > 0 \Rightarrow b > \dfrac{\sum_{i=1}^{n}(x_i - \bar{x})(y_i - \bar{y})}{\sum_{i=1}^{n}(x_i - \bar{x})^2}$，

$g'(b) < 0 \Rightarrow b < \dfrac{\sum_{i=1}^{n}(x_i - \bar{x})(y_i - \bar{y})}{\sum_{i=1}^{n}(x_i - \bar{x})^2}$，

所以，$g(b)$ 在 $\left(\dfrac{\sum\limits_{i=1}^{n}(x_i - \bar{x})(y_i - \bar{y})}{\sum\limits_{i=1}^{n}(x_i - \bar{x})^2}, +\infty \right)$ 上递增，在 $\left(-\infty, \dfrac{\sum\limits_{i=1}^{n}(x_i - \bar{x})(y_i - \bar{y})}{\sum\limits_{i=1}^{n}(x_i - \bar{x})^2} \right)$ 上递

减，则当且仅当 $b = \dfrac{\sum\limits_{i=1}^{n}(x_i - \bar{x})(y_i - \bar{y})}{\sum\limits_{i=1}^{n}(x_i - \bar{x})^2}$ 时，$g(b)$ 取最小值。

综上，当且仅当 $b = \dfrac{\sum\limits_{i=1}^{n}(x_i - \bar{x})(y_i - \bar{y})}{\sum\limits_{i=1}^{n}(x_i - \bar{x})^2}$，$a = b\bar{x} - \bar{y}$ 时，$Q = \sum\limits_{i=1}^{n}(y_i - bx_i - a)^2$ 取到最小值。

参 考 文 献

[1] 徐品方，张红．数学符号史 [M]．北京：科学出版社，2006．

[2] 汪晓勤，韩祥临．中学数学中的数学史 [M]．北京：科学出版社，2002．

[3] 汪晓勤．HPM：数学史与数学教育 [M]．北京：科学出版社，2017．

[4] 汪晓勤，沈中宇．数学史与高中数学教学——理论、实践与案例 [M]．
上海：华东师范大学出版社，2020．

[5] 欧拉．无穷分析引论 [M]．张延伦，译．太原：山西教育出版社，1997．

[6] 蔡天新．数学简史 [M]．北京：中信出版集团，2017．

[7] 傅作梅．数学·力量·美 [M]．北京：科学出版社，1992．

[8] 冯锦．逻辑学的历史与现状 [C]．第二届两岸逻辑学教学学术会议论文
集，2006：281－285．

[9] 栾静闻．数理逻辑的兴起和发展 [J]．教学通讯，1988（1）：30－32．

[10] 沈荣兴．从逻辑学的历史发展看不同的逻辑类型 [J]．苏州大学学报
（哲学社会科学版），1986（2）：25－28．

[11] 孙显元．辩证逻辑与形式逻辑的根本区别 [J]．哲学动态，1991（11）：
20－22．

[12] 张秀琴，杨改锋．方程发展史略 [J]．教学与管理，1993（5）：33－35．

[13] 宋子君．方程发展史 [J]．初中生世界，2014（12）：37－38．

[14] 牟晓宇，刘鹏飞，王宪昌．中西文化传统下一元方程发展史比较研究
[J]．长春师范学院学报（自然科学版），2011（6）：21－25．

[15] 汪晓勤．关于均值不等式的历史注记 [J]．中学教研（数学），2005
（10）：47－48．

[16] 肖建辉．解读几个不等式的几何背景 [J]．中学生数学（高中），2010

（7）：19－20.

[17] 刘珊珊．数学文化融入不等式的教学研究［D］．武汉：华中师范大学，2014.

[18] 汪晓勤，陈剑飞．关于五种中项大小关系的若干几何解释［J］．中学数学杂志（高中），2004（7）：25－27.

[19] 汪晓勤．均值不等式：从历史到课堂［J］．数学传播，2014，38（4）：53－67.

[20] 钟萍，汪晓勤．函数概念：基于历史相似性自然过渡［J］．教育研究与评论·中学教育教学，2016（2）：62－68.

[21] 贾随军．函数概念的演变及其对高中函数教学的启示［J］．课程·教材·教法，2016（2）：49－52.

[22] 杜石然，函数概念的历史发展［J］．数学通报，1961（6）：36－40.

[23] 何晓勤，基于数学史视角下"函数概念"的发展与教学启示［J］．数学通讯，2017（12）：8－11.

[24] 汪晓勤．19 世纪中叶以前的函数解析式定义［J］．数学通报，2015（5）：1－7.

[25] 杨红．论函数概念发展史对函数教学的启示［J］．楚雄师范学院学报，2007（6）：86－88，93.

[26] 汪晓勤．关于《代微积拾级》的一个注记［J］．浙江大学学报（理学版），2001（7）：384－393.

[27] 汪晓勤．"奇、偶函数"考源［J］．数学通报，2014（3）：1－4.

[28] 牛伟强．数学史视角下的探究性学习——"函数的奇偶性"教学设计与思考［J］．教育研究与评论·课堂观察，2016（5）：44－47.

[29] 韩粟．周期函数概念的历史［J］．中学数学月刊，2021（5）：50－54.

[30] 徐传胜．历史悠久的二次根式［J］．中学生数理化（八年级数学人教版），2015（1）：7－9.

[31] 王译，张红．根号的历史演变以及对教学的启示［J］．中学数学研究，2017（2）：20－22.

[32] 汪晓勤，叶晓娟，顾海萍．"分数指数幂"：从历史发生的视角看规定

[J] . 教育研究与评论·中学教育教学, 2016（2）：59 – 63.

[33] 朱正新. 基于数学史观的课堂教学设计：以"分数指数幂"为例 [J] . 数学学习与研究, 2018（4）：100 – 101.

[34] 徐斌, 汪晓勤. 从指数律到对数 [J] . 数学教学, 2010（6）：35 – 38.

[35] 钟萍, 汪晓勤. 对数概念：从历史到课堂 [J] . 中学数学月刊, 2015（3）：50 – 53.

[36] 陈少丽. 对数的发明及其相关历史分析 [D] . 临汾：山西师范大学, 2012.

[37] 张东年. HPM 案例研究：以指数函数和对数函数为例 [D] . 兰州：西北师范大学, 2014.

[38] 孙宏安. 三角学的历史 [J] . 中学数学教学参考, 2002（7）：63.

[39] 杜雨珊. 三角学历史研究 [D] . 大连：辽宁师范大学, 2009.

[40] 徐章韬. 三角学历史发展中认识视角的变迁及其教育意蕴 [J] . 数学教学, 2010（4）：29 – 30, 36.

[41] 裴彩华. 话说角度中 60 进制的由来 [J] . 中学生数理化（七年级数学人教版）, 2012（11）：12.

[42] 江灼豪, 何小亚. 弧度制发展的历史溯源 [J] . 数学通报, 2016（7）：15 – 17.

[43] 胡慧敏. HPM 角度下的弧度制概念教学 [J] . 数学教学, 2008（7）：47 – 49.

[44] 李忠. 为什么要使用弧度制 [J] . 数学通报, 2009（11）：1 – 3, 7.

[45] 黄薇. 三角函数英文名称的演变 [J] . 福建中学数学, 2004：21.

[46] 卢成娴, 汪晓勤. 20 世纪上、中叶美英教科书中的锐角三角函数引入方式 [J] . 中学数学月刊, 2019（2）：47 – 50.

[47] 沈中宇, 汪晓勤. 20 世纪中叶以前西方三角学教科书中的三角函数概念 [J] . 中学数学月刊, 2015（1）：39 – 41.

[48] 张晓明. 两角和差的三角公式推导——数学史融入数学教学的实例研究 [J] . 数学教学, 2007（2）：42.

[49] 姚芳, 刘晓婷. 历史上最早构造的三角函数表——弦表 [J] . 数学通报,

2008（11）：23－26.

[50] 俞昕. 从变换的角度赏析"两角差的余弦公式"之推导［J］. 中学数学杂志，2015（3）：11.

[51] 汪晓勤.20 世纪中叶以前西方三角学文献中的和角公式［J］. 数学通报，2016，55（6）：4－8.

[52] 蔡东山，陈晏蓉，沈中宇.HPM 视角下的两角和与差的余弦公式教学［J］. 数学教学，2019（3）：8－11.

[53] 李淑文. 两角和与差三角函数公式的不同证明方法［J］. 数学通报，1998（11）：28.

[54] 孙庆华. 向量理论历史研究［D］. 西安：西北大学，2006.

[55] 房元霞. 向量概念的发展［J］. 消费导刊，2009（2）：211.

[56] 罗贤强. 从四元数到向量：向量概念演变的历史分析［J］. 西北大学学报（自然科学版），2005（8）：492－496.

[57] 汪晓勤.20 世纪中叶以前的余弦定理历史［J］. 数学通报，2015（8）：9－13.

[58] 汪晓勤.20 世纪中叶以前的正弦定理历史［J］. 数学通报，2016（1）：1－5.

[59] 汪晓勤.20 世纪中叶以前的余弦定理历史［J］. 数学通报，2015（8）：9－13.

[60] 何广荣. 从正弦定理导出余弦定理的几种证法［J］. 数学教学，1957（4）：33－35.

[61] 黄红兰. 等价性解析正弦定理、余弦定理［J］. 数学爱好者（高一人教大纲），2008（4）：10－11.

[62] 于北丁. 余弦定理和正弦定理的另一种表述方式［J］. 中学教学参考，2009（5）：58.

[63] 张永贵. 正弦定理的多角度证明［J］. 牡丹江教育学院学报，2004（1）：42－43.

[64] 张小雨. 正弦定理的几种证明方法［J］. 中学生数理化（高二版），2010（Z1）：38－39.

［65］张小明. 正弦定理的证明：从历史到教学［J］. 数学通报，2015（7）：15 – 17，22.

［66］纪志刚. 从计数法到复数域：数系理论的历史发展［J］. 上海交通大学学报（社科版），2003（6）：42 – 47.

［67］孙庆华，包芳勋. 复数的历史发展及在中国早期的传播［J］. 数学通报，2006（6）：502 – 505.

［68］赵瑶瑶. 复数的历史与教学［D］. 上海：华东师范大学，2007.

［69］沈中宇. 数学史融入立体几何教学的行动研究［D］. 上海：华东师范大学，2017.

［70］沈金兴. 数学史视角下的棱柱定义"学习单"设计［J］. 数学教学，2016（11）：45 – 48.

［71］洪燕君，汪晓勤. 美国百年几何教科书中的棱柱定义［J］. 数学教育学报，2016（10）：67 – 71.

［72］全仰文. 由棱柱的再定义引发的思考［J］. 福建中学数学，2011（10）：31.

［73］沈中宇，汪晓勤. 西方早期立体几何教科书中空间平行线的传递性定理［J］. 中国数学教育，2016（12）：60 – 64.

［74］沈金兴. 中学生对棱柱的理解：历史相似性探究［J］. 数学通讯，2016（10）：10 – 14.

［75］徐传胜. 古代数学中球体体积公式的推导［J］. 中学数学研究，2003（6）：37 – 39.

［76］吴诣民. 试论统计发展史上的四个里程碑［J］. 山西统计，1995（4）：6 – 8.

［77］徐允庆，陶靖轩. 从统计学的发展看统计学课程内容的改革［J］. 信阳师范学院学报（自然科学版），1998（4）：203 – 206.

［78］段海波. 抽样调查的起源［J］. 中国统计，2012（8）：28 – 29.

［79］陈金飞. 从真实走向虚拟：平均数、中位数、众数三个集中量的历史演变［J］. 小学教学（数学版），2015（9）：47 – 49.

［80］贾洪岩. "点问题"的历史研究［D］. 上海：上海师范大学，2015.

[81] 杨静. 概率论思想的历史演变 [D]. 石家庄: 河北师范大学, 2003.

[82] 沈金兴. 概率论诞生前的早期历史 [J]. 中学数学杂志, 2014 (7): 65, 封底.

[83] 牟娟. 基于数学史的高中概率与统计的教学案例开发: 以古典概型、几何概型、正态分布、最小二乘法为例 [D]. 兰州: 西北师范大学, 2014.

[84] 张雪媛. 二项分布及其应用的历史研究 [D]. 天津: 天津财经大学, 2015.

[85] 吴江霞. 正态分布进入统计学的历史演化 [D]. 石家庄: 河北师范大学, 2008.

[86] 朱春浩. 正态分布与统计学的关系史研究 [J]. 武汉船舶职业技术学院学报, 2010 (6): 117 – 122.

[87] 朱春浩. 最小一乘法与最小二乘法: 历史与差异 [J]. 统计与决策, 2007 (11): 130.

[88] 陈希孺. 最小二乘法的历史回顾与现状 [J]. 中国科学院研究生院学报, 1998 (5): 4 – 11.

[89] 杨懿荔, 汪晓勤. 20 世纪中叶以前西方解析几何教科书中的斜率概念 [J]. 数学通报, 2016 (9): 10 – 13, 18.

[90] 杨懿荔. HPM 视角下解析几何的教学: 以直线方程、曲线方程为例 [D]. 上海: 华东师范大学, 2017.

[91] 杨懿荔. "倾斜角与斜率": 重构数学史, 体会合理性 [J]. 教育研究与评论·中学教育教学, 2016 (6): 46 – 51.

[92] 林夕. 九点圆及其发现者 [J]. 南都学坛 (自然科学版), 1989 (1): 59 – 61.

[93] 廖大庆. 九点圆的发现及其启示 [J]. 枣庄师专学报 (自然科学版), 1990 (2): 35 – 38.

[94] 龚德行, 张维忠. 圆的文化意义 [J]. 中学数学教学参考, 2004 (11): 63 – 64.

[95] 杨秀川. 解析几何的发展史 [J]. 集宁师专学学报, 2007 (12): 87 – 90.

[96] 尹洪武, 赵会娟. 解析几何的发展史 [J]. 中国环境管理干部学院学报,

2003（9）：58－60.

[97] 汪晓勤，柳笛. 平面解析几何的产生（一）：古希腊的三线和四线轨迹问题 [J]. 中学数学教学参考，2007（9）：60－61.

[98] 汪晓勤，柳笛. 平面解析几何的产生（二）：费马与解析几何 [J]. 中学数学教学参考，2008（1－2）：11－12.

[99] 汪晓勤. 平面解析几何的产生（三）：笛卡尔与解析几何 [J]. 中学数学教学参考，2008（5）：61－62.

[100] 汪晓勤，柳笛. 平面解析几何的产生（四）[J]. 中学数学教学参考，2008（6）（上半月）：56－59.

[101] 邹佳晨. 椭圆的历史与教学 [D]. 上海：华东师范大学，2010.

[102] 汪晓勤. 椭圆第一定义是如何诞生的 [J]. 中学数学月刊，2017（6）：28－31.

[103] 沈金兴. 数学文化视角下的椭圆标准方程推导 [J]. 数学通讯，2015（4）：1－3.

[104] 李玲. 数学史融入数列教学的行动研究 [D]. 上海：华东师范大学，2016.

[105] 汪晓勤，柳笛. 中国古代数学文献中的数列问题 [J]. 数学教学，2011（3）：23－25，27.

[106] 汪晓勤. 泥版上的数列问题 [J]. 数学教学，2009（12）：封二，1－2，45.

[107] 汪晓勤，蒲淑萍. 阿拉伯数学文献中的数列求和公式 [J]. 数学教学，2010（3）：30－34.

[108] 汪晓勤，蒲淑萍. 犹太数学文献中的数列问题 [J]. 数学教学，2010（4）：31－33.

[109] 汪晓勤. 纸草书上的数列问题 [J]. 数学教学，2010（1）：29－31.

[110] 梁素梅，陈娜. 斐波那契数列的广泛应用 [J]. 数学学习与研究，2018（5）：6.

[111] 范中广. 等差数列通项公式的一种推导方法及其应用 [J]. 科技信息，2006（12）：203－204.

[112] 王科，汪晓勤．国外数学归纳法教学研究综述［J］．数学通报，2014
（1）：3－7．

[113] 王科，汪晓勤．代数推动下的数学归纳法演变［J］．数学通报，2014
（8）：12－16．

[114] 方倩，汪晓勤．20世纪中叶以前西方代数教科书中的数学归纳法［J］．
数学教学，2017（11）：1－4，31．

[115] 王科．HPM视角下数学归纳法教学的设计研究［D］．上海：华东师范
大学，2014．

[116] 冯进．数学归纳法的发展历程［J］．常熟理工学院学报（自然科学），
2008（8）：19－25．

[117] 李玲，汪晓勤．基于数学史的等比数列前n项和公式教学［J］．中学数
学月刊，2019（11）：46－49．

[118] 王俊辉．基于数学史的等差数列前n项和教学设计［J］．数学教学，
2008（2）：43－45．

[119] 高红磊．将数学史融入高中数列教学的应用研究［D］．杭州：杭州师
范大学，2018．

[120] 江建国．例说数学史与中学数学教学的融合：等比数列前n项和教学中
渗透数学史［J］．数学教学研究，2008（12）：21－23．

[121] 吴振奎．斐波那契数列［M］．沈阳：辽宁教育出版社，1987．

[122] 刘付丽清．数学史融入中学微积分教学的实践研究［D］．武汉：华中
师范大学，2017．

[123] 冯慧敏．数学史融入中学微积分的教学案例研究［D］．西安：西北大
学，2017．

[124] 刘建军．组合计数发展简史［D］．呼和浩特：内蒙古师范大学，2000．

[125] 刘钝．排列组合小史［J］．中等数学，1985（3）：24，39－40．

[126] 方倩．HPM视角下排列、组合和二项式定理的课例研究［D］．上海：
华东师范大学，2018．

[127] 方倩，汪晓勤．西方早期代数教科书中的二项式定理［J］．中学数学杂
志，2016（1）：59－62．

［128］石鸿鹏.HPM 视野下的二项式定理［D］.西安：西北大学，2015.

［129］方倩.二项式定理：在历史中探源、求法、寻魅［J］.教育研究与评论·中学教育教学，2016（9）：37 –41.

［130］文敏.超几何分布与二项分布的区别与联系［J］.高中数学教与学，2008（4）：11 –12.

［131］徐文平.二项分布与超几何分布的区别与联系［J］.高中数理化，2017（4）：7 –8.